JN082887

教育用語
ハンドブック

［監修］
田中博之

［編著］
古川　治
姫野完治
西森章子

一莖書房

まえがき

　本書は、教職をめざす学生や若い教師、研究者の皆さんが、教員採用試験や教育活動上で頻繁に出てくる教職に関する基本的な用語を調べる身近な手引書として教育用語を厳選し、『教育用語ハンドブック』としてまとめたものです。

　企画は、2019 年私が甲南大学教職教育センターで教職教育の指導をしている頃に遡りますが、作業はその後のコロナ禍を挟んで大幅に遅れました。コロナ禍を挟んで、日本の教育の有りようは大きく変化しました。GIGA スクール構想が一気に進む一方、不登校生が 24 万 5 千人に急増するなど新たな教育問題が生起してきました。本書は、その結果として新しい「ポストコロナの時代の教育」を読み解く『教育用語ハンドブック』として皆様にお届けすることができたのではないかと考えています。

　構成は、「1. 2017 年学習指導要領のポイントと今後の教育の見通し」を踏まえて、以下「2. 学校論」〜「24. 社会教育・生涯学習」まで 23 章としました。各項目とも簡潔な表現に努めました。教育用語の分担は、各教育分野の造詣の深い研究者の先生方に執筆していただくことができました。掲載した教育用語は基礎的な教育用語から、令和の時代の今日的な教育課題を読み解く教育用語まで幅広く収集するとともに、必須な教育用語に厳選しました。執筆者の先生方はコロナ禍による教育の変化を踏まえ、書き直しを繰り返し執筆してくださいました。執筆者の先生方の努力には、心から感謝しお礼申し上げます。また、本書が陽の目を見ることができたのは編集作業を担当していただいた、姫野治完治先生（北海道教育大学大学院教授）と西森章子先生（広島修道大学教授）が忍耐強く丁寧に取りまとめをしていただいたお陰です。お二人には、心からお礼を申し上げます。また、田中博之先生（早稲田大学教職大学院教授）には監修者として、全体にお目通しいただき、適切なアドバイスを頂戴いたしました。このような経過を経て刊行された『教育用語ハンドブック』が、教育問題が複雑・多様化する令和の時代を迎えて、教職をめざす学生や若い教師や管理職の方々、また教育委員会並びに研究者や教育に関心をおもちの皆さんの身近な教育に関する手引書として活用されることを願っています。

　最後に、本書を出版するにあたり、出版事情の悪い中、一莖書房の斎藤草子社長様には真摯に相談に乗っていただき、適切な助言をしていただきました。心より、お礼申し上げます。読者の皆様方からのご意見・ご批判、そしてご助言をいただけましたら幸いです。

　2023（令和 5）年 6 月

編集者を代表して

古川　治

目　　次

4. 教育経営

5. 教育のグローバル化

6. 教育原理

7. 教育史

8. 教育法規

9. 教育心理

10. 教職・教師論

11. カリキュラム

12.　教育評価

13. 授業と教育方法

14. 道徳教育

15. 総合的な学習・探究の時間

16. 特別活動

17. 情報教育

18. 特別支援教育

19. 生徒指導

20. 教育相談・カウンセリング

21. 進路指導・キャリア教育

22. 学校安全・危機管理

23. 人権教育・同和教育

24. 社会教育・生涯学習

1. 2017年学習指導要領のポイントと今後の教育の見通し

今回の学習指導要領の改訂ほど、複雑で高度な学校づくりや授業づくりが求められたことはないだろう。

現行の学習指導要領は、中央教育審議会「答申」（平成28年）で示された以下の6点にかかわる事項について改善が図られている。

①「何ができるようになるか」（育成を目指す資質・能力）

②「何を学ぶか」（教科等を学ぶ意義と、教科等間・学校段階間のつながりを踏まえた教育課程の編成）

③「どのように学ぶか」（各教科等の指導計画の作成と実施、学習・指導の改善・充実）

④「子供一人一人の発達をどのように支援するか」（子供の発達を踏まえた指導）

⑤「何が身に付いたか」（学習評価の充実）

⑥「実施するために何が必要か」（学習指導要領等の理念を実現するために必要な方策）

（中教審「答申」p.21）

本稿では、この中から以下の5つの改善の視点に絞って解説を加えることにより、読者にこれからの学校教育のあり方を考える基本視座を持ってもらえることを期待したい。

なお、学習指導要領は、小学校、中学校、高等学校と学校種によって3種類のものがある。本稿では、小学校学習指導要領に基づいて引用を行うが、他の2種類についても同様の記載があることは予めご理解いただきたい。

（1）育成を図る資質・能力の明確化

今回の学習指導要領の改訂では、これからの社会で必要となる資質・能力を育てることを最も重要な課題にしている。

そのため、現行の学習指導要領では、各教科・領域において児童生徒にどのような資質・能力を育てるべきかを明確に記述している。これは、これまでの学習指導要領の改訂のなかで、最大の変化といえるだろう。

ここでは、学習指導要領のもとで育成を図る資質・能力について、その大きな枠組や分類の考え方を、「答申」に沿って紹介したい。

まず「答申」では、学習指導要領のもとで育成をめざす資質・能力を、次の3つの柱で整理している。

①「何を理解しているか、何ができるか（生きて働く「知識・技能」の習得）」

②「理解していること・できることをどう使うか（未知の状況にも対応できる「思考力・判断力・表現力等」の育成）」

③「どのように社会・世界と関わり、よりよい人生を送るか（学びを人生や社会に生かそうとする「学びに向かう力・人間性等」の涵養）」

この3つの柱の原型は、学校教育法で定められたいわゆる学力の3要素であり、分類の考え方については、旧学習指導要領か

ら大きく変わるものではない。

　さらに、いわゆる「教科横断的な資質・能力」は、学習指導要領の総則で「教科等横断的な視点に立った資質・能力」とされるものである。

　この資質・能力について「答申」は、「学習の基盤を支えるために必要な力とは何かを教科等を越えた視点で捉え、育んでいくことが重要となる」(p.34) としており、次のような資質・能力を例示している。

・言語活動を通じて育成される言語能力(読解力や語彙力等を含む)
・言語活動やICTを活用した学習活動等を通じて育成される情報活用能力
・問題解決的な学習を通じて育成される問題発見・解決能力
・体験活動を通じて育成される体験から学び実践する力
・「対話的な学び」を通じて育成される多様な他者と協働する力
・見通し振り返る学習を通じて育成される学習を見通し振り返る力
・物事を多面的・多角的に吟味し見定めていく力(いわゆる「クリティカル・シンキング」)
・統計的な分析に基づき判断する力

　これらの8つの資質・能力は、あくまでも例示であり、各学校において必要な資質・能力を設定することが大切である。

　なおこの中で、学習指導要領では、「言語能力、情報活用能力(情報モラルを含む。)、問題発見・解決能力等の学習の基盤となる資質・能力」が提唱されている。

　また、これらの資質・能力は、必ずしも学習指導要領の教科・領域の中ですべてが

具体的に記載されてはいないため、各学校でこれらを積極的に育成できるようなカリキュラム編成と授業改善を行うことが必要である。

(2)「主体的・対話的で深い学び」の明示

　次に改訂の主要なポイントである、単元や題材のまとまりごとの授業改善の視点となる「主体的・対話的で深い学び」(日本型アクティブ・ラーニング)という課題解決的な学習の特徴についてみてみよう。

　これについても、学習指導要領には具体的な定義がないので、また「答申」の記載内容から学んでみよう。

〈主体的な学びの視点〉

　学ぶことに興味や関心を持ち、自己のキャリア形成の方向性と関連付けながら、見通しを持って粘り強く取り組み、自己の学習活動を振り返って次につなげる「主体的な学び」が実現できているか。

　子供自身が興味を持って積極的に取り組むとともに、学習活動を自ら振り返り意味付けたり、身に付いた資質・能力を自覚したり、共有したりすることが重要である。(pp.49-50)

〈対話的な学びの視点〉

　子供同士の協働、教職員や地域の人との対話、先哲の考え方を手掛かりに考えること等を通じ、自己の考えを広げ深める「対話的な学び」が実現できているか。

　身に付けた知識や技能を定着させるとともに、物事の多面的で深い理解に至るためには、多様な表現を通じて、教職員と子供や、子供同士が対話し、それによって思考を広げ深めていくことが求められる。(p.50)

〈深い学びの視点〉

　習得・活用・探究という学びの過程の中で、各教科等の特質に応じた「見方・考え方」を働かせながら、知識を相互に関連付けてより深く理解したり、情報を精査して考えを形成したり、問題を見いだして解決策を考えたり、思いや考えを基に創造したりすることに向かう「深い学び」が実現できているか。(p.50)

　この改訂ポイントは、文部科学省の意向としては、一斉指導が多く、知識・技能の習得に偏重してきた高等学校の授業改善を期待して推進してきたのであるが、実際には、小学校や中学校においても、多様な資質・能力の育成と絡めた課題解決的な学習が不十分であるとの認識が、中央教育審議会での論点整理の過程に影響を与えたと考えられる。

(3) 「見方・考え方」を働かせる「深い学び」

　そして、「主体的・対話的で深い学び」という学び方の特徴づけの中で、一般的な用語としてイメージしやすいものの、逆にこれまでの長い授業研究の歴史の中に位置付けたときに明快な意味を取りにくいのが「深い学び」である。

　それにもかかわらず、学習指導要領という法的拘束性のある行政資料が示す授業改善の視点に「深い学び」を入れるという判断がなされた理由の1つは、いわゆる「アクティブ・ラーニング」をめぐる教育界の誤解を解きたいという意図が、中央教育審議会にあったからであろう。

　筆者が見聞する範囲でも、次のような5つの誤解が見られたのである。

①講義式の授業以外のすべての学習方法は、何でもアクティブ・ラーニングである

②アクティブ・ラーニングの利点は、子どもたちが授業中に寝なくなることである

③アクティブ・ラーニングの特徴は、子どもたちが教室中を歩き回ることである

④アクティブ・ラーニングのねらいは、受験問題集を解いて進学実績をあげることである

⑤アクティブ・ラーニングとは、対話型を入れた授業のことである

　この5つの誤解をしたまま授業を実施すると、全国の3万校を超える学校での学びが、学習内容面でも資質・能力の多面的な育成においても、「浅い学び」になってしまうことを危惧したと考えられる。

　こうした危惧を示す記述として、「答申」には次のような指摘がある。

　わが国では、教員がお互いの授業を検討しながら学び合い、改善していく「授業研究」が日常的に行われ、国際的にも高い評価を受けており、子供が興味や関心を抱くような身近な題材を取り上げて、学習への主体性を引き出したり、相互に対話しながら多様な考え方に気付かせたりするための工夫や改善が続けられてきている。こうした「授業研究」の成果は、日本の学校教育の質を支える貴重な財産である。

　一方で、こうした工夫や改善の意義について十分に理解されないと、例えば、学習活動を子供の自主性のみに委ね、学習成果につながらない「活動あって学びなし」と批判される授業に陥ったり、特定の教育方法にこだわるあまり、指導の型をなぞるだ

けで意味のある学びにつながらない授業になってしまったりという恐れも指摘されている。(p.48)

そこで、これからの授業改善の在り方の定義に「深い学び」の視点を加えることで、アクティブ・ラーニングとは主体的・対話的であるだけでなく、それらによって「深い学び」を生み出すことをめざすものであることを、日本独自の視点として明確にしたのである。

そのために、「答申」では、各教科等の特質に応じた「見方・考え方」を児童生徒が学びの中で「働かせる」ことを求め、「答申」資料の中の別表1で各教科等の例示をしている。

まだ抽象性が高く、具体的な授業づくりに落とし込めないものであるが、指導の留意事項として、教科のめあての本質を簡潔に表現している。

今後、国立教育政策研究所などから、この「見方・考え方」を具体化した指導事例集などが出されることが期待される。

「深い学び」に到達するためには、教科書の基本問題を一斉授業で解いていくだけでは不十分である。教科書の中の活用問題を授業で取り扱ったり、作文やスピーチ原稿を対話を通して推敲したり、グループ討論やクラスでの話し合いを通した一斉検証をしたりといった時間のかかる学習方法が求められる。

しかし、現行の学習指導要領のもとでは、学習内容の削減はなく、授業時数の増加も行われていない。

また、どの教室にも学習障害や発達障害のある子どもたちが増える中で、さらに都市部を中心にますます若い先生が増えており、「深い学び」を生み出すだけの授業力を育成することは困難をきわめている。

したがって、「浅い学びで終わってはいけないという理念や必要性は理解できるが、実現が困難な定義をされても、学校では対応しきれない」という反応が学校からはよく聞こえてくるというのが現実である。

(4) 探究的な学習の一層の推進

4つめの改訂ポイントとして、探究的な学習の一層の推進を取り上げたい。

すでに旧学習指導要領では、高等学校の総合的な学習の時間の目標や、理科に含まれる科目群のそれぞれに、「探究的な学習」や「探究的な活動」を位置づけていた。それを発展させて、多くの科目名や科目の内容において現行の高等学校学習指導要領に「探究」という授業改善のキーワードを多く入れた。具体的には、「探究」を科目名に組み入れた新科目を、「古典探究」「地理探究」「日本史探究」「世界史探究」「理数探究基礎」「理数探究」という6つも設定したのである。しかも、総合的な学習の時間の名称にも「探究」を入れて名称変更し、「総合的な探究の時間」という領域名にしている。

こうしたいわゆる、「探究科目」はほとんどが選択科目であり、高校2年生以上での履修となるが、1年生の必修科目においても科目名に「探究」は入っていないが、例えば、「地理総合」や「歴史総合」には、「探究」というキーワードが複数箇所で入っている。また、これまで通りに理科の諸科目

においてもこれまで同様に「探究的な学習」のための生徒主体の実験や観察を中心にした小単元が複数設定さている。さらに、数学Ⅰなどでは、「統計的探究」という新しい授業づくりのキーワードが入っていることも大きく注目すべき改訂ポイントとなっている。

一方、小学校と中学校の学習指導要領においては、それぞれの総合的な学習の時間において、「探究課題」という用語を新たに入れることにより、探究的な学習の特徴をふまえた、より子どもの主体的な課題解決的な学習が行われるように配慮している。

このようにしてみてみると、高等学校においては、「探究的な学習」こそが、学習指導要領改訂の中心的なキーワードであり、「主体的・対話的で深い学び」の総称として用いることによって、一層の授業改善の質を上げることができるようになっていることを高く評価したい。

(5) カリキュラム・マネジメントの推奨

最後に、カリキュラム・マネジメントを取り上げたい。

以上のような多くの学校レベルでの教育改革を実現するためには、児童生徒の学びを規定する教育課程を各学校において編成し、それを組織的に実施するとともに、実施後に評価・改善をするといった普段の取組が必要になってくる。

そこで、現行の学習指導要領では「総則」において、各学校での自主的な教育課程の編成・実施・評価・改善を意味する用語として、「カリキュラム・マネジメント」を新しく提唱した。

これまで、学習指導要領においては、それが国の公的な資料であることから、こうした海外由来のカタカナで表記される教育学用語を用いることはなかったため、文部科学省が各学校での「主体的・対話的で深い学び」のための教育課程を各学校において継続的に編成し続けることへの大きな期待の表れであると見ることができるだろう。

学習指導要領では、カリキュラム・マネジメントを次のように定義している。

各学校においては、児童や学校、地域の実態を適切に把握し、教育の目的や目標の実現に必要な教育の内容等を教科等横断的な視点で組み立てていくこと、教育課程の実施状況を評価してその改善を図っていくこと、教育課程の実施に必要な人的又は物的な体制を確保するとともにその改善を図っていくことなどを通して、教育課程に基づき組織的かつ計画的に各学校の教育活動の質の向上を図っていくこと（以下「カリキュラム・マネジメント」という。）に努めるものとする。（小学校学習指導要領「総則」第1章第1の4）

このような学校での組織的・継続的な教育課程の編成という考え方は、特に新しいものではないが、それを1つの新しい外来語で提唱し、そこに法的拘束性を付与することによって、各学校でのカリキュラム編成と授業改善を推進しようという文部科学省の意図が見て取れる。

ただし、多忙を極める学校においては、児童生徒の学力実態や学校評価の結果、校内研究授業を通した授業改善の課題などの

エビデンスをもとにした学校カリキュラムの評価と改善を組織的にしっかりと行うことは、人的にも時間的にも大きな困難が伴う。

また、国語科や数学科、理科、外国語科など、学習内容の体系性や構造が明確であり、これまでの長年のわたる授業研究や教科指導法の研究の蓄積が大きな教科においては、各学校で教育内容や単元配列などの大幅な変更や修正は、教員間に不安や混乱をもたらすばかりか、児童生徒の学力向上の阻害要因になりかねない。

そのため、道徳科や総合的な学習の時間、さらには、特別活動など各学校や各教員にカリキュラム編成上の裁量や主体性が大きく委ねられている教科・領域を中心として、「特色あるカリキュラム」の実施のためのカリキュラム・マネジメントを行うことが現実的であるとともに、実効性のある取組である。

(6) 今後の教育の見通し

それでは、今後の学習指導要領に基づいた各学校での教育の在り方はどうなっていくであろうか。また、どうなっていくべきであろうか。私見を交えながら、ここでは次の3点を紹介するとともに提案しておきたい。

まず、中央教育審議会が2021年1月に出した「『令和の日本型学校教育』の構築を目指して（答申）」において提唱した、「個別最適な学びと協働的な学びの一体的な充実」という教育行政スローガンが、数年後に予定されている学習指導要領の次期改訂に反映されるであろうことに着目しておき

たい。

「個別最適な学び」とは、GIGAスクール構想に伴って文部科学省から提案されるようになった学びのスタイルであり、「答申」では、「『個に応じた指導』と『指導の個別化』『学習の個性化』という指導原則を学習者の視点から整理したもの」と定義づけられている。

一方の「協働的な学び」とは、「『個別最適な学び』が『孤立した学び』に陥らないよう，探究的な学習や体験活動等を通じ，子供同士で，あるいは多様な他者と協働しながら，他者を価値ある存在として尊重し，様々な社会的な変化を乗り越え，持続可能な社会の創り手となることができるよう，必要な資質・能力を育成する『協働的な学び』を充実することも重要」と指摘されている。

一人一台端末が、わが国のすべての小中学生に貸与されたことから、こうした「個と集団」の関わりによって「主体的・対話的で深い学び」がますます大切になっていることを示しているといえる。

ただし、「個と集団の関わりによる学び」は、一人一台端末の活用を前提にしないならば、すでに教育界では40年以上も前から、愛知県東浦町立緒川小学校や岐阜県池田町立池田小学校で提案され、多くの特色ある学習形態が生み出されてきた歴史があることから、特に新規性のある提案ではない。

また、「主体的・対話的で深い学び」という実践指針において、すでに3つの学び方が提唱されていることから、これら2つの学び方が加えられると、合計で5つの学び方を相互に関連付けながら実施することが求められるようになる。これでは、学校

でのカリキュラム・マネジメントの負担が
ますます増え、学校はさらに疲弊していく
だろう。

　したがって、学習指導要領では、中央教
育審議会から次々と新しい教育行政用語が
生み出されるたびに、それらをすぐに法的
拘束力のある必須事項として反映させるの
ではなく、今後は、記述内容のスリム化を
大胆に実施していくことが求められる。

　なぜなら、今日の都道府県・政令指定市
教育委員会の教員採用試験の受験倍率が2
倍を切り始めている時に、そして、現職教
員による不祥事の多発や不登校児童生徒の
増加が起きている時に、こうした細部に入
り込んだ学校づくりや授業づくりの視点に
法的拘束力を持たせても、その実効性が疑
われることになるだろうからである。

　次からは、筆者の提案である。

　その1つめには、学校での授業づくりに
おける「タイム・マネジメント」の実施を
お薦めしたい。

　「タイム・マネジメント」とは、各教科・
領域において学校教育施行規則別表2で示
された年間授業時数の範囲内で、「主体的・
対話的で深い学び」をしっかりと取り入れ
た重点単元に、例えば教科書の指導書で示
された単元ごとの標準配当時数よりも、1
〜2時間程度多くの授業時数を割り当てて
実施するという、単元レベルでの授業時間
の調節に関わる考え方である。

　もちろん、年間総授業時数がそのために
増えるわけではないため、逆に1〜2時間
を差し引かれる単元が生まれることになる。
そのため、時間数を増やす重点単元は、学
期に1〜2単元程度に限定して設定する方
がよい。

　子どもたちに時間をかけてじっくりと取
り組ませたい思考活動や表現活動に、タイ
ム・マネジメントにより時間数を多く提供
することで学びが充実し、「個別最適な学び」
と「協働的な学び」が深い学びとなってい
くことに十分配慮したい。

　学校においては、カリキュラム・マネジ
メントは大きな負担がかかる作業であるが、
こうした少しの時間数の単元間のやりとり
であれば、日常的な単元づくりの作業とし
て十分行えるものであるとともに、児童生
徒の「主体的・対話的で深い学び」の充実
に大きな効果をあげるものである。

　2つめの提案は、子どもの自己成長力を
育てる教科等横断的な学習、つまり自己成
長学習を実践することである。

　自己成長力とは、「なりたい自分や自分
の生き方をイメージして自己成長課題を設
定し、その解決に向けて学びと自己評価、
自己改善をくり返しながら周りの人と共に
自己成長し続けようとする意志とスキル」
である。

　これまでの学習指導要領には、こうした
子どもたちが自分自身を周りの人の協力を
得ながら成長させていく力を意図的・計画
的に育てることをほとんど提案してきてい
ない。わずかに、たとえば小学校生活科に
おいて自分を振り返る成長単元があったり、
小学校国語科の4年生や6年生に自分の成
長を綴る創作単元があったりする程度であ
る。

　学校の負担を増やす意図はないが、総合
的な学習の時間のテーマに、「自分の成長」
を設定してみたり、特別活動で自己成長宣

言をしたりするようなワークショップ活動
を取り入れるなどの工夫をお薦めしたい。
真の「主体的・対話的で深い学び」は、「自
分を創り続ける学び」であることを提案し
て結びとする。

2. 学校論

オープンスクール
Open school

　1960年代後半からアメリカで教室の壁を取り払い、カリキュラムの壁を取り払い、子どもの個性を伸ばす教育として独自に発展したのがオープンスクールである。オープンスクールの目的は、子どもたち一人ひとりの個性を伸ばし学習の個別化を進めることであり、学習空間を柔軟に拡大・縮小し、学習活動が自由に展開できるように設計された。

オルタナティブ・スクール
Alternative school

　公立学校の教育に不満をもつ教育者、保護者が設立した学校。既存の学校教育を変え、学校を選択できる制度の学校という意味である。これまでの教師中心の一律的な教育ではなく、児童生徒の個性や才能を伸ばす学校システムや特色あるカリキュラムで編成されている。

『学習する学校』
Schools that learn

　激しく変化し多様化する今日の世界にあって、アメリカの経営思想家ピーター・センゲ（Senge, P. M. マサチューセッツ工科大学経営大学院）らが著者になり、今日の教育システムに潜む問題を見据え、教師、生徒、親、コミュニティの構成員が、まだ見ぬ未来の課題に立ち向かって、生きる力を身に付けていくためには、未来の学びのために協働することが求められるとした。そして、『学習する組織』の理論に基づいて、「学校は教える組織から学ぶ組織へ変わらなければならない」と提案し、教室、学校、地域コミュニティにおける改革の指針を提示した著作である。

学級編制
Class organization

　一人の教師が学級集団を担当する場合、どれだけの児童生徒の規模を担当できるかの基準を法的に「公立義務教育諸学校の学級編制及び教職員定数の標準に関する法律」として示したもの。教育用語としては、学級を「編成」するというが、行政用語の法律では学級を「編制」するという。最初に学級編制の基準が示されたのは1890（明治23）年の小学校令に基づき、尋常小学校は70人以下、1941（昭和16）年の国民学校では60人以下とされた。現在は上記の法律第3条「学級編制の基準に従って小学校（1年生は35人）、中学校とも40人以下と規定されている。

学校選択制
School selection system

　小・中学校段階の義務教育では学校教育法施行令第5条2項の「就学予定者の就学すべき小学校、中学校又は義務教育学校を指定しなければならない」に従い、市町村教育委員会が指定した校区の学校に就学す

るが、教育委員会が保護者の要望を受けて複数の学校から就学校を選択し指定する制度。1997（平成9）年に文部省から「通学区域制度の弾力的運用について」という通知が出されて以降、東京都品川区等各地の教育員会で学校選択制度が出てきた。

学校統廃合
School consolidation

少子高齢化や市町村の合併などを契機とし、全国各地域に地域の文化の拠点として設置されていた公立学校のうち、比較的小規模の学校を市町村教育委員会の財政事情等で廃校にしたり、近隣の学校同士を統合したりして、一定の学校規模を維持すること。学校教育法施行規則第41条「学級数」で「小学校の学級数は、12学級以上18学級以下を標準とする」と示されているが、この基準を満たす学校は3割程度である。近年、上記の経過から学校統廃合が進められているが、学校は地域のセンター的役割をもち、市町村がどのような地域づくりを進めるかという理念のもとに学校統廃合政策を進めていく必要がある。

学校文化
School culture

学校を構成している教職員や児童生徒に見られる特徴ある行動の様式。学校文化は、広義には特色ある教育課程や創意ある教育活動、学校建築などの「制度的文化」、次に常に研修に努める教師の姿、誠意ある児童生徒への対応、学び合う教師集団の姿勢が児童生徒に影響を与え成長のモデルになる「教師文化」、さらに児童生徒自身によ

る学級活動や特別活動等を通して人間関係の醸成や形成を図る「児童生徒文化」から構成されている。学校文化は「学校組織文化」とも呼ばれ、学校生活を秩序づけ教育的な役割を担うものである。

義務教育学校
Compulsory school

2016（平成28）年の文部科学省の都道府県教育委員会への通知によると、「学校教育制度の多様化及び弾力化を推進するため、小中一貫教育を実施することを目的とする義務教育学校の制度を創設するもので」、「9年間の義務教育学校では、活発な異学年交流を図り、地域ぐるみで支える仕組みとして、保護者・地域住民が参画するコミュニティ・スクールとして推進することが期待される」と要望された。

ギムナジウム
Gymnasium

ドイツの初等教育グルントシューレの次の中等教育段階の学校がギムナジウムである。中等教育段階の学校にはハウプトシューレ、レアールシューレの3校がある。ハウプトシューレは5年制で、修了すれば職業訓練を行う学校である。レアールシューレは6年制で、修了すれば職業教育を学ぶ上級学校に進学する。ギムナジウムは9年制の中等教育機関で、前期中等である下級、中級段階と後期中等である上級段階に区分けされている。ギムナジウムの教育内容は、職業教育をめざす他の中等教育機関とは違い、目的は大学入学への準備教育を行い、大学入学資格の（アビトゥア）を修得し希

望する大学に入学することができる。日本の中高一貫の中等教育学校に該当する。ドイツの教育は中等教育段階になると能力・適性に応じてコースが分岐する分岐型教育制度（複線型教育制度）である。

旧制高等学校
Old-education system high school

　1894（明治27）年の勅令によって設立された戦前の高等学校。それまでの高等中学校を高等学校と称し、教育目的は「専門学科ヲ教授スル所」であり帝国大学入学を目的とした「予科ヲ設クルコトヲ得」とある。そして、文部省管理（官立）の男子のみの学校であった。その後、高等学校は大学予科（3年制）として成長し、専門予科は1903（明治35）年の専門学校令により専門学校として発展した。1918（大正7）年には内閣に設置された臨時教育会議の答申を受け7年制高等学校が設立された。修業年限は尋常科4年、高等科3年の7年制高等学校として出発した。官立以外にも開放されたため、私立の7年制高等学校が東京や関西で設立された。

旧制大学
Old-education-system universities

　明治維新後の1877（明治10）年に文部省が東京大学や私立の慶應義塾などを設立したが、旧制大学は正式には1886（明治19）年の帝国大学令、1918（大正7）年の大学令で規定された戦前の高等教育機関をいう。出された勅令の順に従って帝国大学令を「第一次帝国大学令」、大学令を「第二次帝国大学令」と呼ぶこともある。1886

（明治19）年の帝国大学令によって国内に5大学、海外に2大学（朝鮮、台湾）計7校の帝国大学が設立され、旧制高等学校の学生たちが進学し、日本の高等教育機関として位置づけられた。1918（大正7）年の大学令では、帝国大学以外に官立大学、公立大学、私立大学の設置を認可した。そのため、1940（昭和15）年には旧制大学数は47校に増加し、大学は大衆化した。

旧制中学校
Old-education system junior high school

　1986（明治19）年の勅令により設立された戦前の中等教育機関。ヨーロッパ中等教育をモデルにして制度化された。中学校の目的は「実業ニ就カント欲シ又ハ高等ノ学校ニ入ラント欲スルモノニ須要ナル教育ヲ為ス」として、高等中学校（官立）と尋常中学校（府県立）が設立された。1899（明治32）年の中学校令の改正によって中学校を普通教育の最高機関とし、中学校の目的を「男子ニ須要ナル高等普通教育ヲ為ス」学校とし、各府県に中学校の設置を義務づけ、増設を促したので人々は出世の「社会的エレーベータ」装置として進学者が激増した。さらに、1919（大正8）年には臨時教育会議の答申を受けて7年制の高等学校設立の改正が行われた。このような経過を経て、中学校教育は、初等教育の上に位置するエリートの高等普通教育として定着していった。

グラマー・スクール
Grammar school

　グラマースクールの語源は「文法学校」

である。イギリスにキリスト教が伝わり、ローマ教会の修道士がカンタベリー寺院に聖書を教える学校を設け、ラテン語を教えたことに始まる。その後、近代の学校教育の充実政策に応じて、中流階級の要望に応じて、大学への準備教育をする中等教育機関として位置づけられるようになった。1950年代以降になると公立の総合制中等学校（コンプリヘンシブスクール）が整備され、生徒の多くはそこへ就学するようになり、パブリックスクール同様グラマースクール進学者は減少している。

コミュニティ・スクール
Community school

　学校運営協議会制度は、2004（平成16）年地方教育行政の組織及び運営に関する法律（地教行法）の改正に追加され、創設された制度である。文部科学省は「学校運営協議会制度」を設置した学校を「コミュニティ・スクール」と呼んでいる。学校運営協議会制度の権限については、地教行法第47の6に4項目規定されている。コミュニティ・スクールに指定された全国の学校は、2017年4月現在、3,600校に増加している。

コンプリヘンシブ・スクール
Comprehensive school

　イギリスの公立の総合制中等学校（コンプリヘンシブ・スクール）のこと。イギリスは階級社会であり、中産階級の子弟は中世以来の伝統的なパブリックスクール、グラマースクール等の中等学校で学ぶ。これに対して労働者階級の子弟が初等教育を経

て学ぶ中等教育機関は閉ざされていた。そこで1960年代労働党政権が、それまでのグラマースクール（大学進学準備）、テクニカルスクール（技術教育）、セカンダリーモダンスクール（普通教育と職業教育）の3つの学校を統合して総合性の中等学校であるコンプリヘンシブ・スクールを創設した。いまやイギリスの中等教育の主流を形成している。

小1プロブレム
1st grade elementary school problem

　幼稚園や保育所などの就学前教育機関から義務教育の小学校へ進学し、新しい友達や学校文化になじんでいくものである。しかし、近年この幼稚園や保育所などから小学校へ進学した際の段差によって生じる様々なトラブルのことを、小1プロブレムと呼ぶ。幼稚園等と違い、6学年で編成される小学校では、チャイムが鳴ると机に座り、教師が教科書に基づく一斉指導を行う間、聞いていなければならない。しかし、近年の1年生は、教師の話を聞かない、勝手に自分の席から離れ歩き回る、チャイムが鳴っても教室に入らず廊下で遊んでいる等の姿が見られるようになった。そこで文部科学省は、幼稚園や保育所などの就学前教育機関と小学校との円滑な接続・連携を図る「架け橋プログラム」などの取り組みが進められている。

小中連携・小中一貫教育
Educational continuity from primary through early secondary levels

　小中連携教育は、隣接する小学校と中学

校が独立したままで、中学校側から小学校側へ教師を授業指導に派遣したり、学校行事を交流し小学校と中学校の円滑な接続を目的に実施する教育活動である。この政策を一歩進めたのが小中一貫教育である。小中一貫教育校では、これまでの9年制の教育段階区分を児童生徒の成長発達段階を踏まえて、新しく3・4・2制、4・3・2制、5・4制等に再編し新しい教育活動を実施している。

尋常小学校
Ordinary elementary school

1872（明治5）年の学制により国民の義務教育機関として成立したのが尋常小学校である。尋常小学校は1886（明治19）年の第一次小学校令で尋常小学校とその上校の高等小学校に区分された。尋常小学校の修業期間は1900（明治33）年の第三次小学校令で4年間に統一され、続いて1907（明治40）年の義務教育機関の延長により6年間になった。尋常小学校は明治時代以来わが国の戦前の初等教育機関として定着していた。

新制高等学校
New high school

戦後の学校制度は、義務教育としては小学校6年、中学校3年の9年間に設定され、その上に義務でない新制高等学校が、戦前の旧制中学校、高等女学校、実業学校、定時制、通信制等を合併して、1948（昭和23）年に出発した。原則として、（1）小学区制、（2）男女共学、（3）総合制が掲げたが、現在残るのは男女共学制度だけである。

新制高等学校は、中学校を卒業し進学する後期中等教育機関として設置されたが、進学率は4割程度であった。1960（昭和35）年代の高度経済成長の時代を迎え高校進学競争が激化し、1970（昭和45）年には80％、現在は98％を超え「準義務教育」学校になった。しかし、普通科偏重と職業学科の就職の充実策が中央教育審議会で答申され、1994（平成6）年度から両者を満たす「総合学科」が制度化された。高等学校はこれまで全日制、定時制、通信制の課程に編成されていたが、高校の多様化に対応して1998（平成10）年から単位制の学校が制度された。

脱学校論
Deschooling

1960年代後半世界各地に起こった学生運動や反体制の動きは、既成の学問や社会秩序を再度問い直す国際社会の動向を迎え、これまで学びを独占してきた「学校」という組織も根本的に問い直された。「学校」という組織は人から自主的に学習する意欲を奪い、「学校」だけが現代社会の中心で教育をする組織になるという固定観念を植えつけたと教育批判をされた。近代的な組織としての「学校」に対する批判として脱学校化論が提言され、その代表としてはイリイチ（Illich, I. 1926-2002）の『脱学校論』などがある。イリイチは、学校だけが教育を行うところという固定観念を批判した。そこで、教育制度を再生するには、「学校」が独占している教員や教材・教具を人々に配分し、教育格差をなくすため教育費を平等に分配する制度（ヴァウチャー制度）

にするべきであると主張した。

チャーター・スクール
Charter school

　1991年アメリカのミネソタ州で立法化され、賛同する保護者たちが集まり、独自の教育目標とカリキュラムのもとで設立された、公設民営の非営利組織の学校。チャーター・スクールは公立学校の教育に満足できなかった保護者たちが集まって立ち上げた新しい選択制度に基づく公立学校である。その後各州に広がり、2020年現在4,500校を超える学校が設置されている。

中1ギャップ
First year of junior high school gap

　小学校から中学校へ進学する移行期に、非行、校内暴力、いじめ、不登校など問題行動の発生が増加し、学習意欲の低下や学力格差も増加する。これらの背景になるのが「中1ギャップ」と言われている現象である。中学校になると、複数の小学校から進学し学区や学校規模も大きくなる。学級担任制から教科担任制に変化し学級担任との接触時間も短くなる。青年期に入り、自分をとらえなおし、自分の人生や能力や進路について考える変化の時期である。しかし、これらは中学校に入学して急に変化するものではなく、小学校高学年の時期から芽生えてきたものと考えられ、近年小学校と中学校との連携が重視されている。

中等教育学校
Secondary school

　1999（平成11）年に学校教育法の一部改正により設けられた学校制度である。文部科学省は2010（平成22）年の中央教育審議会の取りまとめで、1学区1校、全国500校プランの「目標は概ね達成された」と報告した。これにより中等学校の選択制が可能になり、戦後の単線型の教育制度は、一部複線型教育制度を導入することになった。

詰め込み教育
Cramming education

　教師が教科書を教授し、子どもたちがその内容を暗記し知識量を増大させ、高校入試や大学入試の合格を目的として行う学習方法。詰め込み教育では、試験の点数は向上するが、一夜漬けの教育になりがちで、教育が本来目指すべき自己教育力の育成にはつながらないという課題が指摘されている。戦後の教育が学力低下を招いた批判から1958年に導入された系統主義の教育課程から授業時間数が増加され、教師は盛りだくさんの教育内容を教えることになった。1960年代の団塊の世代の高校入試では、この詰め込み主義の教育が問題になった。そして、1971年には授業についていけない「落ちこぼれ」の子どもたちの実態が全国教育研究所連盟大会で問題になり、1977年の教育課程審議会で、「これからの教育は知識の伝達による詰め込み教育ではなく、ゆとりの教育でなければならない」と学習指導要領が「ゆとり教育」へ転換された。

特別支援学校
Special-needs school

　昭和 22 年以来、学校教育法 71 条に基づいて知的障害、肢体不自由、病虚弱の学校（盲学校・聾学校を除く）を養護学校と総称してきたが、養護学校の名称を、2007（平成 19）年、学校教育法の一部改正により、児童生徒の障害の重度化、多様化を踏まえて、一人ひとりのニーズに応じた教育を実施するために特別支援教育を行う学校として改編されたのが特別支援学校である。特別支援学校には、通常の小・中学校等に在籍する特別な教育的配慮を必要とする児童生徒への助言をするセンター的な役割が位置づけられた。

トラッキング
Tracking

　生徒の進路を進学クラスと就職クラスに編成したり、英語・数学の成績でクラス編成する方法をトラッキングという。トラッキングされた生徒集団では、進路や学力が区分けされ、集団内に序列意識が生まれる。この等質化された学習方法により、学力が向上すると考えられるが、上位の生徒には優越感が生まれ、低位の生徒にとっては逆に劣等感を生み、学習意欲が低下し学力向上が見られないこともある。アメリカでは、人種や社会階層が関係し、社会的不平等が拡大するとして否定的に考えられている。

認定こども園
Authorized nursery school

　幼稚園は、学校教育法に基づき 3 歳から就学までの幼児の教育を行う文部科学省の機関である。それに対して、保育所は児童福祉法に基づき、0 歳から就学まで養護と教育を行う厚生労働省が所管する機関である。それぞれの教育内容は、幼稚園の場合は「幼稚園教育要領」、保育所の場合は、「保育所保育指針」によって方針が定められている。近年、保育所待機児童が増加する一方で、幼稚園利用児童が減少したことがきっかけとなって、2006 年に幼稚園と保育所の機能を一体化した役割を持つ「認定こども園」が制度化された。「認定こども園」では、複雑化する保育ニーズと同時に、小学校教育との円滑な接続・連携が求められている。

パブリック・スクール
Public school

　イギリスの中世以来の伝統をもつ全寮制のエリートを養成する中等機関。現在では、1440 年創立のイートン校をはじめ 250 校がある。13 歳で入学し、寄宿生活やサッカーやラグビーなど集団スポーツによる集団のルールの学習、宗教教育を通した人格的陶冶の教育をめざしている。上級生になると大学への準備学習をする。パブリックスクールは高額の授業料を支払うため、上流階級の子弟が進学し、卒業生はイギリス社会の特権的なエリート層を形成してきた。

不登校特例校
School refusal special school

　文部科学省は、2018 年からの第三期「教育振興基本計画」において教育機会確保法に基づく政策として不登校生向けの夜間中学校などを「不登校特例校」として設立認

可をした。

　2021年度、小中学生の不登校生数が24万5千人と過去最高に増加したことが、文部科学省から発表された。2023年3月には中教審から、2023年度から始まる第四期「教育振興基本計画」において、急増する不登校生が学べる「不登校特例校」を全国に300校設置する目標を掲げた内容を答申した。「不登校特例校」では安心して、昼間や夜間に学習指導要領に縛られず授業時間を削減して学べるようになっている。

フリー・スクール
Free school

　従来の公立学校の教師中心の教育活動を行う学校ではなく、教育活動が子どもたちの個性、自主性に基づいて自由に運営される学校をフリー・スクールと称す。広義な意味をもつ用語であり、オルタナティブ・スクールのような脱学校論的な理念はない。これらの学校では、学習時間を子どもたちが自主的に決め、カリキュラムを教師と子どもの会議で決めるなど、子どもの要求と自由を尊重する。日本でも、近年は増大する不登校児童生徒を対象にして、自主的な活動を中心に運営する民間施設がフリー・スクールとして認可されるようになってきた。

保護者クレーム
Parent claim

　保護者が、わが子が通学する保育所・幼稚園・学校の教育方針、学級指導、学校行事等に関して、わが子への教師の指導に不満をもち、校長や教師に対して不満や苦情

や無理難題を述べ、保護者の満足のいく措置や謝罪を要求すること。具体的には「担任を変えて欲しい」「わが子をいじめた子を転校させろ」「いじめられて不登校になったのだから成績をあげろ」「わが子をレギュラーにしろ」「謝罪文を書け」「訴訟するぞ」等実利の要求を求めるなどクレームが厳しくなってきた。教育問題に対して、「学校問題」と呼ばれている。

マグネット・スクール
Magnet school

　1976年からアメリカ連邦政府は特定の学校に特別予算を投下し、白人の子を引きつけるため豊かな教育予算に基づき特色あるカリキュラムや教育方法を採用し、結果として磁石のように白人の子どもたちを引きつける「マグネット・スクール」と呼ばれる校区選択制の学校制度を創設した。当初、黒人と白人の子どもたちの共学を目指したが、近年のマグネット・スクールは子どもたちの個性や才能を伸ばすエリート教育活動を重視する学校になっている。

ミドル・スクール
Middle school

　戦後日本の学校体系はアメリカで主流の6・3・3制の教育制度をアメリカ教育使節団の指導で導入された。新制中学校のモデルは、高等学校「ハイスクール」のジュニア版（「ジュニア・ハイスクール」）として、教科担任制のもとで教え、教師と生徒の距離が小学校に比べ離れ、アカデミックナな学問を教科として教え受験勉強をする高等学校を模した学校になり、「中1ギャップ」

（不登校、いじめ、非行）等の問題が生起するなど小学校と中学校が円滑に接続されていないのが実情である。アメリカではこの古い6・3・3制モデルを改め、小学校と高等学校の中間の学校として両校を円滑に橋渡しする学校としてミドル・スクールを創設した。ミドル・スクールは現在アメリカの主流になっている。

夜間中学校
Night junior high school

　戦後義務教育制度がスタートした当時、貧困・就職などにより、長欠・不就学を余儀なくされた人々が、都道府県や市町村が設置した中学校で、夜間授業を受ける公立中学校のこと。令和2年実施の国勢調査では、最終学歴が小学校卒業の人々が80万人おり、「義務教育未修了者」と呼ばれている。夜間中学校は現在全国に40校あり、年齢、国籍に関係なく、不登校生を含めて多様な生徒が学んでいる。平成28年に成立した「教育機会確保法」は、義務教育の確保は自治体の責務であるとしたので、現在各都道府県に1校以上の公立夜間中学校の開設が求められるようになった。

ゆとり教育
Yutori education

　2008年改訂の学習指導要領が「ゆとり教育」から「学力充実」への転換と言われているが、大きく「ゆとり教育」を考えると、1977年の教育課程審議会で、「これからの教育は知識の伝達による詰め込み教育ではなく、ゆとりの教育でなければならない」と学習指導要領が「ゆとり教育」へ転換さ

れた時代から2008年の学習指導要領改訂までの期間を「ゆとり教育」の時代と考えられる。学習指導要領では1958年以来授業時間数が増加してきたが、1977年学習指導要領では、授業時間数を削減し「ゆとりの時間」が特設された。1989年学習指導要領では、小学校で理科・社会が廃止され、生活科が創設された。1998年学習指導要領では、教科の時間数を削減し「総合的な学習の時間」が創設された。この頃から、高等教育関係者から「学力低下」批判が、また2000年からのOECD生徒の学習到達度査（PISA）で学力低下が見られ、「ゆとり教育」批判が大きくなった。文部科学省は、新しく「確かな学力」を提案し、2008年改訂の学習指導要領では「総合的な学習の時間」の時間数を半減し、教科の授業時間数を平成元年版まで増加させた。

リセ
Lycée（仏）

　リセは帝政時代の1802年に政府の予算で成立し伝統をもつフランスの中等教育段階の学校の名称である。1963年の改革で前期課程を中等教育コレージュとして分離し、リセは後期中等教育を担当する学校に改定された。目的は、大学への進学であるが、リセの修了だけでは資格を得られないので、さらに国家試験を経てバカロレア資格を修得し大学へ進学することになる制度として構成されている。1975年改革以後は、大学を目指すリセに加えて、技術リセと多様化した。かつて、リセは国立学校のみを意味したが、現在では公立学校、私立学校もリセと称されるようになっている。

3. 教育制度・教育行財政

オープン・エンロールメント（自由在学システム）
Open enrollment

　欧米の教育改革で実施されている自由通学システムのこと。通学することになる通学区（attendance zone）内の学校ではなく、自由に希望する学校を選択、出願できる仕組みをいう。アメリカでは州によって実態が異なっているが、ミネソタ州が1988年以降、州内の学校の中から通学を希望する学校を選択できるという制度を実施している。イギリスでは、1988年の教育改革法で登場し、1990年以降に学校選択制として実施された。これにより地方教育当局による学校指定が廃止になった。

落ちこぼれ防止法（NCLB法）
No Child Left Behind Act

　2002年アメリカ連邦政府が、恵まれない境遇にいる子どもたちの学力改善策として、人種や社会的階層に関係なくすべての子どもたちが高い教育を受け、州の学力基準を達成するため、公平・平等の機会を保障し、学力の底上げを図ることを理念に作成したものである。第3年生から第8年生の間はすべての子どもたちを対象に「読解」と「数学」のテストが行われ、州政府が策定した「年間到達目標」に到達したか

どうかが評価される。「年間到達目標」に達しなかった場合改善の措置が求められる。2年間到達しなければ学区と協議し学校の「改善計画」の作成、3年間到達しなければ学校が在学生に対して「補習サービス」を提供する、4年間到達しなければ教職員の入れ替え、新カリキュラムの実施、5年間到達しなければ学校の改廃措置という厳しい改善措置が要求される教育改革である。

各種学校
School in the miscellaneous category

　専修学校と同様、学校教育法一条校に属さないが、学校教育法第134条で規定されている教育機関。学校教育に類する教育を実施する学校と位置づけられ、専修学校の要件を満たさない学校をいう。具体的には、学習塾や予備校、各種の習い事学校や准看護師養成所などが各種学校に該当する。

下構型学校系統
　近代に入って学校の体系化が進展し、大学への進学準備校が設置、整備されるようになった。同じような形で、大学等上級学校への準備校として旧制高等学校・旧制中学校が下級学校として設置される仕組みが広がり、高等教育機関である大学を頂点として、中等教育機関、さらに初等教育機関が設置されている。つまり上級学校から下級学校へという系統化が実施されることになった。こうしたエリート養成のための学校体系を下構型学校系統という。

学校間接続
School articulation

校種が異なる学校間の接続のこと。高大連携に大学入試、中高連携に高等学校入試や中1ギャップなどの問題、幼小連携に小1プロブレムなどの問題があった。こうした問題の解決が望まれていたこと、社会の多様化の進展から現行の学校体系の改編を検討する必要があったことから、学校間接続が課題となった。1998（平成10）年の学校教育法改正を踏まえ、中等教育の前期と後期が接続した中等教育学校が翌年に開設された。2016（平成28）年には初等教育と前期中等教育の9年間が接続した義務教育学校が設置された。さらに国民の最大の関心事である大学入試についても改革が進展し、高大連携等の取組が進んでいる。

学校管理規則
School management rule

教育委員会と学校との管理関係を定めた教育委員会規則を指す。地教行法第33条「学校等の管理」に基づく規則であり、内容としては、学校施設、設備、組織編制、教育課程、教材の取扱その他学校の管理運営の基本的事項となっている。学校管理規則で定めようとする事項について実施のために新たな予算を伴うものは、教育委員会は当該地方公共団の長に協議しなければならない。

学校間連携
School cooperation

後期中等教育の教育課程改革で示された取り組み。授業教科・科目の選択幅拡大をめざした方策。在籍校以外の他の高等学校などに通学することが可能となり、履修した教科・科目の単位認定が行えるような仕組みを各学校が連携することによって実現しようとする制度。具体的には、普通科の高校生が専門学科の高校に通学したり、その逆の通学があり、普通科・専門学科それぞれの特性が発揮されることが期待されている。全日制の課程と定時制の課程との相互乗り入れによって、生徒の通学時間を自由化することにより、学校施設を効率的に利用するという考え方もある。

学校区（学区）制度（アメリカ）
School district

アメリカ合衆国では、州政府によって州の行政は独自の運営がなされている。州政府や学校区に教育の実施に関わる決定権があり、州は地方分権主義に立ち、立法による教育運営を実施し、学校区と呼ばれる地域組織が州の枠組みの中で学校運営等を行う仕組みとなっている。学校区は、財政自主権に立って教育に関わる独自の財源を持ち、教育長を選任し、学校の管理運営を行うことになる。また1983年に発表されたレポート『危機に立つ国家―教育改革への至上命令―』により危機感を強めた連邦政府が、一定の支援で教育に関与するような動向もあり、今後の学校区の在り方については注目されている。

学校段階・学校系統・学校体系
School stage and system

学校で必要とされる学力レベルを発達段階的にとらえると、初等教育段階、中等教

育段階及び高等教育段階に分別でき、これが学校段階である。また、学校教育の目的から系統的に編成したものが学校系統であり、普通教育系統、職業教育系統や特別支援教育系統などに編成される。学校段階と学校系統などの諸要素を踏まえて、各種の学校相互間の結合関係を体系化、組織化したものが学校体系である。

学校理事会（イギリス）
School governing body

公立学校を理事会で経営する制度のこと。1944年に立法化され、1970年に入ってから機能するようになった。学校理事会組織は、主として議員で構成される地方教育当局、地域住民、当該校の教職員、保護者、創設者、パートナーシップ、スポンサーの各代表によって組織されることが教育法で定められている。学校理事会の役割は、地方教育当局と学校の間に立って、財務、人事等の事務や教育課程編成についての枠組みの決定に関与することである。学校の自律性の尊重ということから、学校理事会が現場に介入することは少なく、具体的な管理運営については校長に委任している。

『危機に立つ国家―教育改革への至上命令―』
A nation at Risk: The Imperative for Educational Reform

レーガン大統領下で学力が低下し、そこで学力回復への内容を、1983年に『危機に立つ国家―教育改革への至上命令―』として連邦政府に提出した報告書である。アメリカ合衆国の教育の危機的状況を訴えた

ため、全国的に教育改革が進行した。報告書の内容は、アメリカの学生・生徒の学力低下がみられること、多数の機能的非識字者が存在することへの改善の訴えであった。高等学校卒業要件を満たすレベルの学力を育成する教育課程を必要とし、測定可能な評価基準を使用して学力向上をめざすことになり、責任を持った指導が行われること、また財政援助を補償することが求められた。

技能資格・技能審査
Skill qualification and examination

「英語検定」や「漢字検定」などの民間教育機関で実施されている各種資格に関わる技能審査があるが、これに合格して資格を得た生徒に対して、関連科目の単位を与える制度。後期中等教育の教育課程改革の取組みであり、技能資格を得た生徒に対して与える特典である。技能審査においては、単なる知識だけでなく実践的な能力についても審査対象となり、資格内容や程度が高等学校学習指導要領に適合しているとみなされる場合に、単位認定が可能となる。

義務教育機会確保法

2016（平成28）年文部科学省は「義務教育の段階における普通教育に相当する教育の機会の確保等に関する法律」（略称「義務教育機会確保法」）を施行した。目的は、「教育基本法・児童の権利条約等趣旨にのっとり教育機会の確保等の施策」として義務教育段階の不登校生や夜間中学生対策として「教育機会の確保等を推進すること」（第1条）である。対象は小学生、中学生、

義務教育学校生、中等教育学校生、特別支援学校生、夜間中学を希望する者（成人）のうち長期間学校を欠席している児童生徒で、普通教育を十分に受けていない者（成人）である。不登校生や夜間中学を希望する者に対する教育の機会の整備が義務づけられた。

教育委員会制度
Board of education

地方教育行政の組織及び運営に関する法律（地教行法）に基づき、都道府県や市町村（特別区を含む）に設置されている地方教育行政の機関を広義の教育委員会という。制度的には、自治体の首長から一定の独立性を担保している合議制の地方行政委員会の1つである。所掌する事務内容は教行法第21条等に定められている。教育委員会は公立学校の管理をはじめとするすべての教育の関する行政を行う機関である。教職員の人事、教育内容、教科書委の取り扱い、学校・公民館の設置、児童生徒の就学・転学・退学、学校の組織編制、教職員の研修、児童生徒の保健・安全、給食、生涯教育、文化財の保護、スポーツ等を所管する。それに対して狭義の教育委員会は、すべての教育委員会に設置される合議制の執行機関である。合議制の教育委員会は、政治的中立性や公平性が求められる。2014年には地教行法が改正され、教育委員長と教育長の併存による責任者がわかりにくい仕組みが改革され、教育委員長と教育長を一本化した新教育長を置き、首長が参加する「総合教育会議」が設置され、首長部局と教育委員会の連携が強化された。

教育行政
Education administration

教育行政とは、教育に関わる行政活動の総体を指す。教育行政は、政治制度の発展のなかで多様な形で実施されて形や内容が多様であり、社会組織等の相違によって異なる。公権力が教育を公共政策として組織していく（1）公権的作用である、（2）教育目的を達成するための手段である、(3)統治意思を明確にしての政策の形成過程であるなど、様々な見解がある。中心となるのは教育を維持・管理し、発展させる教育行政機関（文部科学省や教育委員会など）であり、税によって負担された経済的基盤のもとに教育活動を実施し、国家形成の基盤となる重要な行政活動といえる。

教育行政の3作用

わが国の教育行政には、規制作用、助成作用及び実施作用の3つがある。規制作用とは、行政が主体となって規制を行う活動を指し、教員の教育活動の規制、学校設置・廃止に関わる許認可、義務教育諸学校の設置義務、私立学校への規制などの教育関係者を対象とするものだけでなく、すべての子どもをもつ親に対して、子を就学させる義務を命じている。助成作用とは、教育支援の要求に対して提供される物的、人的、運営的支援を指し、一般的に行政が実施する実施行為は振興、奨励とされる。人的支援については、要員の提供、派遣だけでなく、専門的・技術的な支援である指導・助言がある。また、教育にかかる経費の負担という助成があり、給付や補助、育成資金の提供などが行われる。実施作用では、教

育関係法令に従って多岐にわたって教育事業等が実施されている。

教育公務員特例法
The law for the special regulations concerning education public service

　教員は地方公務員であり一般の地方公務員法の適用対象であるが、教員の場合はそれに優先して教育公務員特例法が服務や研修等に関して適用される法律であり一般の公務員と違う取り扱いを定めた法律である。教育公務員特例法は教育公務員の任免、人事評価、給与、分限、懲戒、服務、研修等について規定している。特に、政治的行為については地方公務員には一部の政治的行為ができるとされているが、教員の場合は第18条で国家公務員同様、政治的行為が厳しく制限されている。研修については、第21条で「絶えず研究と修養に努めなければならない」、第22条で「本属長の承認を受けて勤務場所を離れて研修を受けることができる」と規定している。なお、教育職員免許法に基づいて実施されていた教員免許更新講習制（10年間に一度受講）は2022年に、新しく研修受講履歴記録システム研修制度に発展的解消した。教員研修に関して従来は、「自主研修」が中心であったが、近年は、初任者研修、中堅教諭等資質向上研修等、教育公務員特例法に基づく「法定研修」としてシステム化されてきた。

教育財政
Education finance

　教育財政とは政府が教育事業の実施、振興のため資金を調達・配分・資質する仕組みをいう。文教費の8割は学校教育費に関する費用である。財政措置の内訳は、①人件費や教育活動費などの事業運営費、②施設設備に関する費用、③家計への経済的支援である。財政措置は国、都道府県、市町村が分担して支出している。義務教育の場合、運営・施設設備に関する支出は設置者負担主義に基づき、市町村が負担するが、教員給与は都道府県が3分の2を負担し（県費負担教職員制度）、国が3分の1を負担（義務教育国庫負担制度）している。教科書の費用は国負担である。教育費の負担を国がするのか、家庭がするのかについては、公費負担主義と受益者負担主義の考え方があるが、実際に教育機会の均等を保障するためには教科書など国家が一定の負担を果たすべきことから公費負担が原則であるが、給食費など一部は家計負担となっている。近年は少子化、貧困家庭対策として、義務教育ではない幼児教育、高等学校、大学への教育の支援、無償化が進められている。

教育振興基本計画
Promotion of education master plan

　2006（平成18）年に制定された教育基本法第17条は、「政府は、教育の振興に関する施策の総合的かつ計画的な推進を図るため、教育の振興に関する施策についての基本的な方針及び講ずべき施策その他必要な事項について、基本的な計画を定め、これを国会に報告するとともに、公表しなければならない」とし、地方公共団体に対しても基本的な計画を定めるよう努めることを求めている。教育振興基本計画は、国及び地方公共団体における教育の指針を示す

ものであり、国においては、法の下に全国的な教育の機会均等の実施と教育水準の維持向上を図るための手立てを本計画で策定すること規定した。2022年度に、2023年度からの第4次教育振興基本計画が文部科学省から発表された。

教育の機会均等
Education equal opportunity

　教育の機会均等の考え方は、すべての人間に教育機会が開放されるべきであるとする近代市民社会の思想であり、わが国においては、日本国憲法第14条（法の下の平等）や教育基本法第4条で示されている。世界人権宣言、国際人権規約（A規約）規程第13条、子どもの権利に関する条約などが関連する。教育基本法第4条の第1項では「すべて国民は、ひとしく、その能力に応じた教育を受ける機会を与えられなければならず、人種、信条、性別、社会的身分、経済的地位又は門地によって、教育上差別されない」と明示されている。第2項においても、障害のある者に対しての教育上必要な支援を講じなければならないとし、第3条では、国及び地方公共団体に対して経済的理由によって修学が困難な者に対する奨学措置を講じることを求めている。

教育の義務性
Education obligation

　日本国憲法第26条第2項や教育基本法第5条等において示されている教育制度の考え方。1879（明治12）年の教育令で、就学は親の責任とされ、義務教育が規定された。戦後の義務教育は、戦前の制度とは異なり、教育義務と就学義務という教育思想を背景に、国民の教育機会の保障という観点から制度化された。保護者の義務、地方公共団体に学校設置の義務、市町村に就学援助義務などが求められている。就学義務というのは、一定の学校に就学させることであり、学校での履修と修了を求めるものである。

教育の公共性
Educational public

　近代以前には、教育は私事的事項（私事性）と考えられてきた。18世紀以降、近代国家の誕生とともに、教育が公共的事項（公事性）としてとらえられ、国家が自らの責任において実施すべき課題となった。プロイセンは、国家形成のプロセスにおいて教育におけるキリスト教会の影響を排除することを念頭に義務教育を実現した。国家に有為の人材の育成がめざされ、富国強兵政策に結びついていった。フランスでは、市民革命の指導者であったコンドルセらにより公教育思想が広がった。教育が人権の1つであるとともに、人権を具現化する手段であると考えられ、男女平等普通教育が提唱された。また、子どもを保護し、教育する権利は親の自然権的教育権であるが、公費負担による学校教育の必要性が求められ、公教育が実現することになった。

教育の中立性
Neutrality in public education

　教育制度原理の1つ。戦後の民主主義に基づく教育行政において重視されたことは、教育が政治や宗教からの直接的な影響を受

けないようにすることであり、そのため、中立性の担保が強く求められた。戦後、国教が禁止され、地方分権が進行することで、中央集権性は弱まったが、未だ行政による教育行政への影響は強く続いている。地方教育行政の組織運営に関する法律の制定・改編により教育行政の枠組みが示され、首長部局の権限が反映されるようになり、中立性は担保されにくくなりつつある。

教育の無償制
Educational no charge

教育制度原理の1つ。日本国憲法第26条第2項、教育基本法第5条第4項などに法的根拠をもつ。基本的には授業料不徴収の原則をいうが、授業料以外の諸費についても無償とされることがあり、それは教育財政政策の判断による。義務教育諸学校の教科書は無償とする教科書無償措置法がある。昨今の国家教育行政施策は、幼児教育から高等教育にかけての無償化を検討し、一部実施に踏み切っている。また、無償制とはいえないが、生活保護家庭などに対する奨学の奨励に関わる支援があり、奨学金制度、幼児・児童・生徒・学生の通学定期券などの旅客運賃の割引や学校での職業紹介もある。

教育バウチャー制度
Education voucher system

アメリカにおいて広がった教育改革施策の1つ。就学児童を持つ保護者が学校選択し、進学を希望する学校に教育バウチャー券を提供することによって学校経営の資金を捻出するという方策である。学校間に競争原理を導入し、そのことによって教育の質の向上を図ることを目的とした制度である。

教育令

1879（明治12）年9月に公布された47条からなる太政官布告であり、学校教育の基本法とされる。田中不二麻呂(1845-1909)が中心となって立案した。「学制」の全面的な改定をめざしたものであり、地方分権的な性格が強く、学区制を廃止し、町村運営を基礎にした小学校の設置を求めた。また私立学校を公認するなど、地方行政当局の権限を弱めることになった。就学期間や形態などの規制が弱く、自由教育令といわれた。教育令への批判から、翌1880（明治13）年12月には改正教育令が出され、町村による小学校設置義務や就学義務3年などの規定が設けられた。

教科書検定制度
Textbook certification system

国民の教育を受ける権利保障の観点から、全国的な教育水準の維持向上、機会均等の保障、適正な教育内容、中立性の確保などのために、主たる教材である教科書が検定を受ける制度。教科書検定制度では、1953年の学校教育法改正により文部大臣が検定権限をもつようになった。

教科書の採択

教科書採択については、地教行法や教科書無償措置法などの多くの法規制がなされている。教科書の採択は教育委員会の職務権限であるが、他の市町村教育委員会と採

択区を設けて共同採択できる。また、教科書採択のしくみについても定められている。

教科書の無償制
Textbook no charge

経済的な理由などで教科書を購入できない児童・生徒の保護者らの子どもの教科書を求める願いなどがあり、1963（昭和38）年12月に立法化された「義務教育諸学校の教科用図書の無償措置に関する法律」により、義務教育諸学校の教科書は無償となった。同法により、検定済み教科書を国が購入し、学校設置者である教育委員会が学校長を通して児童・生徒に給与する仕組みとなっている。

高校生等への修学支援
Study support for high school students

義務教育段階を終えて高校に進学した者が、安心・安定した学業生活を送ることができるように、教育費の軽減を図ることによって修学支援すること。憲法や教育基本法で、義務教育は無償とされているが、中学校以降の上級学校の授業料は無償の対象とはならない。授業料の支援については、制度改編以前にも支援制度があったが、新しい制度は、国公私立を問わず高等学校等に通学できる所得を有する世帯の生徒に対し、授業料に該当する高等学校等就学支援金が給付される。高校生等奨学給付金は、授業料以外の教育費負担を軽減するために、所得の低い世帯の高校生を対象にした支援の仕組みである。

高等学校卒業程度認定試験（高卒認定、旧大検）
High School Graduation Certificate Examination

高等学校を卒業していない者を対象として、卒業した者と同等以上の学力があるかどうかの認定を行う試験。多くの試験免除規定があるので、個々の受験者にとって有利な条件で受験できる。受験資格の1つに試験実施年度内に満16歳以上になることがあるが、認定試験を合格しても、満18歳になった日の翌日までは認定試験合格者にはなれない。この制度の前身と考えられるものに1951（昭和26）年に制定された大学入学資格検定（通称「大検」）があるが、大検が高等学校を卒業していない者のための大学進学のためのバイパス的措置であったという点で、高等学校卒業程度認定試験とは性格が異なる面がある。

国定教科書制度
National textbook system

1904（明治37）年から1949（昭和24）年にかけて実施された教科書制度。国民の思想形成をめざして文部省が著作した国定教科書を小学校用教科書として全国一律に提供された制度。教育制度開始時には検定済教科書が使用されていたが、1902（明治35）年に教科書疑獄事件が発生したため、翌年には国定教科書制度に改められた。

こども家庭庁の創設
Children and Family Agency

2023年4月からこども家庭庁が創設された。この法律の趣旨は、「こども（心身の発達の過程にある者）が自立した個人と

して等しく健やかに成長することのできる社会の実現に向け、子育てにおける家庭の役割の重要性を踏まえつつ、その意見を尊重し、最善の利益を優先して、こども及びこどものある家庭の福祉の増進、子どもの健やかな成長及びこどものある家庭における子育て支援並びに権利利益の擁護に関する事務を行う」とされている。教育基本法に関係する幼稚園は文部科学省、保育所・認定こども園の所管はこども家庭庁となる。子どもの権利条約が国際法であるのに対して2023年4月から実施されるこども基本法はこども家庭庁の理念を示す国内法として制定されたものである。

指導主事
The supervisor in a board of education

　指導主事は、戦前の視学官制度が行政統制的性格が強かったことを反省して、1948年の「教育委員会法」の設置と同時に誕生した。役割は「教員に助言と指導を与える」という目的であったが、1956年に「地方教育行政の組織と運営に関する法律」の誕生に伴って、「指導主事は、上司の命を受け、学校における教育課程、学習指導その他学校教育に関する専門的事項に関する事務に従事する」と規定された。採用に当たっては、教育長が「教育に関し識見を有し、かつ学校における学校における教育課程、学習指導その他学校教育に関する専門的事項について教養と経験のある者」の中から選考することになっている。職務活動は教育委員会事務局における事務活動、研究会、研修会での指導・助言、学校訪問における指導・助言等であるが、現状では事務活動が多く、

複雑・多様・高度化する学校教育への専門的な立場からの指導・助言の役割が期待されている。

就学義務猶予免除者等の中学校卒業程度認定試験（中卒認定）
The certification exam for middle-school graduation equivalency

　学校教育法第18条に基づき、就学義務猶予免除者等の中学校卒業程度認定規則により、1967（昭和42）年から実施されている試験制度。病気、障害、不登校など、様々な理由から中学校を卒業できなかった人たちに対して卒業認定を可能とする支援となっている。認定試験は毎年1回実施され、試験科目は中学校レベルの国語、社会、数学、理科、外国語（英語）の5教科の筆記試験である。

宗教教育
Right to receive education

　日本の学校教育では、教育基本法第15条で「国及び地方公共団体が設置する学校は、特定の宗教のための宗教教育その他宗教的活動をしてならない」と特定の宗派教育を禁止している。他方、私立学校は建学の理念が宗教に基づく場合、宗教教育を行うことが許可されている。しかし、公立学校の道徳科では内容項目に「自然や崇高なものとのかかわり」の「生命の尊重」と関係で、「人間の力を超えたものに対する畏敬の念」という項目があり、特定の宗派を越えた「宗教的情操の涵養」を育成する教育が認められている。このように一般的な宗教知識に関しては、各教科、諸活動を通

して行われている。

上構型学校系統

多種多様な段階や系統がある学校を相互に結びつける学校体系において、学校段階を系統化したもの。下構型学校系統と逆の過程で、小学校の下級学校から大学の上級学校へと、学習者の発達段階に沿って進学していく仕組みを支える学校系統を上構型学校系統という。上構型学校系統は、先ず初等教育機関があり、次に中等教育機関で修学し、希望者は高等教育機関への進学が可能となる仕組みを指す。基本的な教育機会を保障し、その積み上げとしての上級学校が設置されることから民主的な学校系統だと考えられている。

私立学校
Private school

私立学校は私立学校法に規定されている。私立学校は「自主性」と「公共性」の両面を備えている。「自主性」とは建学の精神や教育理念に基づいて、独自の教育活動や学校経営が可能であることである。公立学校を所管するのは都道府県や市町村などの教育委員会であるが、私立学校の大学は文部科学大臣、それ以外の幼稚園、小中高等学校は都道府県知事が所管庁となる。次に、「公共性」は、私立学校も公立学校同様「公教育」を担っているので一定の水準を保つため、様々な規定がある。基本的な仕組みは、私学助成制度と私立学校を設置している学校法人の組織規程である。学校法人の組織に関しては私立学校法第35条において、「役員として理事及び監事を置かなけ

ればならない」と規定されている。

新教育指針
Guidelines of Japanese new education

1946（昭和21）年の敗戦後、国が示した戦後教育の手引書。戦後日本の新しい教育のあり方、進め方について記述した指針。新教育方針の構成は2部からなり、第1部前編では、日本の現状と国民の反省、軍国主義および極端な国家主義の排除、人間性、人格、個性の尊重、科学的水準および哲学的・宗教的教養の向上、民主主義の徹底、平和的文化国家の建設と教育者の使命が示されている。後編では、個性尊重の教育、公民教育の振興、女子教育の向上、科学的教養の普及、体力の増進、芸能文化の振興、勤労教育の革新などの具体策が述べられている。

専修学校
Special school

制度的には1976（昭和51）年に設置された教育施設。学校教育法第124条から第133条で示されている教育施設であるが、学校教育法の一条校ではない。専修学校は、中学校卒業後に職業的能力や社会生活に関わる能力を育成することを目的とする。高等学校の教育課程をもつ高等専修学校、高等学校や高等専修学校卒業生対象に専門課程で学ぶ専門学校、これら以外の一般課程をもつ専修学校に分類される。

総合学科の高等学校
Integrated course of high-school

後期中等教育学校の中の1つ。教育課程

が普通教育の科目と専門教育の科目の両方から総合的に編成され、生徒は多様な科目の中から選択履修できるので、自分が求める教育を進んで受けることが可能となる。1994（平成6）年度より始まった学校制度である。高等学校設置基準で定義され、各教科・科目については選択履修の単位制で、「産業社会と人間」の履修が原則となる。教育課程編成の視点から、普通科及び専門学科の高等学校と単位制の高等学校の間に位置すると考えられる。

総合教育会議
The comprehensive educational conference

　2015（平成27）年4月の教育委員会制度改正により、すべての自治体に設置されたのが総合教育会議である。総合教育会議は首長が招集し行われる。構成員は首長と教育委員会である。総合教育会議の協議・調整事項には、教育行政の大綱の策定、教育の条件整備など重点的に講ずべき施策、児童・生徒等の生命・身体の保護等緊急の場合に講ずべき措置がある。総合教育会議の設置により教育行政における首長が果たす役割や責任が明確になり、首長が教育政策等について公的な場での議論に参加できるようになった。

第三の教育改革
The third educational reform

　第三の教育改革は、1971（昭和46）年の中央教育審議会答申に始まるとされる学校教育改革をいう。明治初期の学制公布や教育令の制定に始まる第一の教育改革、第2次大戦直後の教育基本法等の制定や六三

制・男女共学の実施等による第二の教育改革につぐ教育改革とされた。現代社会の急激な社会の変化に対応する教育のあり方、進め方が問われたのであり、社会の変化に対応できる主体的な人間の育成、そのために自ら学び、「生きる力」を身につけた子どもたちを教育することが求められている。その後、臨時教育審議会で示された生涯学習の観点に立って、個性重視の教育が実施されるようになった。

単線型学校体系・複線型学校体系・分岐型学校体系

　教育制度を学校体系でみると、学校段階や学校系統といった要素が複雑に組み合わされて構造化されている。それを分類すると、単線型、複線型、分岐型の3つになる。単線型学校体系とは、単一の学校系統で下級学校から順に学校段階を進学して上級学校へ向かうようになる。複線型学校体系では、通常の学校体系とは異なる別の学校体系が存在し、そこに社会的経済的に優越する家庭の児童が通学し、通常の学校体系を進む一般の児童とは別に進学する仕組みである。こうした複線型学校体系に対する批判から、分岐型（フォーク型）学校体系が志向されるようになった。分岐型学校体系では、中等教育前期ないしは後期段階で、個人の進路選択によって教育課程を選択することができるように複数の過程が準備されており、生徒は各自が自身の希望のコースを歩むことになる。

地方教育行政の組織及び運営に関する法律

The organization of the local educational
administration and law about operation

　地方教育行政の組織及び運営に関する法律は、1956（昭和31）年に成立し、通称「地教行法」と呼ばれている。その後、この法律は何度も一部改訂がなされている。2007（平成19）年には新教育委員会制度として改訂された。地教行法は、教育基本法の趣旨に則り、教育の機会均等、教育水準の維持向上および地域の実情に応じた教育の振興を図らねばならないとし、教育委員会の設置、組織、教育長・教育委員に関すること、教育委員会議の招集と議決、教育委員会の職務権限など6章から構成されている。特に、第3章の教育委員会の職務権限に関しては、教育委員会事務局が処理するものとして（第21条）、①学校・教育機関の設置・廃止、②学校・教育機関の財産管理、③学校の職員の任免、④児童生徒の就学、入学、転学、退学、⑤学校の組織編制・教育課程・学習指導生徒指導、⑥教科書の取り扱い、⑦校舎の整備、⑧教職員の研修、⑨教員・児童生徒の健康・安全、⑩学校の環境衛生等多様な内容を担っている。

地方公務員法

Local education authorities

　公立学校の教員も学校教育という地方公共団体の事務を執行するので、身分上は地方公務員となる。地方公務員の身分や服務を定めた地方公務員法第30条も「公共の利益のために勤務し、職務の遂行は全力を挙げて専念しなければならない」と規定している。教員が公務員として採用されると「服務に専念します」という地方公務員法第31条の「服務の宣誓」を行う。その上で第32条から38条まで職務を遂行する上で①職務上の義務と②身分上の義務が規定されている。職務上の義務は法令に従う、職務に専念する等である。身分上の義務は信用失墜行為の禁止、守秘義務、政治的行為の制限、争議行為等の禁止、営利企業への従事等の制限などである。教員の場合は、地方公務員法以外にも、教育公務員特例法、地方教育行政の組織及び運営に関する法律等の法律が適用される公務員である。

中央教育審議会

Central education council

　文部省設置法に基づいて1953年に設置された国の教育政策全般の方針について文部科学大臣に答申する機関である。2001年に省庁再編が行われ文部科学省に改編されるまでは、中央教育審議会、生涯学習審議会、理科教育および産業教育審議会、教育課程審議会、教育職員養成審議会、大学審議会と分れていたが、省庁再編に伴ってこれらの審議会は中央教育審議会の分科会に再編された。新中央教育審議会は、初等中等教育制度分科会、教育制度分科会、生涯学習分科会、大学分科会、スポーツ・青少年分科会の5つから構成されている。中央教育審議会には多くの分科会があり、これまで幼児教育から高等教育、教育課程、教員養成、生涯学習制度まで幅広く教育改革の提言を行ってきた。しかし、1980年代に入ると中曾根首相が内閣に「臨時教育審議会」を設置し教育改革を行い、その後

も2000年代に入ると小渕内閣が「教育改革国民会議」を、安倍内閣が「教育再生会議」を首相直属の教育改革会議を設置するようになり、中央教育審議会がこれらの提案の具体化を図るような側面も出てきた。

通信制の課程
Curriculum on correspondence school

通信による教育を行う高等学校の履修課程のこと。スクーリング（面接指導）は実施されるが、添削指導、放送等の視聴覚機器による授業、加えて試験の実施などにより、通常の通学を免除することで成り立つ。1961（昭和36）年から正式に高等学校の課程として認められるようになった。

定時制の課程
Curriculum on part-time school

高等学校の履修課程の1つ。夜間その他特別の時間帯又は時期において授業を行う課程をもつ高等学校を指す。修業年限は1988（昭和63）年から3年間以上となった。定時制の課程が創設されたのは戦後の教育改革時であり、1935（昭和10）年に設置された青年学校（勤労青年対象の社会教育機関）と中等教育の統一をめざすという趣旨から誕生した。1953（昭和28）年には、定時制教育及び通信教育振興法が制定され、勤労青年への支援が進んだ。

定通併修

1988（昭和63）年の学校教育法の一部改正によって、高等学校定時制の課程の修業年限が4年以上から3年以上に変更された。このことは定時制の課程の生徒も3年間で卒業できる可能性を開いたものであったが、4年間の定時制の課程では授業時間数から修得単位が限られているという問題があるため、様々な方策で単位修得を可能とする方途が講じられている。その1つが定通併修である。定時制の課程の生徒が、授業がない日時に通信制の課程の生徒として学習することによって通信制の課程での単位を修得し、定時制の課程の単位と合算することで卒業認定されるという仕組みである。

保育制度
Nurture system

幼稚園が学校教育法に基づいて文部科学省所管なのに対し、保育所（園）は児童福祉法に基づいて厚生労働省の所管である。保育所では、保育士資格を有する保育士（保育所保母）が勤務することが要件となっている。実際の保育については、実施場所によって3区分され、家庭での保育、地域での保育、幼稚園・保育所（園）・認定子ども園での保育に分かれる。通常、保育制度という場合は、幼稚園・保育所（園）・認定子ども園での保育を指し、意図的・組織的・体系的に行われる教育事業だと考えられるが、厚生労働省は「保育所保育指針」（2017（平成29）年3月改訂）を提示し、基本的には保育を必要とする幼児を対象とする児童福祉施設であるとしている。

放送大学
The open university of Japan

1981（昭和56）年の放送大学学園法成立により、広く社会人に大学教育を提供す

る場として 1983（昭和 58）年に誕生した放送大学は、学校法人放送大学学園が設置者となっている。放送大学は生涯学習機関であり、高等教育レベルの生涯教育や遠隔教育の機会となっている。放送大学は、最近注目されている「学び直し」の場と考えられている。

法律、政令、省令、通知

　憲法に基づき立法機関である国会で制定されたのが法律である。準憲法的な性格を持つのが教育基本法であり、その他には「学校教育法」「地方公務員法」等がある。原則を定めた法律を補うものが、政令、省令、通知である。政令は内閣が定める命令である。「学校教育法施行令」等がある。省令は各省の大臣が定める命令である。「学校教育法施行規則」等がある。そして、法律が成立・改正された際に、趣旨説明や留意事項や運用方法を説明するために連絡するのが「通知」である。例えば、体罰禁止に関しては、「体罰の禁止及び児童生徒理解に基づく指導の徹底について」（通知）として発出され法律の理解や解釈を広める役割をはたすものある。

無学年制
Non graded education

　日本の学校の多くは、同年齢の児童・生徒を同一学年に所属させ、加齢によって進級するという仕組みである。こうした年齢主義による集団構成を排し、児童・生徒各人の個性や学習進度によって集団を構成する方式をいう。中央教育審議会答申 1971（昭和 46）年では、個性に応じた教育とい

う観点から、無学年制に近い案が示されている。

文部科学省設置法
The Ministry of Education, Culture, Sport, Science and Technology establishment law

　国家行政組織法等に基づき、1999（平成 11）年に成立した法律。前身に 1949（昭和 24）年に成立した文部省設置法がある。文部科学省設置法は、文部科学省の所掌事務範囲および権限を定めたものであり、第 3 条で文部科学省の任務を定め、第 4 条では 97 項目の所掌事務を示している。

幼保一元化

　2006（平成 18）年 6 月に、「就学前の子どもに関する教育、保育等の総合的な提供の推進に関する法律」が立法化され、その結果、幼保一体化施設として「認定子ども園」制度が始まった。「認定子ども園」では幼児を教育する幼稚園機能と、乳幼児を保育する保育所（園）的機能の両方を有し、それを一体化したものである。なお、「認定子ども園」法に基づいて 2013（平成 25）年には「幼保連携型認定子ども園」ができている。こうした動きには、近年の家庭のあり方の変化と女性の社会参加の保障という観点と、就学前の幼児・児童の教育や保育の重要性の認識がある。

幼保連携型認定子ども園

　認定子ども園法によって、法的位置付けを有する学校と児童福祉施設の一体化施設として 2013（平成 25）年に創設された施設をいう。学校教育と児童福祉である保育

の両方に関わるため、職員（保育教諭）については、原則としては幼稚園教諭免許状と保育士資格の両方をもつことが必要となる。

臨時教育審議会答申

　1984（昭和59）年に中曾根康弘首相が設置した臨時教育審議会は、急激な社会の変化への対応を求められたわが国にあって、「生涯学習」を提唱することで、あらゆる人々の教育や学習を促し、日本の国家や国民を新しい時代のあり方に変革させようとするものであった。第一次答申で示された改革の基本的な考え方には、「個性重視の原則」「基礎・基本の重視」「創造性・考える力・表現力の育成」「選択の機会の拡充」「教育環境の人間化」「生涯学習体系への移行」「国際化への対応」「情報科への対応」が示された。答申で提示された具体的な施策で学校教育に関わるものは、後期中等教育課程改革、小中高等学校間の学校間接続、大学入試改革、教育課程の改編、学校・家庭・地域の連携方策などである。

6・3制教育制度

　戦後日本の教育は、社会の民主化と教育の民主化を進める「第二の教育改革」に取り組むことから始まった。それを示す施策の1つが、旧制度の分岐型学校体系から単線型による6・3制学校教育体系の実施である。義務教育が9年間になり、原則的にはすべての児童が小学校6年間、新制中学校3年間修学することが義務づけられた。新制中学校卒業後は、就職するか、新制高等学校などへ進学することになり、全体としては6・3・3・4制という制度編成につながった。

4. 教育経営

PDCAサイクル
PDCA (plan-do-check-action) cycle

　工場等の生産部門で品質管理の手法として考え出された経営論。Plan（計画）→ Do（実行）→ Check（評価）→ Action（改善）の4段階を繰り返すことで、品質の維持管理と向上のための改善を図ろうとする。その手法が広く組織の運営改善の手法としても用いられるようになり、学校や行政組織では、業務運営の結果の評価と改善の方策の提示がアカウンタビリティ（説明責任）とともに求められるようになった。大きくは年度の初めに中長期や単年度の学校経営計画を示し、自己評価等によって年度末に成果を評価して次年度の計画に活かすという形で取り組まれていることが多い。それに基づいて校内の各組織でも同様な取組が行われたりする。ただ、ルーティーンの経営には有効だが環境の変化への柔軟な対応には不向きだとの研究もある。

SWOT分析
SWOT analysis

　教育評価方法の1つとして取り入れられるようになったもの。組織の意思決定にあたって現状分析をするために、内部環境の強み（Strengths）と弱み（Weaknesses）及び外部環境の機会（Opportunities）と脅威（Threats）を、それぞれ縦軸横軸のマトリックス図法を活用して要因分析していくもの。軸が定まっていないと抜け落ちていくものを、分析する軸を明確にすることによって包括的に拾い上げることができる点が特徴である。課題や目的によって強みが弱みに変わったりするので、何のための分析かを明確にして実施する必要がある。

アカウンタビリティ
Accountability

　企業等が直接的及び間接的に関係を持つ人や組織（利害関係者、ステークホルダー）に、その活動の経過や結果、収益や支出等を公開する責任があるということ。行政機関でもいわれるようになり、法令順守等の手続き的な側面だけでなく、その成果についても説明することが求められている。学校教育においては、教育活動の評価を行いその情報提供を行うべきことが2002（平成14）年の小学校設置基準及び中学校設置基準の制定によって法的に規定され、評価結果のみならず教育活動の状況がHP等を通じて積極的に情報提供されるようになった。さらに、高等学校については、設置者が示すスクール・ミッションに基づいて各学校のスクール・ポリシーを策定・公表することが、2021（令和3）年の中央教育審議会答申「「令和の日本型学校教育」の構築を目指して」で示された。

エビデンス
Evidence

　科学的・客観的な根拠や証拠を意味する語。教育においても、説明責任を果たすた

めやICT化の進展による教育活動の変化に伴っていわれるようになってきた。人と人との関わりの中で進められ教育の世界では活動の定型化や規範化が難しく、長年の経験に依拠する判断によって決定が行われた面が否めない。初めは教育政策の決定の場においていわれるようになったが、情報機器の進展により多角的・多層的にデータの収集がしやすくなった現代において、子どもを相手にした教育活動においても多様な活用が考えられ、エビデンスに基づく教育（Evidence-Based Education：EBE）といわれたりもする。一人ひとりの学習状況や生活状況を可視化して多面的に把握したものを次の教育活動に生かして教員の協働化につないでいくなど、効果的な取り組みが考えられている。ただ、成長を必ずしも客観的に測定できない場であり、かつどの時点で成果を検証するかの決定が困難な教育の世界では、その活用を慎重にすべきとの研究もある。

エリート教育
Elitist education system

　特別な才能を有する児童・生徒に特別な教育を施して伸ばしていく教育という考え方もあれば、誰にでも可能性がある特別な才能を教育の中で見いだして伸ばしていく教育という考え方もある。明治期の高等教育は前者である。現代は後者の教育も広くなされるようになり、その才能も様々な面から評価され、リーダー養成に限られるものではない。エリート教育の研究としては、教育制度の面からは特に高等教育を中心として進められたもの（どちらかといえば前者寄り）と、それとは別にキャリア育成の面から個人の伝記的な側面から進められてきたもの（どちらかといえば後者寄り）がある。多様性を尊重する時代になると、政治経済のみならず科学や芸術など多様な分野での多様な才能を伸ばす方向へと転換していく。20世紀後半以降のエリート教育研究はそちらに向かっている。

オープン・エデュケーション
Open education

　学校や大学などのそれぞれの教育機関に囲い込まれ、そこの一員であるものにしか与えられなかった教育に対して、それぞれの教育機関の枠を超えて、全ての人に開かれ、誰もがアクセスできる教育システム。ICT環境の進展により主に高等教育機関等で広がってきた。大きな取り組みの1つが世界の多くの大学で実施されているMOOC（Massive Open Online Courses）である。この考えは20世紀の半ばからあったが、21世紀になってから実用化された。日本では、東京大学や京都大学をはじめ個別の大学からも発信されているが、JMOOCとして多くの高等教育機関や民間企業からの統合された発信が実施され、登録すれば誰でも利用できる。これによって、大学生だけでなく、高校非卒業者や大学既卒者など生涯学習の機関としても機能している。海外の大学についても、個別のものやedx、FutureLearn、Coursera、といった民間企業も参加したプラットフォームを通じて利用できる。

学級経営
Classroom management

　一人ひとりの児童生徒が円滑に成長できるよう、学級・ホームルーム（クラス）を単位として、想定される様々な教育活動を計画的に運営していくこと。ほぼ固定された学級という集団で1年間を過ごすことが多い日本の学校においては、集団内の人間関係を良好に維持し、集団でのパフォーマンスを向上させていくことが重要になる。規律の共有、人間関係の構築、達成目標の明確化、共同性の向上等がその視点となる。ただ、一日のほぼ全ての授業を学級担任が担当する小学校と、教科担任制の中学校、教科担任制に加えて授業による教室移動の多い高等学校では学級経営の方法論が違うので注意が必要で、学習指導要領の総則・特別活動では小・中学校では「学級活動」、高等学校では「ホームルーム活動」となっている。

学級崩壊
Class collapse

　様々な事象から国立教育研究所が1999（平成11）年の報告書で「子どもたちが教室内で勝手な行動をして教師の指導に従わず、授業が成立しないなど、集団教育という学校の機能が成立しない学級の状態が一定期間継続し、学級担任による通常の方法では問題解決ができない状態に立ち至っている場合」と定義した状態をさす。「学級崩壊」は一般的には使われているものの、文部科学省の公的文書では用いられておらず、「学級がうまく機能しない状況」と表現されたりする。それは、この問題が抱える複雑な状況を一面的にとらえてしまう危険性をはらんでいるからであり、教員や学校の状況、子どもや家庭及び地域の状況等を多面的に分析・判断して丁寧に対応する必要がある。2015（平成27）年の中央教育審議会答申「チームとしての学校」では、問題解決のための多様な視点や多様な協働性の必要が説かれている。

学校運営
School management

　調和のとれた学校運営が行われるために校務分掌の仕組みを整えようと、1975（昭和50）年公布の学校教育法施行規則の一部改正によって、従前の保健主事、進路指導主事等に加えて、教務主任、学年主任、生徒指導主事等の位置づけが明確にされ、それら主任・主事等を核として機能的組織的な運営がされるようになった。さらに、2007（平成19）年の学校教育法改正によって副校長や主幹教諭及び指導教諭を置くことができるようになって、校長の学校経営を補佐する体制が整ってきた。これらの管理職やミドルリーダーを組織的効果的にどう活用していくのかが運営の課題であり、そこから導く効果や成果が経営の課題となる。さらに、2015（平成27）年の中教審答申「チームとしての学校」や2021（令和3）年の「令和の日本型学校教育」等、時代の変化によって生じる様々な課題に応じた指針が出されている。

学校運営協議会制度
School management council system

　保護者や地域の住民が学校運営に意見を

反映させることで、協働しながらともに子どもたちの豊かな成長を支えていこうとする考えのもとで、2004（平成16）年の中央教育審議会の答申に基づいた地方教育行政の組織及び運営に関する法律の改正（第47条の5）によって制度化されたものである。学校運営協議会の権限として、「1、校長が作成する学校運営の基本方針を承認する。2、学校運営について、教育委員会又は校長に意見を述べることができる。3、教職員の任用に関して、教育委員会規則で定める事項について、教育委員会に意見を述べることができる」の3点がある。従前の「学校評議員制度」に比べ、教職員の採用その他の任用を含めて意思決定を行うものとして、より権限が強くなっている。この制度によって運営される学校組織をコミュニティ・スクールと言う。その設置については2017（平成29）年の地方教育行政の組織及び運営に関する法律の一部改正により努力義務化された。

学校経営の現代化
Modernization of school management

　戦前の学校経営が国家の管理の下にある体制であったのに対して、戦後になって教職員の主体的な関わりが求められるようになり、その後1960年代頃から科学的に経営の理論を構築しようとした動きのこと。学校経営に教職員が自律的に参画すること、学校教育目標を明確に掲げること、組織運営の効率化を図ること等がその柱となる。はじめは組織構造を固定的なものとしてとらえて検討していたのに対して、人としての情緒的あるいは自律的な面に注目して組織を動的にとらえ、教職員一人ひとりの多様性・複雑性を考慮して協働性に注目するようになった。

学校事務組織
School administrative organization

　学校の組織運営というと教員に注目がいくが、事務職員は学校組織マネジメントの1つの鍵を握っている。2015（平成27）年の中央教育審議会答申では「事務職員が、学校における総務・財務等の専門性等を生かし、学校運営に関わる職員であること」と規定され、チーム学校を担う位置づけがなされた。また、2017（平成29）年の学校教育法の一部改正により「事務に従事する」から「事務をつかさどる」へ事務職員の職務規定が見直されて、学校におけるマネジメント機能への位置づけが明確にされた。高等学校では一定数の配置があるものの小中学校では人的に厳しい状態が続いている。集中的に配置された学校の事務職員が複数校を兼務することや複数の学校の事務を担当するセンターを設置することなどによる共同実施方式等の形態を取る自治体もある。

学校の管理運営
School administration

　学校等の管理については、地方教育行政の組織及び運営に関する法律の第33条に「施設、設備、組織編制、教育課程、教材の取扱その他学校その他の教育機関の管理運営の基本的事項」とある。それが根拠となって、校長等の管理職研修にマネジメント（経営管理などと訳される）の語が用

いられるようになった。時代や社会の期待の多様化、子どもたちや保護者の意識の変化、教職員構成の変化などから、従前のような管理ではなく、柔軟に変化・発展できる運営・経営能力が求められるようになったからである。いわゆる民間人校長等が、学校教育法施行規則の改正によって校長は2000（平成12）年から、教頭は2006（平成18）年から登用できるようになったのもその1つの現れである。また副校長を学校教育法改正によって2007（平成19）年から置くことができるようになった。

学校評価
School assessment

2002（平成14）年の小学校設置基準及び中学校設置基準の制定によって学校評価の実施とその情報提供が法的に位置づけられた。さらに2007（平成19年）の学校教育法改正によって明確化され、日常の教育活動その他の学校運営について学校自らが評価を行ってその結果を改善に活かすことや、学校が積極的に情報提供することによって保護者及び地域住民その他の関係者の理解を深め連携と協力を推進することが義務づけられた。学校がその教育活動の目指すべき目標を明確にし、その達成状況や達成に向けた取組みの経過について適切な評価を実施して、それにとどまらず、改善に向けた方策を策定する過程の全てを指す。学校評価には、自己評価（教職員や児童生徒及び保護者等が学校の教育活動について行う評価）、学校関係者評価（保護者や地域住民等の学校関係者より構成された委員会等が自己評価の結果について行う評価）、

第三者評価（当該の学校に利害関係を持たない外部の専門家等の第三者が自己評価及び学校関係者評価の結果あるいはその他の資料をもとに行う評価）の一連の評価のすべてが求められている。

学校評議員制度
School councilor system

学校は、保護者や地域住民等との連携と協力の関係の下に、信頼され一体となって子どもたちの健やかな成長を図っていく必要がある。そんな教育活動の推進のために、学識経験者、地域の代表、保護者の代表等によって構成して、学校運営等について議論をする場。2000（平成12）年の学校教育法施行規則の改正により制度化され、第49条で、「小学校には、設置者の定めるところにより、学校評議員を置くことができる。」（中学・高校にも準用する）と規定された。学校評議員は、学校運営に関し意見を述べることができ、運営の改善に資することが期待される。学校評議員は、校長の推薦によって当該学校の設置者が委嘱することになっている。2004（平成16）年の学校運営協議会制度はこの役割をより明確化した。

教員評価制度
Teacher evaluation system

従前の勤務評定制度に代わって、2000（平成12）年に東京都で初めて導入された。2004（平成16）年度には大阪府をはじめほとんどの自治体で導入され、2016（平成28）年時点で全ての都道府県と政令指定都市で実施されている。2007（平成19）年

の国家公務員法の改正と2014（平成26）年の地方公務員法の改正により、法的に制度が整えられた。勤務評定との違いは、被評価者である教員と評価者である管理職との面談のもとに目標が設定されて、年度末の評価については本人に開示され、そこに至る過程で力量の向上を目ざして職能の育成をすることに活用される点である。業績評価（業務の目標達成度の評価）と能力評価（職務遂行能力の評価）の2方面からの評価を実施する自治体がほとんどである。自治体によっては評価結果が給与等の処遇に反映されて査定の根拠になっている場合もある。

教師教育
Teacher education

　大学での教員養成課程から現職での研究や修養までの長い期間を含む育成の概念。1966年のILO・ユネスコによる「教師の地位に関する勧告」で教師は専門職であるとされ、それ以降は専門職とは何かという観点から教師の資質を考えることになった。それが「実践的指導力」として2012（平成24）年の中央教育審議会答申で示された。「教職に対する責任感、探究力、教職生活全体を通じて自主的に学び続ける力」「教科や教職に関する高度な専門的知識」「新たな学びを展開できる実践的指導力」「教科指導、生徒指導、学級経営等を的確に実践できる力」「総合的な人間力」がそれである。それらを可能にするものとして「学び続ける教員像」の確立が必要とされているが、教育基本法にも示されているように、子どもたちの成長を支える教師としては学

び続けて教育力を向上させることが必須の姿勢である。教員養成はこれらの観点に立っており、2017（平成29）年告示の学習指導要領では児童生徒の資質能力の育成が明確に示され、その指導ができる教員としての資質は、2022（令和4）年中央教育審議会答申「令和の日本型学校教育を担う教師の養成・採用・研修等の在り方について」で、より一層高度化されている。

校長の校務掌理権

　学校教育法第37条4項の「校長は校務をつかさどり、所属職員を監督する」によって規定されている校長の権限。校務とは、学校がその教育目的や教育目標を達成するための仕事のすべてであるが、（1）教育課程に基づく学習指導などの教育活動、（2）施設設備の管理、（3）教材教具の管理、（4）文書作成や人事管理や会計事務などの学校の内部事務、（5）教育委員会や各種団体等との渉外に大別される。また、「つかさどる」とは一切の校務を把握して処理する権限と責任を持っていること。「所属職員」とは当該学校のすべての教職員を指し、「監督する」とは教職員の教育活動を把握してその適否を判断して指導することである。前半の「校務をつかさどり」までを校務掌理権とし、後半を所属職員監督権という。

校内各種委員会

　学校組織は1つのピラミッドとして積み上げていくことが難しく、いくつかの組織が有機的に結びついてできあがっている。学年の組織、校務分掌の組織、教科の組織がその柱となるが、それらの活動を統括し

たり補完したりするものとして、臨時にあるいは恒常的に組織されるのが委員会組織である。そのため、教員は複数の組織に同時に所属する。学年や校務分掌の組織の代表からなる学校運営のための委員会は統括のためのものであり、行事のための委員会等は補完的な働きをする。その中間的なものとしては、学校教育活動の点検・評価のための委員会等がある。また、法令に基づいて設置される「いじめ防止対策委員会」「学校保健委員会」「安全衛生委員会」等もある。

校内研修組織

学校の抱える課題の解決や教職員の資質・能力の向上をめざして各種研究を企画・運営していく組織。「教務部」「研究部」といった既存の学校組織を活用したり、別に委員会を組織したりして運営する。学校運営・経営に関するものと授業研究及びカリキュラム開発に関するものがある。研究主任を置くこともあるが、この場合は後者に重点が置かれることが多い。

校務分掌組織
Division of school duties

校務とは学校がその教育目的や教育目標を達成するための仕事のすべてであるが、それを「調和の取れた学校運営が行われるために(学校教育法施行規則第43条)」、所属の教職員が分担して処理していくことを「分掌」という。教員なら教務、保健、生徒指導、進路指導等があり、事務職員なら財務や物品調達等がある。「調和の取れたもの」とするために、有機的に関連づけ

整理して、教育活動とそれを支えるものとを連携させた簡潔なものとする必要があるとされている。

コンセッション方式
Concession system

施設経営論の1つ。ある事業のうち、販売や運営など特定の分野・領域を、事業全体の運営者とは違う会社が運営権を得て行うことをいう。政府や行政機関のいわゆる官と民間が共同して公共サービスを提供するPPP (Public Praivate Partnership)、その中で公共施設の管理・運営を民間事業者が主となって行うPFI (Praivate Finance Initiative) が、NPM (New Public Management) 考え方によるいわゆる「小さな政府」の構想のもとに公共事業の民営化の一環として行われている。このうち行政施設の民間委託の1つとして運営が行われているものがコンセッション方式といわれ、料金収入を得てその対価を行政に支払うなどの行政機関の財政負担の軽減等の効果もある。提供するサービスの質の高さとコストの低さがともに要求される。学校教育と地域との協働がいわれる中で教育施設での活用が進められている。財政負担の面のみならず、学校教育をより広い範囲で考えて、民間の能力の活用や地域へのきめの細かい対応など、大きな効用が見込まれる。

シェアド・リーダーシップ
Shared leadership

リーダーシップは強力な一人にあるのではなく、なされた仕事にあると考えて、1つの職場やチームにおいて、それぞれの特

定の課題に対して力を発揮するそれぞれの人の行動力の元で組織が動いていき、課題によってリーダーが変わっていってもよいとする考え方。カリスマ性のリーダーシップとは違って、一人ひとりの成員が常に経営感覚で課題に取り組み、それぞれの意見の違いを認め合いながらよりよい方策を検討していく。ミドルマネージャーのファシリテーション力が期待される。不確実性が高まっていく社会で求められるリーダーシップのあり方。問題解決型学習（PBL）や音楽・体育といった実技との親和性が高く、アクティブ・ラーニング型学習と併せて注目されている。

指定管理者制度
Designated administrator system

施設経営論の1つ。地方公共団体等の行政機関が行ってきた管理・運営業務を、営利企業や財団法人等に完全ではないが、ほぼ委任に近い形で任せること。2003（平成15）年の地方自治法の一部改正で可能になった。いわゆる「公設民営」の方式の1つであり、住民サービスを低下させることなく、公共の施設の管理に民間のノウハウを活用して、地域の多様なニーズへの柔軟な対応等を図るものである。「施設」には、道路や公園も含まれるが、法律で一部に制約がある場合もある。

就学義務の猶予・免除

日本国憲法第26条、教育基本法第5条に定められた「普通教育を受けさせる義務」について、学校教育法第18条で、病弱や発育不完全その他の事情によってやむを得

ないと判断される場合は、就学困難であるとしてその保護者に対して「義務を猶予又は免除することができる」と定められているもの。保護者からの願い出によって教育委員会が決定する。日本国憲法第26条は、すべての国民は能力に応じて等しく教育を受ける権利があると定めており、適用には慎重さが必要である。かつては障害児者の多くがこの適用を受けていたが、養護学校（当時）等の整備が促進されて1979（昭和54）年4月に義務教育になった。

習熟度別学習組織
Learning organization by proficiency level

特定の課題に対する理解度や習熟の度合いによって、学習の難易度の異なるいくつかの集団に分けて行う学習活動組織。どんな場面で、どんな効果を目的として、どんな分け方をするのかをはっきり規定する必要がある。習得の学習に比べて活用や探求の学習では、その効果が明確でないという考え方もある。プロジェクト型の学習では、集団に多様性が確保された方が効果が上がり、習熟度別集団では有効性を認めがたいという意見もある。習熟度別・少人数集団で行われる場合が多く、習熟度別の効果なのか少人数による効果なのかを見極めないといけない。

職員会議
Staff meeting

2000（平成12）年1月の「学校教育法施行規則等の一部を改正する省令」によって、各学校では「校長の職務の円滑な執行に資するため、職員会議を置くことができ

る」となった。また、「校長が主宰する」「校長の職務の円滑な執行を補助するものとして位置付けられるもの」とも明示された。以上のことから、それまではややもすると学校の意思決定機関とされることもあったが、校長のリーダーシップのもとに円滑な運営がされるものとしての法的位置づけがされた。「校長が主宰する」とは、「校長には、職員会議について必要な一切の処置をとる権限があり、校長自らが職員会議を管理し運営する」（同省令）という意味である。

垂直の教育組織・水平の教育組織

垂直型組織では、厳密な階層化による直属の上下関係のもとに業務に対する専門性を生かした意思決定ができる構造となって、効率性を重視した組織形態になっている。それに対して水平型組織では、緩やかな階層のもとで水平方向のコミュニケーションや業務の共有化を図りながら柔軟な参画が可能な構造となって、創造性を重視する組織形態となっている。特定の課題についての委員会等のプロジェクト型の業務については水平の教育組織が効果的な場合が多いが、校長を頂点とする恒常的な組織形態は垂直の教育組織が効果的である場合が多い。ただし、教科、学年、分掌等で組織される学校では、単純に分類は難しく、マトリックス（格子状）組織としてとらえる視点も必要である。

スクール・ガバナンス
School governance

従来は政府が「ガバメント」として教育委員会や学校を「統治」「管理」してきた。しかし、学校運営の責任を校長だけに委ねるには限界を迎えてきた。そこで、公的権力を一手に引き受けるのではなく、「統治」「管理」主体を住民や企業、NPO、保護者など非行政等の組織に開放し、「官」と「民」の関係を水平的な関係に再構築し、学校利害関係者の相互利益を実現するため、当事者と協働で行う仕組みが「ガバナンス」の目的である。特に、2000（平成12）年以降の文部科学省、教育員会等の規制緩和政策により、学校経営ではコミュニティ・スクール等組織が拡大し、保護者・地域住民の経営参加が進み学校ガバナンスが求められるようになった。

スクール・コンプライアンス
School compliance

学校が法令に従い、社会的責任を果たすことを「スクール・コンプライアンス」の遵守という。教師と子どもとの信頼関係や愛情で教育が成立する学校では、法律は冷たいもので「水と油」のように思われてきた。学校では、これまで各種教育活動が学校の伝統的な慣習として行われ、法令に基づかないで行われてきた甘い点が見られた。しかし、近年、体罰やいじめ問題、保護者クレーム等に関しての社会からの厳しい批判に対して、学校へも「スクール・コンプライアンス」の遵守要求が強くなってきた。

第三セクター経営
Semi-public sector

施設等の経営方法の１つ。第一セクター（国および地方公共団体、いわゆる「官」）や第二セクター（私企業、いわゆる「民」）

に対して、それとは異なる経営方式をとるものをいう。ほとんどが委託の形をとった。国および地方公共団体と私企業の共同出資によるものが多いが、NPOなどの非営利団体によるものを呼ぶこともある。JR（旧国鉄も含む）の経営難の赤字ローカル路線を引き受けた事業が代表としてあげられる。1987年に制定された総合保養地域整備法（通称リゾート法）以降に広まっていき、地域振興を目的とするものが多い。その場合、経営が悪化して地元自治体に財政的な負担を及ぼすことが問題となる。

単位制の課程の高等学校

　全ての高等学校が原則として単位制であるが、一般的には、学年による教育課程の区分を設けてその都度の進級判定をするシステムをとる。それに対して原則として3年以上在籍して規定の単位数を修得すれば卒業を認めるシステムを取る学校のことをいう。学年ごとに定められた課程を修了して次学年に進むシステムの学年制と違って、学年の区切りがないために原級留置（留年）という概念がない。そのため自分の興味、関心等に基づいた学習計画を立てられ、それに応じた科目を柔軟に選択して自分のペースで学習に取り組むことができるのが特徴である。1988（昭和63）年度から定時制・通信制課程、1993（平成5）年度からは全日制課程に導入された。

単式学級・複式学級
Single class/Multiple class

　学級は同一年齢集団で編成されるのが原則であり、それを単式学級というのに対し

て、二つ以上の学年を1つにまとめて学級を編成するものを複式学級という。離島や山間部の過疎地などに所在する学校規模の小さい所で見られる形である。教師の指導が複数の学年にわたるために、それぞれの学年に十分な指導をすることが難しいなどの欠点があるが、年長者が年少者に教えるあるいは相互に教え合うなど、異年齢集団による教育効果も指摘されている。その効果は、複数の学年集団を混合するいわゆる縦割りの集団編成などに生かされている。

チームとしての学校
School as a team

　子どもたちの抱える状況の複雑化や保護者等のニーズの多様化に対応して子どもたちの豊かな学びを保証するために、学校と家庭や地域とが連携・協働して子どもたちを支えていく体制を作ることによって、学校や教員が教育活動に重点を置いて取り組むことができるようにしようとする考え方。また、警察や児童相談所等との連携を図り、さらには心理や福祉の専門スタッフや図書館・部活動・医療的ケア等の専門家との協働を進めていくことによって、より広い視点からのマネジメントを行うことを「チームとしての学校」体制の構築とした。2015（平成27）年の中央教育審議会答申から大きな課題となっている。

ナレッジマネジメント
Knowledge management

　知識を1つの資源と見て経営管理すること。個人の知識を組織的に有効活用して経営的により有効な知識へと高めていくこと

を主眼に置く。共同化（Socialization：個人の内面化された知〈暗黙知〉を共有できるようにする）→表出化（Externalization：共有した知を概念化して一般化する〈形式知〉）→連結化（Combination：一般化された知から新たな知を創造する）→内面化（Internalization：新たな知を取り込んで個人に内面化された新たな知を創出する）といったモデル（SECI モデル）が提唱されたりしている。ただ、内面化された知（暗黙知）は個人の中の膨大なデータによって成り立っており、それを共有化するのは簡単ではない。

ニュー・パブリック・マネジメント
New public management

NPM と表記することもある。行政施策において、民間企業での経営理念や経営手法を取り入れることによって、競争原理に則った経済的かつ効率的で質の高いサービスを住民へ提供していこうとする考え方。公務員の業務においては業績に応じた評価がなされる。競争原理の導入、成果主義、企画立案と実施執行の分離が三原則。法令に基づいた進行管理型の行政から、結果責任を問う経営型に転換することで透明性や説明責任に耐え得るものとして案出された。

バーンアウト
Burnout

バーンアウトとは、「燃え尽き症候群」ともいわれ、仕事等に没頭してきた人が、極度の疲労によって心身のエネルギーが枯渇したかのように急激に意欲を失う状態。医師、看護師、教員、ヘルパー等のヒューマンサービスといわれる業務に従事する人たちの間に特に見られる。学校においても、2006（平成 18）年の中央教育審議会答申でも取り上げられたように、学習指導だけにとどまらず様々な業務が錯綜する現状から、バーンアウトの原因となる教員の多忙化が問題となっている。特に教員の場合は、人格そのものの否定につながる教育者としてのアイデンティティの危機の問題をはらむことがあって深刻になる。文部科学省によると、2021（令和 3）年度の精神的な疾患により病気休職中の教職員は 5,897 人（全教育職員数の 0.64%）で、前年度の 5,203 人から 694 人増加し、近年高止まりの状況である。

働き方改革
Work style reform

少子高齢社会における生産年齢人口の減少の問題や、働く人々のニーズの多様化などの状況から、「一億総活躍社会の実現」に向けて、「長時間労働の是正、多様で柔軟な働き方の実現、雇用形態にかかわらない公正な待遇の確保等」（厚生労働省）を目指すもの。「働き方改革を推進するための関係法律の整備に関する法律」が 2018（平成 30）年に公布された。文部科学省においても「看過できない教師の勤務実態」の改善に向けて議論が進められ、2019（平成 31）年 1 月に中央教育審議会答申が出された。学校においては特に、国際的にも長時間勤務による教員の肉体的・精神的な疲労が問題になっている。そのため、授業改善や子どもたちに接する時間の確保ができるよう、部活動指導の改善や家庭・地域

等との連携、あるいは学校が担うべき業務の見直し等が提唱されている。

開かれた学校づくり
Building an open school

1996（平成8）年の中央教育審議会第一次答申で提唱された概念。それまで、教育基本法第十三条で規定されていたにもかかわらず閉鎖的であると指摘されがちであった学校経営等の在り方を改め、家庭や地域とともにあって連携して子どもの育ちを見ていこうとするもの。同時に家庭での教育の支援や地域の活性化に貢献する。観点として、「学校・家庭・地域社会」の連携、新たな時代の教育への対応、地域コミュニティーの拠点形成の3点が挙げられ、安全確保等の配慮も併せて指摘されている。2015（平成27）年の中央教育審議会答申「チームとしての学校」、翌年の同答申の「社会に開かれた教育課程」「社会との連携・協働を通じた学習指導要領等の実施」と表現を変えて、理念を受け継ぎ発展させている。

ファンクショナル組織
Functional organization

専門的な技量をもってそれぞれの専門性を発揮できる管理者が、多数の下位者のうちで、求められる技量の発揮が期待できる者の業務を指揮して統括していく組織形態。管理者と下位者が固定化されるライン組織のデメリットを改善する形態である。学校では、この考えで学校行事のための委員会などが補完的に組織されることが多いが、業務改善や新規事業のプロジェクトチームなども組織されて恒常的な業務となることもあり、重要な機能を発揮する。管理者が下位者の専門的技量を生かして統括するので、生産性が上がるメリットがあるが、それぞれの職能間の管理系統が複雑になって責任の所在が不明確になりがちになること、下位者が複数の管理者から統括されて命令の矛盾等が生じることなどのデメリットもある。

プロジェクトチーム
Project team

特定の課題に対して専門性を発揮できる人員を、それぞれが属する部門から一時的に集めて組織するチーム。目的を達成すれば解散するのが原則である。学校においては、問題事象が生じた時など緊急を要する課題や校内組織の見直しや改善等の課題で組織されたりするが、新規事業の検討などでそのまま恒常的な組織として機能することも少なくない。目的が明確でそれに適した人員を集めるので成果が上がりやすいメリットがあるが、所属元部門との指示系統の混乱や所属元部門の機能の低下というデメリットもある。

マトリックス組織
Matrix organization

マトリックスとは二つの軸を持つ格子状の配列のことをいう。例えば、職能別と製品別の組み合わせによって網の目状に組織され、所属員はその交点で両方に配属されることなどである。一人が両方の組織の所属することによって情報の流動性が高く、状況の変化に柔軟に対応できるメリットが

ある一方で、複数の上司が存在することになって、指示命令系統の混乱が生じたり責任の所在が曖昧になったりするデメリットがある。学校組織では、学年、教科、校務分掌の3次元のマトリックスが考えられる。

ライン組織
Line organization

　業務の遂行にあたる人員を職階別に積み上げていくいわゆるピラミッド組織のことで、その業務全体を能力のある管理者が統括する。上から下への指示命令系統によって機能するので指示が一元化して責任の所在がはっきりするメリットがあるが、他の部門との連絡が取りにくく非効率的である場面が出てきたり、ラインが大きくなると管理者の負担が多くなったり意思決定が遅くなったりするデメリットがある。学校組織ではかつては校長・教頭以外は横一列の「なべぶた組織」といわれたが、主幹教員や主任等の配置によって、校長を頂点とするライン組織となってきた。ただし、教員は学年や分掌等の所属する組織が複雑で、1つのラインとして統括されにくい面がある。

リーダーシップ
Leadership

　「統率力」と訳されることが多い。目標を定めて組織をまとめ牽引していく力。維持管理的な意味合いのあるマネジメント力とは区別する必要がある。カリスマ的なリーダーシップが注目されることが多いが、多様な価値観を尊重して多面的に研究されている。リーダーシップについての

PM理論は、「目標達成機能（Performance function）」と「集団維持機能（Maintenance function）」の組み合わせで説明されるもの。学校教育においては、教科の授業よりも学級活動や学校行事等を通じて育成されていくことが多い。中・高等学校では部活動で特に効果的に育成されている。近年は、リーダーシップとは人にあるのではなく力量にあるとして、一人のカリスマを立てるのではなく力量との関係性に着目したシェアド・リーダーシップの考え方もある。これは、アクティブ・ラーニング型の授業での課題解決学習等で取り入れられていることが多い。

レッスン・スタディ
Lesson study

　日本では明治期以来授業研究が盛んに行われてきており、日本の教育の質を高めてきた。1990年代後半にそれがアメリカで紹介されて、世界各国に広まっていき、「レッスン・スタディ」と呼ばれるようになった。そもそも教師の位置づけや待遇が日本と違っている欧米では、個人の契約が優先され、個人的にカリキュラム開発等の研究が進められていたため、日本のように相互に授業を見せ合って研究する環境はなかった。日本の授業研究が紹介されると、その効果を求めて「レッスン・スタディ」が広まっていった。

5. 教育のグローバル化

AHELO（アヘロ）
Assessment of Higher Education Learning Outcomes

　教育の国際標準化を進める OECD（経済開発協力機構）が実施する各種の教育調査プログラムで、高等教育における学習成果の評価事業をいう。OECD の研究機関 CERI は、1988 年から国際教育指標事業（INES）に取り組み、調査事業として、大学生を対象とした調査（AHELO）を実施している。AHELO は、高等教育機関の国際化・大衆化の進展の中で、高等教育の多様な質の評価を試みている。実際には、2008 年から事業をはじめ、一般的技能、専門分野別技能、付加価値、機関の特徴の4分野毎に調査を行い、2011 年〜 2012 年に試行試験を実施した。

ILO勧告
ILO recommendation

　国際労働機関（ILO）は 1919 年に設立され、世界の労働者の労働条件の整備と生活の改善を目的に労働者保護に取り組み、1946 年には国際連合と協定し、専門機関となった。日本の教育との関わりでは、1966 年 10 月 5 日に ILO とユネスコ共同で示された「教員の地位に関する勧告」が有名である。また、労働者全般に対する 1 日 8 時間・週 48 時間制や週 40 時間制、年次有給休暇、有給教育休暇などの労働時間や休暇関係の条約について、日本は勧告しているが、未批准となっている。

OECD2030プロジェクト
Future of Education and Skills2030

　OECD の学力観の基軸となってきた DeSeCo プロジェクトを継承・発展させることを目的として、2015 年から進められている国際的な教育の方向性を検討する調査研究事業のこと。DeSeCo プロジェクトによるキー・コンピテンシーを否定するのではなく、2030 年という時代的背景を踏まえて更新することをめざしている。そこでは、「社会としてのウェルビーイング」を共有すべきゴールと位置づけ、それに向けて変わりゆく社会を創り上げていく能動的な姿勢を重視し、そのための学びの羅針盤として「ラーニング・コンパス」を提案した。2019 年 5 月に示されたコンセプト・ノートでは、エージェンシーや AAR サイクル（見通し：Anticipation- 行動 :Action-振り返り :Reflection）等、今後の学習で鍵を握る枠組みが定義されている。

OECDの教育政策
Education policy of OECD

　1974 年の EU 教育大臣会議において、「世界の教育は国境を越え始めている」という指摘がなされ、ヨーロッパにおいては労働や教育の流動化が政治的に重要課題となった。こうした国際的動向から、元来は経済・産業団体である OECD が、教育政策研究に取り組みはじめた。OECD は内部の研

究機関として 1967 年に CERI（Center for Educational Research and Innovation）を設置し、教育改革とそのための政策研究に取り組み、人的資源の開発と教育システムの比較を可能とする指標づくりを目的とした国際教育指標（INES）事業を実施している。1990 年代以降、成人を対象とした「キー・コンピテンシー」を提起した DeSeCo プロジェクトや、国際生徒学力調査事業（PISA）等を行っている。

PIAAC
Programme for the International Assessment of Adult Competencies

OECD の教育機関 CERI が、国際標準の教育指標策定のために実施する成人対象の教育調査事業。PISA の成人版である。わが国でも国際成人力調査として 2011（平成 23）年から 2012（平成 24）年にかけて実施され、2013（平成 25）年 10 月には OECD 加盟国 22 と地域を含む 24 か国・地域で行われた国際調査結果が公表された。PIAAC は成人スキルを測定する調査であり、認知的コンピテンシーまたは認定的スキルとして、「読解力」「数的思考力」「IT を活用した問題解決能力」の 3 分野のスキル習熟度を直接評価している。学校教育や職業教育・訓練などと成人スキルとの関連性や、成人スキルの獲得が経済的・社会的なアウトカムとの関連性が検証されている。

PISA
Programme for International Student Assessment

OECD 組織である CERI が、生徒（15 歳）を対象にした学習到達度問題の調査であ

り、国際標準の教育指標策定として実施する教育調査プログラムである。わが国も参加しており、子ども＝生徒を対象としているという点で学校教育に直接関わる調査であり、社会的注目度の高い調査事業である。2000（平成 12）年を開始年度とし、その後は 3 年サイクルで、2022（令和 4）年にかけて計 8 回実施されている（新型コロナウィルスの影響で 2021 年は 1 年延期されて 2022 年に実施）。調査の内容は 3 分野で構成され、3 年サイクルの実施の際には当該年度の主要分野が重点的に示され、2000 年、2009 年と 2018 年は「読解力（読解力リテラシー）」、2003 年、2012 年は「数学的リテラシー」、2006 年と 2015 年は「科学的リテラシー」であった。2015 年の結果では、OECD 加盟国、非加盟国・地域 72 か国、約 54 万人が参加している。

TIMSS
Trends in International Mathematics and Science Study（現在）
Third International Mathematics and Science Study（第3回まで）

国際教育到達度評価学会（IEA）が 1964 年から実施している「国際数学・理科教育動向調査」のこと。同種のものとして近年注目されている OECD の PISA よりも、TIMSS の方が古くから実施されており、日本も第 1 回調査（1964 年）から参加している。調査の対象となるのは第 4 学年（小学校 4 年生）と第 8 学年（中学校 2 年生）の児童・生徒であり、実施教科は算数・数学と理科となっている。PISA が学習者の学習の背景となる生活態度も含めた調査であるのに対して、TIMSS は理数

系の学習到達度調査である点で異なる。

VUCA

Volatility（変動性）、Uncertainly（不確実性）、Complexity（複雑性）、Ambiguity（曖昧性）の頭文字をとった用語のこと。もともとは冷戦が終結した後の複雑化した国際情勢において、戦局を見通しにくい状況に対して使われた。現在は、将来を予測しにくく、不確実かつ複雑で、前例のない出来事が増えてくる現在の社会や自然状況を表わす言葉として用いられている。

異文化理解教育
Different culture understanding education

社会には多様な異文化が在ることを理解し、それを学習するための教育の考え方や方法をいう。文化的差異を認め、共感する立場に立つとともに、自分の文化を認識することになる。したがって異文化理解教育においては、民族や文化の相異から生じる様々な問題について、異文化の理解に重点をおいて実施される。移民労働者やマイノリティの子どもたちに平等な教育機会を保障し、民族的な特性や文化的特性などの異質性を尊重する教育である。

エージェンシー
Agency

OECD が2015年から進めている Future of Education and Skills2030 プロジェクトで示されたラーニング・コンパス（学びの羅針盤）の中心概念の1つ。変革を起こすために目標を設定し、振り返りながら責任ある行動をとる能力のことを意味している。

誰かが決めたことや指示されたことをこなすのではなく、自分たちが実現したい未来を自分たちで考え、そのために必要な変化を実現するために行動に移していく責任を負い、そのことを自覚する児童生徒を育みたいという思いが込められている。

海外子女教育・帰国子女教育
Overseas child education / Returnee child education

海外で生活する日本人の子どもたちは、現地の日本人会や日本企業商工会などによって運営される日本人学校や補習授業校に通学して教育を受ける。日本人学校の場合は、日本の教員が指導にあたり、教科書や教材も日本の学校で通常に使用されているものであるが、義務教育機関のみとなっている。補習授業校は、日本語の保持と帰国後の教育への対応を考慮して設置された学校で、週1日のみ開校される。海外帰国子女については明確な定義はなく、学校によって規程や判断が異なる。一般的には、親の海外赴任などでの海外生活・滞在経験が1年以上ある人や、幼少期を海外で過ごして学齢期に帰国した人などを指す。

キー・コンピテンシー
Key-competencies

OECD の研究機関 CERI は、1988年から国際教育指標事業（INES）に取り組み始め、1997年からの DeSeCo プロジェクトの実施により、成人に必要とされるコンピテンシーの選択と定義を試みている。コンピテンシーとは、社会的スキルや人間性などで社会に役立つ資質や能力をいう。2002年に作業を終え、2003年の最終報告

書で提示したものが「キー・コンピテンシー」で、国際的な学力標準を示すことになった。「キー・コンピテンシー」の構造は、省察力（リフレクティブネス、reflectiveness）を中核として、3つの大きいコンピテンシーをつなぎ、大きいコンピテンシーに各3つずつ、計9つの小さいコンピテンシーを配置している。わが国の学習指導要領2008年版では、学習指導要領と「キー・コンピテンシー」との近接性が強調されている。

グローバル教育
Global education

　開発教育の考え方と方法論に基づく教育である。1970年代以降のアメリカで広がり、グローバル（地球的）な広がりが国際社会を相互依存的な結びつきを深めることから、教育においてもグローバルな視野、視点からアプローチする必要があるとする。グローバルな市民を育成することをめざした教育であり、人類が生存するために必要な知識・スキル・態度を育成するためのカリキュラム開発や指導法研究を行う。

国際教員指導環境調査（TALIS）
Teaching and Learning International Survey

　OECDが、学校の学習環境や教員の勤務環境に焦点を当てて実施した国際調査のこと。日本は、34か国・地域が参加した2013年の第2回調査から参加した。調査は、1か国につき200校、1校につき教員20名が抽出され、教員と学校の概要、校長のリーダーシップ、職能開発、教員への評価とフィードバック、指導実践、教員の信念、学級の環境、教員の自己効力感と仕事への満足度を問う質問紙調査で行われた。日本の特徴としては、校内研修等を通じて、教員が日頃から共に学び合うことが、教員の指導実践の改善や意欲の向上等につながっている、職能開発（研修）の参加意欲は高いが、業務のスケジュールや費用、参加への支援等に課題がある、教員の勤務時間は他の参加国よりも特に長く、人材の不足感も大きい等の成果と課題が示唆された。

国際バカロレア
International baccalaureate

　国際的に通用する大学入学資格及びそのための教育プログラムをいう。スイスに本部がある国際バカロレア機構（1968年に設置）が示す総合的なプログラムであり、国際社会の多様性、複雑性を理解し、それに対応できる学力をもつ生徒を育てることを目的とする教育が実施される。グローバルな視野をもち、未来へ向かって責任のある行動を取れる態度やスキルを習得する所に特色がある。国際的には後期中等教育卒業認定となり、大学入学資格（国際バカロレア資格）が得られる教育プログラムとして実施されている。2017（平成29）年には、世界で140の国・地域、4,846校あり、日本では、学校教育法第一条の学校指定となる国際バカロレア認定校は20校ある。認定校では、共通のカリキュラム作成、世界共通の国際バカロレア試験、国際バカロレア資格の授与等が実施されている。

国際理解教育
International understanding education

　国際理解をめざす教育は、それぞれが教育目標、学習領域、教育観などで異なり、複雑な区分がある。国際理解教育という場合は、国際理解が教育目標そのものであり、包括的に進める教育を指す。ユネスコ憲章の理念に基づき、様々な文化交流を通して相互理解を図る教育を実施する。1974年のユネスコの「国際教育勧告」に従い、「諸民族の権利」「平和の維持」「人権」「開発」「資源・環境」といった問題を取りあげた教育を実施する。国際理解教育を進めるユネスコ・スクールは、現在、世界180か国以上の国・地域で11,000校以上ある。日本国内の加盟校は、「国連持続可能な開発のための教育の10年」が始まった2005（平成17）年から急増し、2018（平成30）年10月時点で1,116校となっている。

持続可能な開発のための教育（ESD）
Education for Sustainable Development

　ユネスコ国内委員会の提言により、「持続可能な開発のための教育（ESD）」と訳された。ESDとは、「持続可能な社会の担い手を育む教育」を指し、2002年の国連総会は、2005年から2014年までの10年間を「ESDの10年」としている。ESDは、人間性を育むこと、「関わり」や「つながり」を尊重できる個人を育むことを前提とする。環境教育、国際理解教育などの個別の分野をつなぎ、環境、経済、社会、文化の各側面から学際的かつ総合的に取り組むことにより持続可能な社会を構築する教育である。

社会関係資本
Social capital

　社会学、政治学、経済学や経営学などに関わる概念で、集団の協力関係を指し、価値観や規範意識を共有し、相互理解によって結ばれる人的ネットワークをいう。社会的なつながりや良好な人間関係の形成が、社会全体を発展させると考える。デューイ（Dewey,J.:1859-1952）の著書を基盤として、ブルデュー（Bourdieu,p.:1930-2002）が1970年代に取りあげて普及した考え方である。パットナム（Putnam,R.D.:1940-）は、ソーシャル・キャピタルとは人々の協調関係の構築が社会の効率化を図るしくみであるとして、構成要素として「規範（norms）」「信頼（trust）」「ネットワーク（networks）」の3つをあげて相互補完関係があるとした。

人的資本
Human capital

　人間が各自の個性を発揮するために、スキルを高め、個性を活用することができる能力を育成することをヒューマン・キャピタルといい、「資本」の1つとして考えられる概念である。ヒューマン・キャピタルは、教育によって形成されるものであり、知識、スキル、能力・資質などの集積によって高められるものである。経済成長にとって重要なことは、人間の資質・能力、知識やスキルあるいはコンピテンシーであるとされ、OECDはヒューマン・キャピタルを「個人的に内在化させた知識、スキル、能力、諸特性で、個人的、社会的、経済的な福祉を増進させるもの」と定義しており、ヒューマン・キャピタルは、本質的には学

習者自身による能力開発ということになる。

多文化共生教育
Symbiosis of multi cultures education

多文化共生教育は、民族・国籍・文化・階級などで、様々な違いをもつ児童・生徒が、対等・平等な立場で教育を受けることができる機会の保障を学校や各種教育機関に求めるとともに、民主的価値観の育成、思想信条や文化の異質性を超える態度やスキルの形成などについての実践を推進する教育活動である。個人の視点を世界に広げる展開する点に特色がある。多文化共生教育においては、グローバル教育の視点を導入するが、マイノリティなどの文化も尊重し、多様な人々とともに生きることをめざす。

知識基盤社会
Knowledge-based Society

21世紀は知識基盤社会と言われる。知識を創造する人への投資が重要であると考えられている。今日、国境を越えた知識の急速な伝播・移動により、さらなる競争と技術革新が生じており、さらに相乗的にグローバル化が進展することが予測される。狭義の知識やスキルを獲得するだけでなく、自ら課題をみつけ、考える力、柔軟な思考力、身につけた知識やスキルを活用して複雑な課題を解決する力、他者との関係を築く力や豊かな人間性を含む総合的な「知」を必要とする。知識、スキルや態度を含む様々な心理的・社会的なリソースを活用することによって、複雑な問題に対応できるコンピテンシーを持つことが求められている。こうした力は、社会を構成し、運営す

るとともに、自立した人間として生きていくことを支えるとされる。

21世紀型スキル
Assessment and Teaching of 21st Century Skills

ICT が普及した今日のデジタル社会において必要とされる基礎的スキルのこと。21世紀型能力ともいわれ、ATC21s（Assessment & Teaching of 21st Century Skills）が定めている。具体的には、「思考の方法」「仕事の方法」「仕事のツール」「社会生活」の領域で10項目が示されている。「思考の方法」として、創造力とイノベーション、批判的思考、問題解決、意思決定、学びの学習、メタ認知（認知プロセスに関する知識）、「仕事の方法」として、情報リテラシー、情報通信技術に関するリテラシー、「仕事のツール」として、コミュニケーション、コラボレーション（チームワーク）、「社会生活」として、地域と国際社会での市民性、人生とキャリア設計、個人と社会における責任（文化に関する認識と対応）がある。

発達資産
Developmental assets

アメリカ・ミネソタ州における青少年育成研究の成果として示された新しい概念。同州の研究所サーチ・インスティチュートが提唱しており、成長過程にある青少年に必要とされる様々な経験あるいは適性を指す。発達資産には「外的資産」「内的資産」があるという。「外的資産」は、子どもたちがまわりの世界から受け取る好ましい経験であり、「内的資産」は、子どもが社会的

な力を養成するのを支援したり、期待したり、働きかけたりすることで、子どもの好ましい内部成長および発達を反映する特性や行動である。青少年が堅実に成長していく上で望ましい発達資産を手に入れ、その集積を図れる発達力が期待されており、新しく獲得した発達資産が、これまで獲得した資産と結びついて成長を生み出し、問題行動を抑制するという研究成果が得られている。

非認知能力
Noncognitive abilities

知能検査や学力テスト等で測定することの難しい、例えば忍耐力や自己調整力、社会的スキル、GRIT（Guts: 度胸、Resilience: 回復力、Initiative: 自発性、Tenacity: やり遂げる力）等のこと。2000年にノーベル経済学賞を受賞したジェームズ・ヘックマンによって提唱された。環境に関わらず測定可能で点数化しやすい認知的な能力と比べて、時々の状況や環境、個々の特性のように文脈に依存するといった特徴がある。

平和教育
Peace education

人間の尊厳を守り、生命を尊重する考え方から平和な社会を実現していこうとする教育。第2次世界大戦後に北欧の社会学者らが提唱しているが、当初は「戦争がない状態」をめざす消極的平和主義の教育であった。しかし、1970年代以降、貧困・抑圧といった経済的、政治的な社会構造が暴力や戦争を生み出すという指摘から、間接的な暴力も許さないという考え方が平和教育として捉えられている。また、戦争問題や軍縮問題だけでなく、広く人権問題として理解され、開発教育の視点も加わっている。

ユネスコ
United Nations Educational, Scientific and Cultural Organization

国際連合教育科学文化機関の名称。教育、文化および科学の協力と交流を通して、国際平和と人類の福祉の促進を目的とした国際連合経済社会理事会の専門機関であり、本部はフランスのパリにある。ユネスコの活動は、ユネスコ憲章に基づいている。憲章は、前文で「戦争は人の心の中で生まれるものであるから、人の心の中に平和のとりでを築かなければならない」として、平和が失われないための人類の知的および精神的連帯の上に平和を築くことを訴えている。主な具体的事業には、初等教育の普及、ユネスコ・スクールの実施、世界文化遺産等がある。

ラーニング・コンパス
Learning compass

OECDが2015年以降に推進してきたFuture of Education and Skills2030プロジェクトが、2019年に提案したコンセプト・ノートで示された学習をとらえる枠組みのこと。個人および集団としてのウェルビーイングの実現に向けて、見通し‐行動─振り返りで構成される「変革をもたらすコンピテンシー」と、自ら目標を設定しその実現に向けて行動する「エージェンシー」という中心概念によって構成されている。

6. 教育原理

アヴェロンの野生児
Feral child of Aveyron

　1799 年頃、フランスのアヴェロンの森で発見された推定 11 ～ 12 歳の野生児は、人間の姿はしているものの、言葉を話すこともできず、四足歩行をしていた。医師のイタールは、野生児をヴィクトールと名づけて、人間社会に復帰させるため言語の習得や社会化を促す教育を行ったが、完全に人間らしさを身につけることはなかった。哲学者のカント（Kant, I 1724-1804）は、「人は教育によってのみ人間となる唯一の被造物である」と述べたが、アヴェロンの野性児の問題はしばしば、インドで発見されたオオカミに育てられた子どもの事例とともに、言語獲得をはじめとした人間らしさの獲得について、あるいは教育における臨界期の例として引き合いに出される。

暗黙知
Tacit knowledge

　ポランニー（Polanyi, M 1891-1976）は、知識というものの中には、言葉で説明できるものと、言葉では表現できないが知っているというものがあり、その言葉で表現できない知識のことを暗黙知と呼んだ。直観知や身体知ともいわれ、言葉で表現できる知、形式知と区別される。例えば自転車の乗り方はいったん知ってしまう（身につける）と、長い間乗っていなくても乗ることができるが、それをどのようにして乗るのか、乗れるのかを正確に言葉で説明することは難しいなどである。学校教育における知は言葉で説明できる知とこのような暗黙知がバランスよく獲得されることが必要である。

生きる力
Zest for living

　自ら考え課題解決していく考える力、他者と協調的に交わる豊かな人間性、たくましく生きる健康や体力などの知、徳、体のバランスの取れた力こそが、これからの急激な社会変化の中で必要な力、生きる力である。これは、1996（平成 8）年文部省の中央教育審議会が「21 世紀を展望したわが国の教育の在り方について」の答申の中で取り上げ、1998（平成 10）年から 1999（平成 11）年の学習指導要領以来、一貫した学校教育の基調となっている。それは、学校教育全体や、各教科、道徳科、外国語活動、総合的な学習の時間、特別活動、つまり学校の教育活動のすべてを通して育まねばならない。

インドクトリネーション
Indoctrination

　中世ヨーロッパでのキリスト教の教義を教えることに由来する。その後次第に民主主義にそぐわない権威的高圧的な教育として捉えられるようになり、20 世紀に入るとアメリカのデューイ（Dewey, J 1859-1952）ら進歩主義教育者によって、外的な

押し付け教育として批判されるようになった。教化と同義。教え込み、注入教育ともいわれる。

エッセンシャリズム
Essentialism

　教育の本質は伝統的な文化遺産の伝達にあると考え、系統的知識の教授を重視するのが、エッセンシャリズム（本質主義）である。それに対して20世紀に世界的に広まったプログレッシビズム（進歩主義）は、デューイ（Dewey, J 1859-1952）によるシカゴ大学附属実験学校における教育実践にみられるように、子どもの興味関心や自己表現を重視し、生活経験を重んじ、学校で学んだことが社会に活かされるようにと企図されるものであった。エッセンシャリズムの立場は、このようなプログレッシビズム（進歩主義）を反知性主義として批判した。

オオカミに育てられた子ども
The child who was raised by a wolf

　インドのジャングルで二人の少女が保護された。2人はオオカミと生活していたとみられ、アマラとカマラと名づけられた。アマラ（発見当時推定1歳半）はほどなく亡くなったが、カマラ（発見当時推定8歳）はその後9年間、宣教師のシング夫妻により教育された。発見当時は狼の遠吠えのような叫びをあげていたが、簡単な言葉を話すようになった。しかし自由に操れる単語は50単語程度とされ、人間としての成長は3〜4歳程度とされている。今日では、シング夫妻の日記に対する様々な見解はあるものの、この事例はしばしば、他のアヴ

ェロンの野生児などとともに紹介され、人間にとって教育とは何か、人間が人間らしくなることに関わる教育の可能性や必要性について考えさせられる事例として言及される。

恩物
Froebel gifts

　フレーベル（Froebel, F. W 1782-1852）が開発した子どもの遊具ガーベの日本語訳。フレーベルは、ペスタロッチ（Pestalozzi, J. H 1746-1827）の直観教育に影響を受け、幼児教育のための幼稚園を創設し、恩物と呼ばれる教育遊具を考案した。フレーベルは子どもの本質を神聖なものととらえ、内なる神聖を引き出すため環境を整え、恩物を通した遊びや作業の重要性を説いた。恩物は遊びを通して働きかける第一系列と、自己学習の際の第二系列に分かれる。日本では東京女子師範学校附属幼稚園で初めて取り入れられた。フレーベルの教育思想は現在でも幼稚園教育に大きな影響を与えており、彼は幼稚園教育の父と呼ばれている。

改造主義教育
Reconstructionism in education

　19世紀後半から児童中心主義の教育思想が世界的に広まった。画一的で受動的な一斉授業から子どもを解放し、子どもの興味関心に即し、自己表現を重んじ、生活と結びついた教育実践が行われた。デューイ（Dewey, J 1859-1952）はシカゴ大学附属実験学校において、学校で学んだことが社会に活かされ、民主的な社会の一員として社会を改革するようにと企図してい

た。しかし次第に多くの教育実践が行き過ぎた児童中心主義によって、自由放任に陥り、系統的知識の軽視と批判された。そのため1930年代、改造主義教育が主張された。それは、教師は社会的現実に目を向け、社会改造を目指して教材編成や子どもたちの指導に積極的な役割を担うべきであるというものである。

管理主義
Control-oriented education

ドイツの教育学者ヘルバルト（Herbart, J. F 1776-1841）は、教育における管理について、教授と訓練が円滑に行われるために必要不可欠なものと述べた。そして管理はその前提として、教師と子どもとの間に、愛と権威による関係が築かれていなければならないというのである。日本においては、1980年代後半から1990年代前半にかけて子どもたちの服装や髪形、制服の着こなし、休日の過ごし方などが拘束により事細かに定められ指導がなされた。規則によって子どもたちを管理する方法であるが、行き過ぎた管理は、管理それ自体を目的化しているため、これらは管理主義と呼ばれ問題視された。

教育と教化
Education and enlightenment

日本では教化は元来、「きょうけ」と呼ばれる仏教用語で、人を導いて善に転化させることを意味した。その後教育と教化は同義で使用されるようになる。しかしながら教化という用語を使用する時、そこにはある一定の思想や価値観、教義などを一方的に押し付けるやり方として批判的な意味が含まれている。インドクトリネーションと同義である。

教育の自由
Educational freedom

日本国憲法第23条に「学問の自由は、これを保障する」とある。それは学問研究の自由とその結果を教授する自由をも含むと解される。しかし、「旭川学テ事件判決」（最高裁判決昭和51年5月21日）によると、大学教育と異なり、学校で行われる普通教育においては、子どもは教授内容を批判する能力が十分に備わっておらず、教師の強い影響力、支配力が考えられる。そのため普通教育における教育の自由は一定の範囲において存在するが、合理的範囲において制限されると考えられている。

教育の目的・目標
Educational purpose and objectives

日本国憲法の精神に則り教育の目的・目標を定めているのが教育基本法である。教育基本法は1946（昭和21）年に定められ、第1条、教育の目的を「人格の完成を目指し、平和で民主的な国家及び社会の形成者として必要な資質を備えた心身ともに健康な国民の育成」と規定している。第2条はその目的を実現するために達成すべき目標を定めている。さらに学校教育法においては各学校の目的・目標が定められている。各学校の教育課程の基準となる学習指導要領はこの目的の実現を図るため、概ね10年ごとに改訂される。

教育のパラドックス
Paradox of education

　証明されるはずのない矛盾した命題が、妥当な推論によって導かれることをパラドックスという。背理、逆理、逆説。例えば教育における自由と強制という概念について考える時、子どもの自由を尊重することはすばらしいと考え、強制することは否定的にとらえる立場があるとする。しかし子どもはこの世界の仕組みや文化を学び、人間としての礼儀作法を身につけて生きていく。すなわち教育という強制がないと、一日たりとも子どもの生活は成り立たない。強制されずに自由であることが、実は子どもを不自由にすることにつながるというもの。

教育の必要性
Educational need

　哲学者カント（Kant, I 1724-1804）は『教育学講義』の中で、「人間は教育されなければならない唯一の被造物である」と述べた。それは、養護や訓練、教授、陶冶の必要性を示している。人間は生まれただけでは、十分に人間らしさを発揮することはできず、人間らしさの獲得のために教育が必要である。言い換えると、人間は教育によってはじめて人間になることができるのである。それが人間における教育の必要性である。しかしその前提となるのは人間の教育の可能性である。教育の可能性は、人間が他の動物と異なり、進化の過程で手に入れた考えるための脳の発達、大脳化によりもたらされた。大脳化は、本能の相対的な退化を引き起こした。それは、本能に委ねて生きる自由を人間から奪うこととなった

が、他方で教育されることにより、自ら考え判断することによる人間らしい自由を人間にもたらしたのである。

教育を受ける権利
Right to receive education

　日本国憲法第26条第1項に「すべて国民は、法律の定めるところにより、その能力に応じて、ひとしく教育を受ける権利を有する」という規定がある。教育を受ける権利は、国民が国に対して要求できる基本的人権の1つである。また、第26条第2項には、親や国が負うべき普通教育を受けさせる義務と、義務教育の無償が定められている。これらはいずれも教育を受ける権利を保障するために定められたものである。さらに、日本国憲法の精神の実現を期して制定された「教育基本法」第4条において、教育を受ける権利を保障するものとして、すべて国民は、ひとしく、その能力に応じた教育を受ける機会を与えられなければならないと、教育の機会均等が定められている。

教科の系統性
System of the subject

　学習する内容が、前後のつながりよく配列されており、前に学習した内容が次の学習の下地となり理解を促し、発展的に理解や学習が進むためのありようを教科の系統性という。そのために必要なことは、子どもの発達を十分考慮した配列にすることと、そのために不可欠な教科内容の研究である。教科の系統性を重視した系統学習は、知識、科学、技術、情報などの文化的遺産を系統

立てて伝えやすいという点や、学習の進度が把握しやすいというメリットがある一方で、学習者の動機づけが難しいというデメリットがある。他方、学習者の興味関心や身近な生活経験から発する学習は問題解決学習とされ、子どもの興味をひきやすいが、基礎学力の低下が指摘されやすい。

教授
Instruction

コメニウス（Comenius, J. F. A 1592-1670）は、教授を普遍的技術として教授学の中で体系化した。彼は近代教授学の父と呼ばれ、著書『大教授学』で「あらゆる人にあらゆる事柄を教授する普遍的な技法を提示する大教授学」と述べている。彼は、感覚を通じて事物に迫るという教授の原理に立ち、それは直観教授と呼ばれる。また世界初である絵入りの言語教科書「世界図絵」を著し、直観主義の教材として具現化した。ペスタロッチ（Pestalozzi, J. H 1746-1827）は、人間の認識の唯一の基礎を直観であるとし、直観できる認識の基礎は、数・形・語の3つであるとした。これらの認識が直観教授の出発点であり、教育することにより曖昧な直観から明晰な概念へ至ると考えた。ヘルバルト（Herbart, J. F 1776-1841）はペスタロッチの教育方法をさらに発展させ、「教授のない教育などというものを認めないし、また逆に教育しないいかなる教授も認めない」と述べ、教授は単なる知識や技術の伝達ではなく、教授によって教育されなければならないという。ヘルバルトは教授の過程を、明瞭、連合、系統、方法という四段階に区別し、四段階教授法という考えを提唱した。

訓育
Discipline

行動や態度、性格、世界観などを形成することを訓育という。知識や技能を教育する教授とは異なった内容や方法をもち、子どもの意志や感情を涵養して人格を形成する教育的な働きかけをさす。教師の人格的な働きかけが大きな役割を担っている。道徳教育やしつけと同義に扱われることがあり、類似の言葉として訓練がある。訓育と訓練は両者とも、行動様式を習慣づけるという点では共通であるが、訓練は一定の習慣や技能、態度に特化して強化を図る活動である。

経験主義教育
Empiricism education

子どもの興味や関心を重視し、日常の生活経験に題材をとり学習を進める教育である。子どもの自主的な学習につながりやすいという特性の一方で、目先の問題に関心が集まりすぎ、学習内容や知識に偏りが生じてしまう可能性がある。このような経験主義教育に対し、系統主義教育は、子どもの学習内容は、科学的な知識や技能であるべきで、それらを系統立てて指導すべきだと考える。

形式陶冶
Formale bildung（独）

人間の生まれついた性質や才能を理想的な姿に形成することを陶冶という。形式陶冶は知識や技能という内容的なものの習得

よりも、観察、注意、記憶、推理、意志の力など、人間がもっている形式的な能力の育成を重視する考え方である。

構成主義
Strukturalismus（仏）

この世界は人間により主体的に構成されるもので成り立つとする考えを構成主義という。その立場では学習とは既存の知識を受動的に受け入れることではなく、主体的に世界とかかわる中で、新しい知識を作り出す能動的過程と考える。教師の役割はあくまでも子どもの主体性を見守り助けることにある。それに対して、社会的構成主義は積極的に世界と主体的にかかわる過程で、社会や文化、他者の重要性に注目し、そのような社会的な相互作用の中で知識を構成していくと考える。ヴィゴツキー（Vygotsky,L.S 1896-1934）が提唱した発達の最近接領域に見られる教師や仲間のヒントなどの対話の重要性などがそれにあたる。

個性
Personality

ほかの人から区別されるような固有の特性や性質を個性といい、それによって一人ひとりを他から区別することが可能になるものである。教育により個人の個性を花開かせる個性化と、個人を社会の価値観を身につけ社会で生きていくことを可能にする社会化とは、ともに教育の目的である。日本において個性教育が重視され言及され始めたのは1985（昭和60）年臨時教育審議会「教育改革に関する第一次答申」において「個性重視の原則」の明示による。また

1996（平成8）年「21世紀を展望したわが国の教育の在り方について（中央教育審議会第一次答申）」の中で、これからの学校教育の目指す方向として、「生きる力」を育むという観点から、一人ひとりの個性を生かす教育が求められた。具体的には子どもを多様な観点で見ること、教育課程の弾力化、指導方法の改善、問題解決学習や体験的学習の一層の充実、個に応じた指導の充実などが挙げられている。

個別学習
Individual study

子どものそれぞれの興味や能力、資質に応じて、一人ひとりのペースで学習目標を達成させようとする学習形態のこと。一斉授業では、十分に対応できない個々の子どもの関心や興味に即して、個人を伸ばすために取り入れられる学習形態のひとつである。20世紀初期のウィネトカプランやドルトンプランなどがその先駆けである。

自己教育力
Ability of self-education

1989（平成元）年の学習指導要領において示された理念であり、主体的に学ぶ意志、態度、能力などをいう。これからの変化の激しい社会においては、自ら必要な情報を収集し、それらを分析した上で状況への適応や変革をもたらそうとする、意志、態度、能力などが必要である。そのためには学ぶことの喜びや楽しさを経験し、主体的に問題探求や問題解決に当たる取り組みを行い、自発的に学ぶ意欲や態度を形成することが必要である。学校教育においては、基礎的

な知識や技能の獲得とともに、体験学習、問題解決学習などを通して、自己教育力における学ぶ力、自ら学ぼうとする意欲や態度を養うことが重要である。

自然主義
Naturalism

人間の自然性に注目し、その円満な発達を教育の目的とする立場が、教育における自然主義である。自然による教育とも呼ばれる。ルソー（Rousseau, J. J 1712-1778）は子どもが単なる小さな大人ではなく、大人とは異なる感覚の世界に生きていることを強調して、子どもの個性を尊重し、子ども特有の発達に即した関わり方について著書『エミール』で提唱した。それは、大人の務めは子どもの本性に干渉することなく、その自然の歩みに従い、その自由な発展を保護し、援助することであるというのである。すなわち、大人は農夫のように子どもが自然に伸びていく様子、ありのままの状態を尊重することが大切であると考えた。そのために彼の教育は消極教育ともいわれる。

実質陶冶
Materiale bildung（独）

人間の生まれついた性質や才能を理想的な姿にまで形成することを陶冶という。実質陶冶は、教材として提供される具体的な科学や文化などの獲得により、人間の精神を実質的に豊かにすることを重視する考え方である。

実存主義
Existentialisme（仏）

19世紀半ばから後半にかけてのキルケゴール（Kierkegaard, S. A 1813-1855）やニーチェ（Nietzsche, F.W 1844-1900）をはじめ、ハイデッガー（Heidegger, M 1889-1976）、ヤスパース（Jaspers,K 1883-1969）、サルトル（Sartre,J.P 1905-1980）、マルセル（Marcel, G 1889-1973）らに代表される思想。人間を理性的存在としてとらえる思想に代わり、理性のみではとらえられない人間独自のあり方を認め、他との代替不可能な私の生のあり方を重要視する思想。日常の生が突如途切れてしまうほどの生の不連続性、すなわち病、死、苦悩などに直面することで、人間は唯一無二の自己の生に対する行為者としての責任を認識するようになる。教育学者のボルノー（Bollnow, O. F 1903-1991）は、教育を生の全体との関係の中に位置づけ、従来までの教育における連続的な成長に加えて、生の不連続性に伴う実存的な成長の重要性を説いた。

児童憲章
The children's charter

ジュネーブ宣言や世界人権宣言などを参考にしながら、日本の社会や国民が子どもに対して果たすべき責任を明確にし、子どもの幸福を図る目的で、1951（昭和26）年5月5日に制定された児童のための憲章である。「児童は、人として尊ばれる」「児童は、社会の一員として重んぜられる」「児童は、よい環境のなかで育てられる」これらは、子どもたち一人ひとりの健全な成長

の実現にとって必須な、時代を越えた普遍的原理を端的に表したものである。法律ではなく規範であるため法的拘束力はないが、現在でも児童福祉や教育を考える上での基本となる原則である。

児童中心主義
Child-centered education

20世紀前半における新教育運動では、従来までの教師や親による子どもへの一方的な強制や詰め込みを批判して、子どもの個性や発達段階、自発性を尊重した児童中心主義に基づく教育が求められた。「子どもから」というスローガンを広めたケイ（key,E.K.S 1849-1926）の著書『児童の世紀』は、児童中心主義の立場に立つ新教育運動を代表するものである。他方、児童中心主義は、子どもの自発性や主体性を重視するあまり、子どもの放任につながり、教師が系統的な指導を軽視し、子どもの学力低下を引き起こすという指摘もなされた。

社会化
Socialization

子どもがこの世に誕生する前からその社会にはすでに社会を成り立たせている社会規範や慣習、風俗、社会的価値、知識、文化、望ましい行動様式などが存在している。子どもが他者との交わりの中で次第にこれらを身につけて、役割やアイデンティティを形成し社会に適応していく過程を社会化という。人間が社会的存在である以上、社会化は人間に固有で不可欠な過程である。

授業の三要素
Three elements of the class

授業が成立するためには、授業者（教師）と学習者（子ども）と学習内容（教材）という授業の三要素の最適化が図られることが必要である。教師は子どもに学習目標を示し、子どもの意欲や関心を引き出し、主体的に学習内容に関わるように導き、十分に学習内容を獲得できるように支援していかねばならない。そのために教師は常に学習内容を深め、指導力を高める必要がある。

人格感化型指導
Principle of personality influence education

生活指導のあり方の1つとして位置づけられ、教師の人格や人柄、醸し出す雰囲気などによって子どもが知らず知らずのうちに感化されていくという考えに基づく指導。教師の優れた人格や日ごろの立ち居振る舞いによって、子どもが影響を受け、物事の感じ方や捉え方、考え方や行動などがより高いものに引き上げられていくべきだとする。そのために教師は自己のありように留意せねばならない。また倉橋惣三（1882-1955）は幼児教育において母親の子どもへの感化の大きさから、母親の修養の重要性を唱えた。

進歩主義教育
Progressive education

社会の進歩や変革のために不可欠な手段として教育を捉え、民主主義社会を支える能力を育てる存在として位置づける考え。そのためには従来までの受動的な教育ではなく、子どもたちが個性や感性を発揮し創

造性豊かな取り組みを可能にする必要があるとした。そのことを通して子どもたちが現実の社会の問題を自ら解決することができると考え、従来の系統的な学習に代わり、子どもの興味関心を重視し、生活経験から発する問題を学習するなどの問題解決学習などを展開した。進歩主義教育理論を確立したデューイ（Dewey,J 1859-1952）は、1896年シカゴ大学附属実験学校を設立し自らの教育理論を実践した。

総合技術教育
Polytechnism

マルクス（Marx, K 1818-1883）は、大工業の発展から生まれた学校における教育は、新しい形の教育の可能性を含み、それは労働者の全面的発達を可能にするものであると考えた。そのため生産過程を科学的原理で捉えたり、あらゆる仕事の基礎として技術教育を授けたりすることを重視した。それは労働と教育との結合により、理論や実践を深く理解し合理的で豊かな社会の実現に向かうことのできる全面的に発達した人間の育成を目指して行われた技術教育である。ロシアのクルプスカヤ（Krupskaya, N. K 1869-1939）はマルクスの思想を受け継ぎ、労働と教育の一体化を求め労働学校で総合技術教育を実践した。

タナトロジー
Thanatology

人間の死をどのように考えるべきか、自己の死や他人の死をどのように捉え、迎えるべきかについて学際的に研究する学問。死生学ともいう。死とそれにまつわる事柄

を深く探求することから、死を通して人間のより良い生のあり方を客観的に考察する。他方、誰にでも等しく訪れる死という現実と向き合い、自らその現実を受け入れることで、いままで漠然と送っていた時間を、かけがえのない一度限りの機会として捉え直し、限りある時間といのちの尊さを意識し、自己のよりよい生につなげていくのが死への準備教育（デス・エデュケーション）である。

ディルタイ (1833-1911)
Dilthey Wilhelm

ドイツの哲学者。生の哲学の創始者。人間の内的体験、内的連関を重視する生の哲学を主張した。その中で教育というものは、成長した者（教師）が成長しつつある者（子ども）にかかわり、内的体験を計画的に促しそれらの関係を分析することであるとして、両者の教育関係を教育学の対象とした。教師と子どもが真の出会いをすることが子どもの内的な生を形成すると主張した。

デュルケーム (1858-1917)
Émile Durkheim

フランスの社会学者。教育は、方法的社会化であるとした。それまでの社会化が社会における価値観を身につけ、習慣化を促すものであったのに対し、近代以降の社会化は、主に学校における社会化を意味しており、それは学校におけるカリキュラムや方法を通して行われている。そしてその社会化の目的は、国家が必要とする方向や価値、態度や能力を形成することにあるとした。

男女共学
Coeducation

1947（昭和22）年、教育基本法第5条で、「男女は、互に敬重し、協力し合わなければならないものであつて、教育上男女の共学は、認められなければならない」とされ、公立学校や国立学校においては、男女共学、教育内容の共通化が原則となった。しかし、中学校における技術・家庭科の男女における学習内容の違いや、高等学校における女子の家庭科の必修などの問題が存在した。その後、1993（平成5）年に中学校、1994（平成6）年に高等学校における家庭科の男女必修化が実現した。2006（平成18）年の教育基本法の改正では、共学の理念は十分に広く定着したとして男女共学に関する規定が削除されている。

能力主義
Meritocracy

政府や経済界が、1960年代に打ち出した考え。経済成長政策の一環として教育政策をとらえ、人的能力の開発を教育政策の目標として掲げ、能力や適性に応じて教育を受け、そこで得られた職業能力に応じて収入や地位、処遇などが評価される方向に徹底すべきであるとした。これらを受けて1966年中教審答申では、高等学校教育を中心に能力に応じた学校教育の多様化と青少年の能力主義的な選別を推し進めるため、これからの国家における人間像はいかにあるべきかについて「期待される人間像」を打ち出したが、学校現場からは批判的な意見が多く見られた。また、中学校における能力観察や適切な進路選択の指導、各種学校制度の整備や教育内容の多様化、社会教育の充実、学校と企業との連携などを課題とした。

パイディア
Paideia

教育、教養を表すギリシャ語。古代ギリシャの自由人が理想的人間像へと到達するために必要な理性的判断力を養うために身につけるべき学習内容。広い意味での教育、教養をさす。その後ヨーロッパ中世において、中等教育や高等教育程度の基礎的教科としての自由七科（文法、修辞学、弁証法の三学、および算術、幾何、天文学、音楽の四科）に集約されていく。

反教育
Anti-education

教育が前提とする「人間は教育されねばならない存在である」という考え方に対して、子どもは誕生とともに自分にとって最も適切なことを自ら感じとる力を備えており、それゆえに人間は何ら教育されねばならない存在ではないとする考え。ルソー（Rousseau, J.J 1712-1778）は、『エミール』の中で、大人が手を加えれば加えるほど子どもは悪くなると、消極教育を説いた。子どもの中にはすでに伸びようとする力が働いおり、大人が手を加えすぎることでそれらを逆につぶしてしまう。大人の役割は、教育という強制ではなく、子どもが自ら認識し伝えていることが現実化するように援助することである。

プラグマティズム
Pragmatism

　19世紀末から20世紀はじめにかけて、アメリカを中心に展開された哲学思想。人間の認識活動を環境に対する適応や変革という視点でとらえ、行動や実践、実験的なものを重視した。特にデューイ（Dewey, J 1859-1952）は人間の認識を行動のための道具としてとらえ、教育を、民主主義社会を主体的に形成変革していくための道具として位置づけた。1896年シカゴ大学附属実験学校を設立し、自らの教育理論を実践した。子どもに「典型的な仕事」を体験させ、協同して活動する経験をさせることで、自らの力で解決する力を育み民主主義社会の一員として社会を支える能力を育成しようとした。

ポルトマン（1897-1982）
Adolf Portmann

　スイスの生物学者。著書『人間はどこまで動物か』の中で、哺乳動物を二分し、産まれてすぐに巣立つための身体機能を備えた離巣性動物と、産まれてからしばらくは巣にとどまり、親の保護を必要とする、身体機能が十分に備わっていない就巣性動物とに分類した。離巣性の特徴は妊娠期間が長く、身体機能や感覚機能が十分に発達した状態で生まれてくる。そのために出産後すぐに立ったり走ったりという親と同じような行動が可能になる。人間はウマやウシ、猿類などとともに離巣性に分類されるが、生後しばらくの未熟さ、親の保護への依存度の高さという人間の特殊性から、二次的離巣性と名づけられた。これは人間の新生

児は頭部が他の部分と比較してはるかに大きく、妊娠期間が10か月を超えることは不可能で、自立能力をほとんどもたない未熟な状態で産まれてくるからである。ポルトマンはそれを生理的早産と名づけた。それは人間が社会における周りの愛情深い世話や養育によって人間らしさを獲得していく後天的な学習の可能性の大きさをもった存在であることを示している。

本質主義
Essentialism

　物事を、決定的でそれ以外には考えられない1つまたは複数の特性から成り立つという見方に立つ考え。本質主義は教育の本質は伝統的な文化遺産の伝達にあると考え、系統的知識の教授を重視する。

民間教育運動
Popular educational movement

　教師が専門性を高めるための場は、初任者研修などの法的に定められた研修をはじめとして、教育行政により整備されている。一方で、教師が自主的に研究する活動が民間教育運動である。第二次世界大戦以前からの生活綴方教育運動や、戦後の民主主義教育研究会、歴史教育者協議会などがある。さらに1959年には日本民間教育研究団体連絡会も結成された。今日では、参加者の減少や高齢化が進んできている一方で、MPO法人としての教育関係組織や研究会なども設立されている。

モラトリアム
Moratorium

　エリクソン（Erickson, E. H 1902-1994）は、青年期を自我の同一性の確立を求める時期として位置づけ、そこに至るための心理社会的な準備期間をモラトリアムとした。自分とは何か、生きる意味は何かなど、青年期特有の精神的葛藤を社会制度的に許容し自己定義を可能にするための猶予を提供するのである。しかし今日では、精神的にも経済的にも自立せず、社会的な責任回避を長引かせ、本来よりもモラトリアムが長期化する傾向がみられる。

レディネス
Readiness

　学習が成立するには、子どもの側に学習が成立するための発達や、心身の準備状況が整っていることが必要であり、それをレディネスという。ゲゼル（Gesell, A. L 1880-1961）は早期の訓練や学習ではなく、学習を受け入れるための基礎としてのレディネスが必要であり、それに応じた学習こそが効果的であるとした。早すぎず遅すぎない、学習に適した時期を見極める必要があるとし、成熟優位説を唱えた。

7. 教育史

CIE

　敗戦後に連合国軍最高司令官総司令部（GHQ）（1945-1952）年によって、日本に置かれたアメリカ民間情報教育局である。占領下の日本の教育政策や教育行政の監督と指導を行った。この部門の政策に基づき、日本の戦後の教育政策（6・3・3・4制など）が進められることになった。また、当時は非公開ではあったが、GHQの指揮により当時の学校新聞、宿題、教科書、学習教材などに至るまで、封建的な思想の文言のチェックはもとより、アメリカに関する批判の取り締まりを事細かに行っていた。

旭川学力テスト事件

　1961（昭和36）年から文部省が企画した中学生への全国一斉学力調査（テスト）に対し、反対する教員たちの間で起こった事件である。生徒の格づけや5教科偏重の弊害をもたらし、テスト主義に陥ることを危惧した教員たちは、北海道旭川市の市立中学校へ進入し、テストの実施を妨害しようとしたものである。本事件は当該教員を公務執行妨害であるとみなすのか、そして国家によるテスト実施は「不当な支配」なのかといったことを巡る裁判（第1審判決は昭和41年）となった。この事件によって、全国一斉学力テストが及ぼす教員へのプレ

ッシャーや、そのテストのための授業が展開される可能性、過度な競争で子どもが追い詰められる危険性などが議論されることになった。この事件により、本テストは廃止されていたが、2007（平成19）年以降から復活された。

井上毅 (1844-1895)
Inoue Kowashi

　井上毅は明治憲法の制定、教育勅語の起草に重要な役割を果たした。彼は近代国家成立に欠かせない、資本主義社会の発展のための産業の発展を考えていた。ゆえに、1893（明治26）年に文部大臣に就任し、義務教育を振興させるために、小学校の授業料廃止など就学奨励策を講じて「実業」すなわち工業技術者の大量育成に重点を置いた。

オーエン (1771-1858)
Owen, Robert

　オーエンはイギリスの18〜19世紀の社会活動家・教育実践家である。著書は『性格形成論』がある。産業革命期のイギリスでは、悪質な労働環境の下で働く児童労働が目立っていた。このような中で、彼はスコットランドのニューラナークに紡績工場を建てると同時に、世界初の工業団地や工場内の保育施設・学校の機能を併せ持った「性格形成学院」を作った。彼は労働「環境」をよくすれば、質の良い「労働」を得られると考えていた。また、どんな素行不良の子どもであっても、「環境」をよくすれば、必ずよくなると考えていた。

改正教育令
Amended education order

1880（明治13）年に教育令の条文を改正して公布されたものである。当時低迷していた就学率の向上が主な目的であり、文部卿・府知事の権限を強化し、教育政策を進められるようにした。また、小学校の授業日数を増加させ、常時授業があるように規定した。その他、小学校の学科の冒頭に「修身」を置き、道徳教育を重視したことが特徴である。

貝原益軒（1630-1714）
Kaibara Ekiken

貝原益軒は江戸期の儒学者であり、朱子学を学んだ。彼は医学書『大和本草』をはじめ『和俗童子訓』では教育論を説いた。『和俗童子訓』では幼児期からの健康な子育ての重要性を説いている点が興味深く、たとえば女子をいかに教えていくかということも述べている。女子教育に関心の低い時代に、このような名著を生み出したことも注目に値する。

学制
Educational system

日本初の学校制度として1872（明治5）年に公布された文書である。教育理念は、太政官布告第214号（通称「被仰出書」、「学制序文」）に述べられており、欧米の近代思想に基づき、学問は武士階級のものがするものだという儒教観を払拭する内容であった。具体的には、女子には学問は不要と思われていた世相への批判、学校へ行くことで立身出世が可能となるという学校観が

示されている。そして経済・産業を発展させるためには、身分差・性差に関係なく学校へ通うことが必要だと書かれていた。しかし、当時の人々の教育需要や教育観とのギャップが大きく、たとえば村単位ではなく機械的な学区制を敷き、地方の実情を無視したため、批判が大きかった。

教育刷新委員会
Educational innovation committee

1946（昭和21）年に、占領下の日本における教育改革をアメリカが進めるために設置された、日本側の委員会である。1949（昭和24）年に教育刷新審議会に改め、1952（昭和27）年まで存続した。委員長を南原繁とし、教育基本法、学校教育法の制定、6・3制の学校教育制度や教育委員会制度の実施、社会科の成立に関わった。ここでは男女共学制度や新教育勅語を定めることが話し合われた。だが、1948（昭和23）年に衆議院の決議によって教育勅語は学校内で排除されることが決定した。

教育審議会
Education council

満州事変、日中戦争の勃発を受け、国家体制の強化のために1937（昭和12）年に設置された委員会。目的は「皇国の道に帰一する教育」のため、学校教育、社会教育ならびに家庭教育が一体となって教育改革を行うことであった。これにより、小学校は「国民学校」と名前を変え、教育は「練成」と呼ばれるようになり、戦争に勝てるように、子どもに強さや自己犠牲の忍耐を最大の美徳とするような、戦時色の強い教

育が行われていくことになった。

教育勅語
Imperial rescript on education

1890（明治23）年に発布され、国民教育の基本となったもの。原案は井上毅（1844-1895）・元田永孚（もとだながざね）（1818-1891）などによって成立した。その内容は天皇を頂点とした国の発展を願い、天皇のために自己犠牲をいとわないという国民道徳が挙げられていた。教育勅語は、教育機関としては小学校教育や師範教育に、教科については修身教育において顕著に影響を及ぼした。なお、教育勅語は1948（昭和23）年に国会の衆・参両院において、「失効確認」の決議がなされ、現在の民主主義社会においては、日本国憲法・教育基本法が教育の方針を規定するものと解釈されている。

教科書事件

日本は1886（明治19）年から検定制度をはじめていたが、小学校教科用図書は「修身科」を巡って、その質が問題視されるようになった。それとともに1902（明治35）年に教科書事件すなわち教科書採択を巡る贈収賄の摘発が起こった。嫌疑を受けて召還されたものが約200人、官吏収賄罪・小学校令施行規則違反その他で1,000人以上が摘発され、その範囲は三十数府県に及んだ。この結果、日本は検定制度をやめ、国家が直接教科書を発行するという国定教科書制度実施へと進むことになった。

倉橋惣三 (1882-1955)
Kurahashi Sozo

倉橋惣三は大正から昭和にかけて日本の幼児教育政策に強い影響を与えた教育者であり、児童心理学者である。東京女子高等師範学校附属幼稚園主事を勤め、「日本のフレーベル」とも呼ばれている。彼は子どもの自主性を重んじ、子どもに適切な環境を与えるという誘導保育を提案した。著書には『育ての心』などがある。現代では幼稚園・保育所などでは5領域による保育が目指されており、5領域の1つが「環境」であることからも、倉橋の教育観は時代を超えて評価されており、彼が残した功績は大きい。

ケルシェンシュタイナー (1854-1932)
Kerschensteiner, Georg

ケルシェンシュタイナーは19世紀のドイツでの「新教育」思想を代表する思想家である。彼は労作学校を提言し、労作教育すなわち手仕事をはじめとする子どもの活動によって、善良な市民を育成できると考えていた。彼はペスタロッチの労作教育の思想に強く影響を受け、その思想を理論化したといえる。

高等女学校令

1899（明治32）年に公布され、良妻賢母の育成を目指して定められたものであり、中学校が男子用であったのに対し、それと並ぶ中等教育機関として位置づけられた。しかし、教育内容は年限や時間数や教科において、中学校よりも程度の低いものであった。とはいえ、本令で女子用の中等教育

に一定の基準を示したことで、高等女学校の設置が全国に拡充され、そのレベルも整備されていった。

国民学校令

1941（昭和16）年公布。これにより、「小学校」として親しまれた初等教育機関の名称が「国民学校」となった。このことで、教育全般の方針が「皇国ノ道」という教育勅語に示された目的に向かい、国家主義的色彩を濃くした。そして、教育という言葉は「練成」という用語に変化して進むことになった。各学校においては、天皇にまつわる儀式を行うために教室に神棚を設けたり、体育館を武道場に変えたり、礼法や礼節を重んじていった。

コメニウス (1592-1670)
Comenius, Johannes Amos

コメニウスは17世紀の哲学者。著書に『大教授学』『世界図絵』がある。彼は、全てのものを全ての人が学べることができるよう、世界初の絵入りの教科書を発明した。これが『世界図絵』である。教科書に絵を挟み、視覚効果を与え、わかりやすくする試みは現代でも見られるが、その技法（直観教授）はまさに彼によって開発されたといえるだろう。彼は子どもの興味関心に寄り添うこと、子どもの感性を生かして知識の獲得に発展させる教育法を生み出していたのである。

コンドルセ (1743-1794)
Nicolas de Caritat, Marquis de Condorcet

コンドルセはフランスの近代公教育制度の基盤をつくった人物である。彼は公教育の原理として、国は知育のみの育成すべきであり、そのほかの徳育といった宗教教育はしてはならない、徳育は親に教える権利があると考えていた。現代の日本においても、公立学校では宗教教育はすることはできない。コンドルセの思想から、学校は道徳教育を行うべきではないのか、行うべきなのか、そもそも道徳は教えることは可能なのかといった日本の課題を見つけることができる。

澤柳政太郎 (1865-1927)
Sawayanagi Masataro

澤柳政太郎は教育家であり官僚である。明治期に文部省に入省するが一旦辞任して公立中学校、高等学校の校長を勤め、学校の騒動を生徒の話し合いによって解決させるなど、教育家として優れていた。後に、文部省普通学務局長として活躍し、東北帝国大学初代総長、そして京都大学総長となる。しかし、「澤柳事件」により辞任。その後、成城小学校を創設し、大正新教育を牽引した。

私塾

学識者が個人で運営した教育機関であり、江戸期に著しく発展した。全国に任意で設置され、学ぶものの主体性、教える側の人格や専門性に支えられており、明治期以降に日本の教育文化が急速に発展した背景の1つと考えられる。いくつか例を挙げると、蘭方の医者・学者の緒方洪庵（1810-1863）により1838（天保3）年に大阪に設立された適塾があり、福沢諭吉、大村益次郎など

明治以降の日本の近代化へ向けて活躍した数多くの著名人を輩出した。ほかには、伊藤仁斎（1627-1705）の古義堂、広瀬淡窓（ひろせたんそう）（1782-1856）の咸宜園、吉田松陰（1830-1859）の松下村塾などがある。

小学校令

1885（明治18）年に初代文部大臣森有礼（1847-1889）の起草のもとで公布され、ここではじめてわが国の義務教育制度が成立した。すなわち、父母・後見人に児童を就学させる義務を定め、疾病、経済的困難等による就学猶予も同時に定めたように、厳格に初等教育義務制の基礎が置かれたのである。なお、小学校令は1890（明治23）年に改正され、第1条に小学校の目的が初めて示されることになった。それは、道徳教育と国民の育成、そして生活に必要な知識技能の伝授を目標とするものであった。こうして、学校は国家確立のための人民育成が最大の使命とされ、そのために道徳教育を強化することが決定された。

修身

「修身」は江戸期〜敗戦時まで、長きにわたって変化してきた、道徳教育思想である。儒教の経典『大学』に「身を修める」には「心を正すす」とあるように、江戸期の「修身」は儒教主義に基づく人間の心の道であり、人々の人格育成に強い影響を及ぼした。しかし、1872（明治5）年の「学制」においては、「修身」の意味が変化する。「修身」は儒教主義を撤廃し、福沢諭吉（1835-1901）の『学問のすゝめ』のような、人に支配されない心の育成だと考えられた。だが、教育政策における「修身」をめぐって「徳育論争」が起こり、「修身」は1890（明治23）年の教育勅語によって、忠君愛国という国家主義的な規範となった。その規範は昭和に入り戦時色が強まる中で強大な力をもち、言論・思想統制の役割を果たした。

スプートニク・ショック
Sputnik crisis

1957（昭和32）年にソ連がスプートニク1号の打ち上げに成功し、冷戦状態のアメリカに大きな衝撃を与えたことを指す。これを機に、アメリカは科学技術・政治・経済をはじめ教育の大改革を行っていった。具体的にはアイゼンハワー大統領（Eisenhower, D. D. 1890-1969）はNASA（航空宇宙局）を設置し、科学技術の発展・開発に重点が置かれることになった。これに伴い、教育界では大学での基礎的研究の実施機関としての地位が向上し、国家より予算配分が投資として本格的に行われるようになった。また、義務教育はブルーナー（Bruner, J. S. 1915-2016）を中心に理数教育の充実を図った。これは「教育の現代化」と呼ばれ、日本の教育改革にも影響を与えた。

ソクラテス（前470頃-前399）
Socrates

ソクラテスは「無知の知」を唱え、自分の知が思い込みに過ぎないこと、それを自覚していくことが真に知ることになると考えた。そして、知は対話によってこそ得られるという対話の手法を重んじたゆえに、ソクラテス自身著書は残さなかった。な

お、彼の独特な対話の手法は産婆術と呼ばれている。彼の思想は弟子であるプラトン（Platon 前 427- 前 347）の著作に詳しい。

中学校令

1886（明治 19）年に公布され、中等教育制度の確立する契機となった。ここでは教育対象を男子を念頭に置き、高等学校への進学準備教育のための高等中学と実業を目指すもののための尋常中学の二種類を規定した。高等中学は全国に 5 校という狭き門であり、尋常中学もまた各府県で 1 校という非常に限られた者への教育機関であったといえる。しかしながら本令は、尋常中学から選ばれたものが高等中学校に進むという、系統立てた進路を用意したことに意義があり、社会階層に教育制度を合わせるという当時の教育実情に柔軟に対応させたものともいえる。

津田梅子 (1864-1929)
Tsuda Umeko

津田梅子は津田塾大学の創設者であり、女子教育の開拓者でもある。1871（明治 4）年に 7 歳で岩倉具視（1825-1883）大使の一行に加わり、女子留学生としてアメリカに留学し、18 歳で帰国した。キリスト教による人格教育を中心に、「知性と性格の力を備えて自分で思考できる」女性を育てる目的のもと、女子英学塾（現津田塾大学）を創設した。

デューイ (1837-1952)
Dewey, John

デューイはアメリカの新教育を代表とする、プラグマティズムの哲学者・教育学者である。著書は『学校と社会』『民主主義と教育』がある。彼は経験を重んじ、子どもたちが社会の様々な問題に触れ、解決方法を調べていくという、問題解決学習を提案した。また、彼はシカゴ大学附属小学校を創設し、彼の思想を実践したが、その報告をまとめたのが『学校と社会』である。

寺子屋（手習塾）

17 世紀末から 18 世紀初頭にかけて急増した庶民の教育機関。正式には、当時は「手習塾」と呼ばれていた。内容は読み書き算を中心としていたが人格形成の役割も大きかった。ゆえに、各家と塾の間には、師匠への信頼と尊敬に基づく師弟関係が重視されていた。内容は先生（師匠）の得意分野、たとえば詩吟・裁縫なども習うことができた。ただ、江戸期の日本は儒教の影響が強かったゆえに、女子の席は男子の後ろにあり、男女が別々に教えられることが多かった。手習塾の数は明治初期で現在の小学校の規模と同じくするほど広範囲に存在していた。江戸期の日本が、世界に類を見ないほど識字率が高かったことは、いかに手習塾の役割が大きかったことかが伺える。

中村正直 (1832-1891)
Nakamura Masanao

思想家であり、教育者である。昌平坂学問所で漢学を学び、また別に蘭学も学び、明治新政府の教育政策に関わった。イギリスで遣英留学生の監督をし、ミル（Mill,J. S. 1806-1873）の『自由之理』、スマイルズ（Smiles,S. 1812-1904）の『西国立志編』を

翻訳刊行した。その後、東京女子師範学校校長に就任し、女子教育の政策に強い関心を示し、女子への教育の重要性を世に訴えた。なお、文部省の依頼で教育勅語の草案をはじめに作成したのは彼であったが、哲学・宗教的色彩が井上毅（1844-1895）に批判され、却下された。

成瀬仁蔵 (1858-1919)
Naruse Jinzo

　成瀬仁蔵は明治期に著書『女子教育』を著し、日本女子大学を創設した。彼はキリスト教入信、アメリカ留学を経て、人間の平等性に注目するようになり、彼自身の梅花女学校での教育経験から、女子教育への関心が向いたのである。日本が儒教の影響を強く受けていることから、女性の進学の道が閉ざされていること、女子が入学できる大学が存在していなかったことから、『女子教育』を著し、世の中にその問題を訴え、賛同する人々を集めていった。こうして、資金を得て、自らが日本女子大学を開設した。

藩校
Clan school

　江戸時代、全国ほぼすべての255藩において、藩士養成機関として設けられた学校のことである。儒学を中心とした漢学や武芸の修練が行われ、藩の人材発掘・人材育成の機能が期待された。特に、各藩が藩政改革に取り組んだ近世に多く設置された。

福沢諭吉 (1835-1901)
Fukuzawa Yukichi

　福沢諭吉は幕末・明治の思想家であり、教育者である。世界各国を視察し、『西洋事情』を著し、世界的な視野を持つように日本に促した。なお、当書は明治期の尋常小学での教科書として使用されていたほど、高く評価されていた。また、『学問のすゝめ』も著し、一身独立・一国独立の精神を説いている。これは明治の日本の教育政策（「被仰出書」）に強い影響を及ぼしたといわれている。

不敬事件

　天皇をめぐる様々なもの（文書、写真）に対し、不敬な行為があったと認知する人々が現れて成立する事件のことであり、捏造も含まれる。実際には、天皇の権威を借り、排除したい教員や政治家、特定の人物、キリスト教信者を攻撃する際に「不敬」と認知するケースも少なくなかった。その代表例が「尾崎行雄の共和演説事件」、「内村鑑三不敬事件」である。

フレーベル (1782-1852)
Fröbel, Friedrich Wilhelm August

　フレーベルは世界ではじめての幼稚園（キンダーガルテン）をドイツに創設した。彼はペスタロッチの実践に強い影響を受けながら、子どもには遊びこそが必要であると考え、実践を通して初めて大人に知らしめた。子どもに遊具として「恩物」を開発し、今でいうところの積み木といった子どもの遊びを手助けするものを考案した。著書に『人間の教育』『母の歌と愛撫の歌』などがある。

米国教育使節団報告
U.S. Educational mission report

　1946（昭和21）年3月に来日し、敗戦直後の日本の教育改革の方向を決定づける役割を果たした。使節団は27名の著名な教育専門家から成り立ち、予めアメリカの総司令部（GHQ）より与えられた膨大な資料を読み込み、「日本の教育の歴史」を徹底的に分析し、民主主義を妨害するものは何であったのかを研究することにした。その後、訪日し、日本側委員を加え、関西地方をはじめ、各地を視察してまわった。その総司令部への報告が「第1次米国教育使節団報告書」である。

ヘルバルト（1776-1841）
Herbart,Johann Friedrich

　ヘルバルトはドイツの思想家であり、著書は『一般教育学』がある。彼は教育の目的として、道徳性を身につけることとした。そのために教授理論を打ち立てた。まず、彼は子どもの興味を心理学的に分析し、それを根拠にした教え方として明瞭・連合・系統・方法という4段階教授説を提唱したことが特徴である。このように、いかに教えるのか、その教育理論を打ちたてたことが、教育技術や教育方法といった側面について、教育を科学するという教育学の礎を築いたといえる。

森有礼（1847-1889）
Mori Arinori

　森有礼は、1885（明治18）年に就任の初代文部大臣である。彼は外交官として各国に駐在した経験で、日本の発展・繁栄の

ためにはまず教育からこれを築き上げねばならないと考えていた。その考えは、彼がニューヨークにおいて出版した『日本の教育』に良く表れている。そこには彼が日本の将来について、アメリカの政治家や学者に書簡を送ったやり取りが伺える。また、彼は小学校令、中学校令、師範学校令などを自らその立案に着手したほど、日本の教育に強い関心を持った政治家であったともいえる。そして、彼は女子教育に強い関心を寄せ、その重要性を認識しており、賢母の育成が国家の繁栄には必要であると訴えた。彼は合理的な考えも併せ持っており、教育に費やした効果を考える学校経済の視点も持ち、公立小学校の授業料の徴収や直轄学校の統合を指示した。さらに、自ら全国を見て回り、地方の教育を激励し、また監督していったように、教育政策を有言実行する人物でもあった。

吉田松陰（1830-1859）
Yoshida Shoin

　吉田松陰は江戸期の教育家であり思想家であり、砲術と蘭学を学んでいた。安政元年に海外密航を企て、投獄される。その後、松下村塾を開き、伊藤博文（1841-1909）・山県有朋（1838-1922）、高杉晋作（1839-1867）など約80人の門人を育て、彼らの多くが明治期の日本をリードしていった。

臨時教育会議
Provisional council on education reform

　1917（大正6）年に教育政策を審議するために設置された内閣の諮問機関である。第1次世界大戦に対応するための教育の改

革を行うため、日本の教育制度が始まって以来の諸問題を解決すべく置かれたものである。そこで審議され、改革されたものの1つが高等学校と大学である。ここでは人々の進学ニーズの高まりとともに、公立・私立の大学が認められるようになり、高等教育機関の拡張が進められることになった。女子には専門学校が置かれるようになり、高等女学校から高等の教育を受けられるようになった。それと同時に、地理や日本歴史の時間を増加させ、国民精神の涵養に重点をおくようになった。

ルソー（1712-1778）
Rousseau, Jean-Jacques

　ルソーは18世紀にフランスで活躍した哲学者・政治思想家であり、スイス出身である。教育に関する著書として『エミール』が有名である。彼は子どもについて、誕生から乳幼児期・少年期・思春期・青年期・成人期というように、今でいうところの「発達心理学」のような成長の段階を明示し、子どもとは何かを考察ところが斬新な発見であった。また、彼は消極教育を提唱し、子ども自身が知識を得ようと主体的に経験していくことを適切に見守ることが、大人の役目であると考えていた。

ロック（1632-1704）
Locke, John

　ロックは17世紀のイギリスの哲学者・政治思想家である。著書は『人間知性論』『教育に関する考察』などがある。彼は子どもの心を「白紙」と捉え、そこに「経験」が加わることによって、観念が獲得されると

した。これは白紙説、あるいはタブラ＝ラサ説と呼ばれている。彼は、人間は、白紙に文字がかかれるように、どのようにも育成できるという、教育の大いなる可能性を論じた。また、教育内容については、知識の学習よりも、人格形成や健康に関することが優先されるべきであると主張した。

8. 教育法規

育児・介護休業法

　「育児休業、介護休業等育児又は家族介護を行う労働者の福祉に関する法律」の略称であり、育児や介護を行う労働者への支援を行い、仕事と家庭との両立に寄与することを目的に、2021年に制定された法律である。育児休業、介護休業、子の看護休暇制度、介護休暇の制度を定めるとともに、育児・介護を容易にするため所定労働時間等の措置や育児・介護を行う労働者に対する支援措置を規定している。企業はこれらの制度を就業規則等に取り入れることが義務づけられ、制度等の利用により、労働者に不利益な取り扱いをすることが禁じられている。産後の男性の育児休業や、育児休業の分割所得が可能であることも定められている。公立学校教員については「地方公務員の育児休業等に関する法律」及び「女子教職員の出産に際しての補助教職員の確保に関する法律」も関連する。

いじめ防止対策推進法

　いじめの防止、早期発見、いじめへの対処のための対策の基本理念やいじめの定義、国・地方公共団体、学校の責務を明らかにし、基本的な方針や基本事項を定め、対策を総合的・効果的に推進することを目的として2013年に制定された。「いじめ」とは、児童等に対して、当該児童等が在籍する学校に在籍している等当該児童等と一定の人的関係にある他の児童等が行う心理的又は物理的な影響を与える行為（インターネットを通じて行われるものを含む。）であって、当該行為の対象となった児童等が心身の苦痛を感じているものをいうと定義されている。子どもの心身・財産に重大な被害が生じた疑いがあるときや、相当期間学校を余儀なく欠席している疑いがあるときを重大事態とし、いじめの調査の実施や、被害者への情報提供、地方公共団体の長への報告などを求めている。

学校給食法

　学校給食の目標や定義、学校給食栄養管理者・実施基準・衛生管理基準や栄養教諭による指導、経費負担や国の補助などを規定した、1954年に成立した法律である。学校給食は児童生徒の心身の健全な発達に資するもので、かつ食に関する正しい理解と適切な判断力を養う上で重要な役割を果たすものである。義務教育諸学校の設置者はその学校において学校給食が実施されるように努めなければならないとされる。また、学校給食の施設・設備・運営に要する経費は学校設置者の負担とされ、それ以外の学校給食に要する経費（学校給食費）は保護者負担とされている。

学校教育法

　戦前の小学校令（国民学校令）、中学校令などの勅令に代わるものとして、また、日本国憲法、教育基本法の理念を実現するために1947年に制定された学校教育の制

度を定めた法律である。戦前の複線型学校体系に代わり、6・3・3・4制（6・3制とも呼ばれる）の単線型学校体系が導入され、6歳〜15歳の9年間学校に就学させることが保護者の義務（就学義務）とされた。一条校として幼稚園、小学校、中学校、義務教育学校、高等学校、中等教育学校、特別支援学校、大学、高等専門学校が規定され、非一条校として専修学校、各種学校が規定されている。学校教育法施行令（政令）、施行規則（省令）を含めて、各学校種の目的・目標、修業年限、教育課程、職員、学校運営、学校設置、学校評価、情報提供等の様々な事項が定められている。

学校保健安全法

　1958年制定の学校保健法が改正され、2009年に学校の安全管理が加えられ、学校保健安全法に改称された。学校の児童生徒や職員の健康の保持増進を図るため、学校での保健管理に関する事項を定めるとともに、学校における教育活動が安全な環境において実施され、児童生徒等の安全の確保が図られるように学校の安全管理に関する事項が定められている。学校保健計画の策定、学校環境衛生基準、健康相談、保健指導、健康診断等が定められるとともに、感染症の予防に関わる出席停止や臨時休業、学校医、学校歯科医等の設置、そして、学校安全計画の策定、危険等発生時対処要領（いわゆる危機管理マニュアル）の作成などが規定されている。

教育機会確保法

　2016年に制定された「義務教育の段階における普通教育に相当する教育の機会の確保等に関する法律」の略称である。不登校児童生徒に対する教育の機会の確保、夜間等の特別な時間に授業を行う学校での就学機会の提供など、義務教育段階の普通教育に相当する教育機会の確保、そして、その教育を十分に受けていない者に対する支援について規定している。学校の取り組みへの支援、情報共有、特別の教育課程に基づく教育を行う学校の整備、学習支援を行う教育施設の整備、学校以外の場における学習活動等を行う不登校児童生徒に対する支援、夜間その他特別な時間において授業を行う学校における就学の機会の提供などが定められている。

教育基本法

　1890年に発布された教育勅語（「教育ニ関スル勅語」）に代わるものとして、1947年に制定された教育基本法は、日本国憲法の理想を実現するため、憲法と一体のものとして構想された。2006年に全部改正され、その改正理由は教育・社会状況の変化に求められていたが、教育権が国にあるか、国民（教師や親など）にあるかをめぐる論争が教育基本法の解釈をめぐって展開されたことも関係している。新教育基本法では、教育の目標として、「公共の精神」に基づく社会形成への参画と発展に寄与する態度、「わが国と郷土を愛する」態度の涵養などが掲げられた。また、不当な支配に服しない、法律に基づいた教育の実施や、国と地方公共団体との役割分担と相互協力による公正かつ適正な教育行政の実施、教育振興基本計画の策定などが規定された。

教育公務員特例法

　教員の職務と責任の特殊性に対応するため、国家公務員法、地方公務員法の特別法として1949年に制定された。教育公務員には校長、教員の他に教育委員会の専門的教育職員（指導主事、社会教育主事）が含まれる。資質向上に関わる各種の研修（初任者研修、中堅教諭等資質向上研修、指導改善研修）や研修計画、研修記録、指導助言、教員育成指標、協議会に関すること、兼職・兼業、政治的行為の制限、大学院修学休業、1年の条件付任用などが規定されている。教育公務員はその職責を遂行するために絶えず研究と修養に努めなければならないとされ、教員は授業に支障のない限り、校長の承認を受けて勤務場所を離れて研修を行うことができるなど、主体的な研修が重視されている。

教育三法

　2006年の教育基本法改正を受け、2007年に公布された「学校教育法等の一部を改正する法律」、「地方教育行政の組織及び運営に関する法律の一部を改正する法律」及び「教育職員免許法及び教育公務員特例法の一部を改正する法律」を教育三法と称する。学校教育法では義務教育の目標の新設、各学校種の目的・目標の見直し、副校長、主幹教諭、指導教諭の新しい職の設置、学校評価や情報提供の規定が整備され、組織としての学校の力が強化された。地方教育行政の組織及び運営に関する法律では、教育における国、教育委員会の責任が明確化され、教育委員会の自己点検評価、委員数の弾力化、保護者委員選任の義務化が行わ

れた。教育職員免許法では、教員免許更新制が導入され、教育公務員特例法では、不適切な教員の人事管理が厳格化され、教員に対する信頼を確立する仕組みが構築された。

教育職員免許法

　1949年に制定され、幼稚園、小学校、中学校、義務教育学校、高等学校、中等教育学校、特別支援学校、幼保連携型認定こども園の主幹教諭、指導教諭、教諭、養護教諭、栄養教諭、保育教諭等の教育職員の免許に関する基準を定めた法律である。教育職員は、学校種や教科等毎に各相当の免許状を有するものでなければならないとされている（相当免許状主義）。免許状には普通免許状、特別免許状、臨時免許状があり、普通免許状は全国で、特別免許状は授与された都道府県のみで、それぞれ無期限に有効であり、臨時免許状は授与された都道府県で3年間のみ有効である。普通免許状と特別免許状は2007年改正で10年の有効期限が付けられたが、2022年改正で無期限に戻った。なお、教科の領域の一部等については免許状を要しない者を特別非常勤講師として充てることが可能である。

教育二法

　教育二法とは、1954年に公布された「教育公務員特例法の一部を改正する法律」と「義務教育諸学校における教育の政治的中立の確保に関する臨時措置法」のことを指す。教育公務員特例法は、地方公務員である公立学校教員が、国家公務員法の政治的行為の制限に関する規定、及び政治的行為

に関する人事院規則の適用を受けることとしている。公職選挙法による教員の地位利用の禁止も含めて、教員は他の地方公務員に比べて厳しい制限の下に置かれている。「中立確保法」は、義務教育の政治的中立を確保するため、政党等の政治的団体の勢力を伸長又は減退させるために、教員団体の組織・活動を利用して、教員が児童生徒に特定の政党を支持または反対させる教育を行うように教唆・せん動することを禁じている。

公立義務教育諸学校の学級編制及び教職員定数の標準に関する法律

1958 年に制定され、義務教育水準の維持向上に資することを目的として、公立義務教育諸学校の学級編制と教職員定数の標準を定めた法律であり、「義務標準法」と略称される。現在、1 学級の標準は小学校 35 人、中学校 40 人、特別支援学級は 8 人であり、2 つの学年で編制する学級は小学校で 16 人（1 年生を含む場合は 8 人）、中学校で 8 人となっている。学校種、学級数をもとにした学校規模毎に教職員数が定められている。その教職員数に基づいて、市町村立学校職員給与負担法により市町村立学校の校長や教員、事務職員等の給与等は都道府県が負担し、義務教育費国庫負担法により給与等に要する経費のうち都道府県・指定都市の負担の 1/3 を国が負担している。

こども基本法

子どもの権利を守るための国や地方公共団体の責務、事業主や国民の努力すべき事項などを定めた、2022 年に制定された法律である。対象となる「こども」は「心身の発達の過程にある者」と定義され、「おとなになるまで」であり、年齢は限定されていない。子どもの成長支援だけでなく、子育て等の支援、養育環境の整備も「こども施策」に含まれる。児童の権利に関する条約（子どもの権利条約）に則り、意見を表明する機会や多様な社会的活動に参画する機会の確保、最善の利益の優先的考慮などを重視するとともに、本法や本条約の広報・周知を国の努力義務としている。政府はこども大綱を策定し、こども家庭庁及び、首相を長とするこども政策推進会議がこども施策の実施に大きな役割をもつ。

子どもの権利条約

1984 年に国連総会において採択され、1994 年に日本で批准されて、国内でも法的拘束力をもつ条約であり、「児童の権利に関する条約」（Convention on the Rights of the Child）とも称する。18 歳未満の子どもを対象として、差別の禁止（差別のないこと）、子どもの最善の利益（子どもにとって最もよいこと）、生命、生存及び発達に対する権利（命を守られ成長できること）、子どもの意見の尊重（意見を表明し参加できること）の 4 つを原則とし、生きる権利、育つ権利、守られる権利、参加する権利を定めている。国連に子どもの人権委員会が設けられ、締約国の報告等に基づいて条約の履行状況を確認し、所見を出すなどしている。国際人権規約に規定された諸権利はすべての人に保障されるものだが、この条約は特に子どもを対象としてその権

利を体系的にまとめている。

児童虐待防止法

　児童への虐待を防ぐために 2000 年に制定された「児童虐待の防止等に関する法律」の略称である。保護者がその保護する児童に対して行う身体的虐待、性的虐待、ネグレクト、心理的虐待（児童の前でのＤＶも含む）が、児童虐待として禁じられている。2022 年改正の民法と同様に、体罰その他の児童の心身の健全な発達に有害な影響を及ぼす言動をしてはならないとされ、児童の人格を尊重し、その年齢・発達の程度に配慮することを求めている。本法は、虐待の早期発見、虐待を受けたと思われる児童を発見した者の通告、保護者への出頭要求、立入調査、それらを拒んだ場合の臨検・捜索、一時保護、施設入所、虐待をした保護者への指導、面会・通信の制限、虐待を受けた児童への支援などを規定している。

児童生徒性暴力防止法

　2021 年に成立した「教育職員等による児童生徒性暴力等の防止等に関する法律」の略称である。教育職員等は、学校に在籍する幼児・児童・生徒及び 18 歳未満の者に対する性交、わいせつ行為、児童ポルノに係る行為等の性暴力を行ってはならないとされている。性暴力等は児童生徒等の権利を著しく侵害し、児童生徒等に生涯にわたって回復しがたい心理的外傷その他の心身に対する重大な影響を与えるものであるとし、児童生徒等の尊厳を保持するため、性暴力等の防止のための施策、国、地方公共団体、学校、教育職員等の責務、性暴力

等で教員免許状が失効した者のデータベースの整備、性暴力等の防止・早期発見・対処に関する措置などを規定している。

児童福祉法

　1947 年に制定され、児童の福祉に関する理念や、国・地方公共団体の責務・業務、公的機関の組織、各種の施設や事業等を規定する法律である。18 歳未満の者を児童と定義し、そのうち 1 歳未満を乳児、満 1 歳～小学校就学始期までを幼児、小学校就学始期から満 18 歳を少年と定義している。児童の権利に関する条約の精神に則り、児童の意見の尊重、最善の利益の優先的考慮が求められている。児童全体、そして「要保護児童」に関わる障害や疾病、不良行為・犯罪、虐待、遊び支援、子育て支援、健全育成などの幅広い領域を対象とし、児童相談所や保育所、児童養護施設、児童自立支援施設などの多様な施設、保育士、児童福祉司、児童委員、里親などについても規定している。

少年法

　1948 年に制定され、非行少年の性格の矯正、環境の調整に関する保護処分を行うとともに、少年の刑事事件に関する特別の措置を講じることを目的とする法律である。成人とは違い、少年は環境の影響を受けやすく、矯正の可能性が高いことから、刑事処分ではなく、保護処分が基本とされ、地方裁判所ではなく、家庭裁判所が調査・審判等を担当する。実名等の報道も基本的に禁じられている。厳罰化の傾向の中で、16 歳以上で、故意の犯罪行為で被害者を死亡

させた場合には、家庭裁判所は原則的に検察官に送致する。また、18歳への成人年齢の引き下げに伴い、18歳、19歳の少年は「特定少年」とされ、17歳以下の少年よりも厳しく罰することとなった。被害者・家族への配慮から、被害者等の意見聴取や傍聴、説明等の規定も置かれている。

男女雇用機会均等法

　1972年制定の勤労婦人福祉法が、1985年に「雇用の分野における男女の均等な機会及び待遇の確保等女子労働者の福祉の増進に関する法律」に改正され、さらに1999年に「雇用の分野における男女の均等な機会及び待遇の確保等に関する法律」へと改正された。1979年に国際連合で採択された「女性差別撤廃条約」(日本は1985年批准)に対応する国内法である。雇用管理全般において、性別を理由とする差別は禁止され、また、身長・体重・体力や、転居を伴う転勤を昇進等の要件とするなど、相当程度の不利益を、合理的理由なく講じる間接差別も禁じられる。婚姻、妊娠・出産等を理由として女性に不利益な取り扱い等をすることは禁じられ、セクシュアルハラスメント対策、妊娠・出産等に関するハラスメント対策を行い、妊娠中・出産後の健康管理(母性健康管理)に関する措置を講じることが求められている。

地方教育行政の組織及び運営に関する法律

　1947年制定の教育委員会法が廃止され、1956年に制定された、地方の教育行政に関する地方自治法の特別法であり、「地教行法」と略称される。教育委員会法は、教育委員の公選制等を特徴としていたが、地教行法は教育委員の任命制など、首長(知事や市町村長)との関係強化が図られた。1999年の地方分権一括法により、国・都道府県・市町村間での教育長の任命承認制や指揮監督権が廃止されるなど、地方自治が強化された。2014年改正では、教育委員長が廃止され、常勤の教育長が委員会を代表し、首長が3年任期で選任するものとされた。他の委員は非常勤で、4年任期である。また、首長と教育委員会で構成される総合教育会議が置かれ、首長が地域の教育、学術、文化の総合的な施策の大綱を策定するなど、首長の影響力が強化された。

日本国憲法

　大日本帝国憲法に代わるものとして、日本国憲法は1946年11月3日に公布、1947年5月3日に施行された国の最高法規であり、違憲の法令や国家行為は無効とされる。憲法は民主主義(国民主権)、平和主義、基本的人権の尊重を特徴としており、象徴天皇制や、戦争放棄・戦力不保持、立法・行政・司法・地方自治の統治機構に関わる規定とともに、国民の権利・自由を規定している。個人としての尊重、生命・自由・幸福追求の権利、法の下の平等などが掲げられ、権利として、思想・良心の自由、表現の自由、信教の自由、学問の自由などの自由権や、生存権、教育を受ける権利などの社会権が規定されている。26条は国民の教育を受ける権利を保障するとともに、保護者がその保護する子女に普通教育を受けさせる義務を課しており、義務教育の「義

務」は保護者の義務を指している。教育を
受ける権利は「学習権」と呼ばれることも
ある。国際人権規約や子どもの権利条約で
は、「教育への権利」（right to education）
と表現されている。

バトラー法

　イギリスの 1944 年教育法のことであり、
制定当時の教育庁総裁バトラーの名を冠し
てこのように呼ばれる。イングランドとウ
エールズに適用されるもので、学校は初等
（11 歳まで）、中等（12 〜 18 歳）、継続（19
歳以上）の 3 つの教育段階に組織され、義
務教育年限が 14 歳から 15 歳に延ばされた。
中等学校はグラマースクール、モダーンス
クール、テクニカルスクールの 3 種別とな
り、「すべての者に中等教育を」という労
働運動の理念が実現された。1960 年代以
降は 3 つを包括したコンプリヘンシブスク
ール（総合制学校）が拡大していった。

9. 教育心理

IQ
Intelligence Quotient

知能指数のこと。ウェクスラー式知能検査などに代表される知能検査で測ることができる。IQ という用語は、スタンフォード・ビネー式知能検査の 1916 年版のなかではじめて精神年齢を生活年齢で割ったものに 100 を掛けたもの、として示された。発達検査は、同様の考え方に基づき DQ（発達指数）で表す。70±5 以下は、知的能力障害であると診断を受けるが、診断マニュアルの改訂に伴い、単なる IQ の数値だけでなく適応機能（どの程度困っているか）により重症度を判断すべきとなった。しかし、療育手帳の取得においては、IQ が目安になっており、今後も継続することが予測される。

MI理論（多重知能理論）
Theory of Multiple Intelligences

アメリカの心理学者、ガードナー（Gardner, H）が提唱した知能に関する理論である。1983 年の著書では、知能を①言語的知能、②論理・数学的知能、③空間的知能、④音楽的知能、⑤身体・運動的知能、⑥個人的知能（内省的、対人的）に分け、さらに 2001 年には①博物的知能、②霊的知能、③実存的知能の３つを追加した。多因子説とも類似しているが、知能が独立して発達し機能するというモジュール性を仮定すること、芸術的な知能や個人的知能を含めていることなどが違いである。また、知能を型にはめるのではなく組合せパタンがあると主張しているが、実証性はいまだ乏しい。

S-R理論
Stimulus-Response Theory

ソーンダイク（Thorndike, E. L）は試行錯誤学習において、経験によって変化するのは刺激（stimulus, S）と反応（response, R）の間の連合の強さであると考え、学習は基本的には反応学習であるとした。ソーンダイク以降のアメリカの心理学者の考え方の流れを作った。ソーンダイクは効果の法則を、ハル（Hull, C. L）は習慣強度による連合の形成を主張した。一方、ケーラー（Kohler, W）の「学習は場面の知覚の仕方の変化（知覚学習）、認識の変化（認知学習）」であるという考えを受け継ぎ、アメリカの心理学者であるトールマン（Tolman, E. C）は認知地図（cognitive map）により、ネズミの迷路学習を説明した。昨今では、認知論的傾向が強くなっている。

S-S説
Sign-Significate Theory

ソーンダイクは試行錯誤学習において、経験によって変化するのは刺激（stimulus, S）と反応（response, R）の間の連合の強さであると考え、学習は基本的には反応学習であるとした。一方、ケーラーの「学習は場面の知覚の仕方の変化（知覚学習）、認識の変化（認知学習）」であると考えを

受け継ぎ、アメリカの心理学者であるトールマンは認知地図（cognitive map）により、ネズミの迷路学習を説明した。昨今では、認知論的傾向が強くなっている。認知説、記号—意味学習説とも呼ばれている。

TAT
Thematic Apperception Test

アメリカの心理学者マレー（Murray, H. A）とモーガン（Morgan, C. D）によって作成された心理検査、ロールシャッハ・テストと並んでよく知られる投影法の1つ。主題統覚検査、絵画統覚検査と訳される。人物などが登場する図版を20枚呈示し、自由に物語を作成することを求める。解釈は、マレーの欲求—圧力分析を用いるが、臨床経験等から柔軟に解釈することが多い。図版に人物を多く用いていることから人間関係を投影されることが多く、ロールシャッハ・テストと同様にそこからパーソナリティや病態水準を評価する。児童版としてCAT（児童用絵画統覚検査）がある。

アサーショントレーニング
Assertion training

アサーショントレーニングは、最も広く受け入れられているコミュニケーショントレーニングの1つである。アサーティブトレーニングともいう。自分も相手も尊重するコミュニケーションを身に付けることが目的であり、①話し手の目指す対象や目標を得る課題達成、②相手や集団との間に協調的な関係や親密な関係の維持、向上、③自分自身に対する誠実性の維持、向上といった機能的変化を重視している。対人援助職に対するトレーニングとして有名だが、学校場面においても重視されはじめている。

アドラー（1879-1937）
Adler, A

オーストリア出身の精神科医、心理学者である。フロイト（Freud, S）の精神分析から決別し、個人心理学（アドラー心理学）を確立した。個人心理学は、個人が他者に抱く劣等感である「器官劣等性」、それを補償しようとする心の動きである「力への意思」という概念を導入した。これらはより優れた存在になることを求めた、目標追求性の理論であり、フロイトとは異なり、個人内の心理作用だけでなく、社会的関係を重視した。

アンダー・アチーバー
Under achiever

学業不振という言葉は広義には学力の低さを指すが、狭義には知的水準と比べて学力が低いアンダー・アチーバーを指す。反対に、知的水準と比べて学力が高い場合には、オーバー・アチーバーという。

イド
Ido

フロイトが提唱した人間の心の構造、心的装置のうちの1つ。イドはエスとも呼ばれ、無意識の領域で、欲求を満足させようと衝動的に働き、快感原則に従うとされている。

インクルージョン
Inclusion

包括、包含、一体性などを意味し、多様

な人々が対等にかかわり合いながら、一体
化している状態を意味する国際的な概念。
人間を人種、民族、宗教、性別、年齢、能
力などの違いによって区別せず包含し、障
害のある人々に対しても日常生活における
すべての教育、雇用、消費、余暇、地域、
家庭活動などにおける機会を保障する考え
方である。インクルーシブ教育（inclusive
education）は、1994年のユネスコのサラ
マンカ宣言で提唱され、2006年国連総会
において採択された障害者権利条約の中で
もその考え方が示された。日本では、イン
クルージョンを元に、2007年から特別支
援教育がはじまっている。

ウェクスラー式知能検査
Wechsler's diagnostic intelligence test

　ウェクスラー（Wechsler, D）が作成し
た一連の知能検査を指す。知的能力を1つ
の統一的な能力としてとらえるビネー式と
は異なり、それぞれを異なる能力の総体と
してとらえるという特徴がある。1939年
にはウェクスラー・ベルビュー知能検査
が開発され、1949年には現在に至るまで
改訂が続けられている WISC（Wechsler
intelligence scale of children）が作成され
た。1955 年 に は WAIS（Wechsler adult
intelligence scale）、1967 年 に WPPSI
（Wechsler preschool and primary scale of
intelligence）が開発された。WISC は5歳
から16歳11ヶ月、WPPSIは3歳10ヶ月
から7歳1ヶ月、WAISは16歳から89歳
を対象としている。

内田・クレペリン精神作業検査
Uchida-Kraepelin performance test

　1900年にドイツの精神科医であったク
レペリン（Kraepelin, E）が作業曲線を用
いて測定を試み、1920年に内田勇三郎に
よって尺度化された作業検査である。作業
検査とは、被験者が特定の作業を行うこと
によってパーソナリティ（性格）を含めた
特性を把握する検査である。クレペリンは
連続加算法により、「練習」「疲労」「慣れ」
「興奮」「意思緊張」の作業の5因子説を提
唱した。内田は、作業量を尺度化し「健常
者常態定型曲線」を示し、臨床データの蓄
積により健常児の作業曲線、異常、境界領
域の検討を進めた。

ヴント（1832-1920）
Wundt, W

　心理学の父として知られる。1879年に
ドイツのライプチッヒ大学に世界で最初の
心理学実験室を設立したことで科学として
の心理学が始まったといわれている。生理
学者であったヴントは、1874年に『生理
学的心理学綱要』を著し、意識を対象とす
る経験科学としての心理学を創始した。世
界で初めて統制の取れた実験室の中で実験
協力者に様々な刺激を与え、それに対する
意識経験を報告させる内観あるいは内省
（introspection）を用いたことで知られて
いる。

エディプス・コンプレックス
Oedipus complex

　フロイトは、精神分析において性的欲動
（リビドー）を心的活動の源と仮定し、人

間の精神発達を5つの心理的発達段階に区分した。それぞれの発達段階には達成されるべき特有の発達課題があり、その達成が阻害されることでリビドーの固着が生じ、不適応症状が引き起こされるとした。3歳から6歳までの男根期に生じる同姓の親と張り合うこと、または処罰されることを恐れる去勢不安がエディプス・コンプレックスである。自分を父親であると思い込み、父親の態度、行動を真似ること、つまり父親を同一視するようになっていき、それが「男らしさ」の獲得につながっていくとされている。

エリクソン（1902-1994）
Erikson, E

ドイツ生まれの精神分析家、発達心理学者。フロイトの心理性的発達論に対して、心理社会的側面を重視した社会的発達理論を提唱した。エリクソンは8つの発達段階を仮定し、各段階の発達課題を設定した。各段階において、「危機（発達課題）」を獲得し、克服することとした。

発達段階	危機（発達課題）
乳児期（0〜1歳）	基本的信頼　VS　不信
幼児前期（1〜3歳））	自律性　VS　恥・疑惑
幼児後期（遊戯期）（3〜6歳）	自発（主）性　VS　罪悪感
学齢期（思春期）（6〜12歳）	勤勉性　VS　劣等感
青年期（12〜20歳）	自我同一性（アイデンティティ）VS　自我同一性の拡散
初期成人期（20〜40歳）	親密性　VS　孤独
成人期（40〜65歳）	世代性　VS　停滞
高齢期（65歳〜）	自己統合　VS　絶望

オーバー・アチーバー
Over achiever

知的水準と比べて学力が高い場合には、オーバー・アチーバーという。反対に、知的水準と比べて学力が低い場合は、アンダー・アチーバーという。

オペラント条件づけ
Operant conditioning

スキナー（Skinner, B.F）により提唱された学習であり、スキナー箱を用いたネズミを用いた学習の実験により、行動変容の考え方を打ち立てた。オペラントは行動や反応が「自発する」という意味である。ネズミがレバーを押すことで餌（強化子）をもらえることで、レバー押し行動の生起頻度が増加することを強化（reinforcement）、レバーを押すことで電気ショック（嫌子）を受けると、レバー押し行動が減少することを弱化（punishment）と呼んだ。このオペラント条件づけの理論を応用したものが、応用行動分析であり、人間の行動変容に役立てられている。

オルポート（1897-1967）
Allport, G. W

アメリカの心理学者で、1924年に初めてパーソナリティ（性格）心理学の講義を行ったことで有名である。パーソナリティは、「個人のなかにあって、その人の特徴的な行動と考えを決定するところの、精神身体的体系の動的組織である」と定義した。オドバード（Odbert, H. S）とともに、辞書から人間の行動の特徴をあらわす用語を18000語（約5%）見つけ、最終的に日

常的に用いる特性用語のリストを作成した。また、社会心理学の分野において、偏見の心理、流言などについても研究を行っている。

学習観
Learning

学習観は、行動主義（behaviorism）、認知主義（cognitivism）、構成主義（construstivism）と変化している。行動主義は、ワトソン（Watson, J）が提唱した、心理学を客観的で実証的な自然科学であるとし、行動（感覚刺激に対して生じる反応としての筋肉や腺の活動）を心理学の対象とした行動主義心理学に基づいたものである。刺激を呈示し、行動をスモールステップに分け、結果（反応）を与えるといったタイプの学習、例えばドリル学習、コンピュータ学習などが該当する。教える側が主体であった行動主義に対し、認知心理学の影響を受けた認知主義では、新しい知識と既存の知識を結びつけることで知識を身に着けていくと考え、学習者主体となる。さらに、構成主義では、ピアジェ（Piaget, J）のように、学習者は自らがもっている知識構造を通して外界を観察したり働きかけながら新しい「理論」を構成する自律的なものであるとした。発達の最近接領域とも関連し、ピアラーニングなどを重視している。

河合隼雄 (1928-2007)
Kawai Hayao

日本人としてはじめてのユング派（分析心理学）分析家としての資格を取得した。箱庭療法を日本にはじめて導入するなど、日本の臨床心理学全体の発展に貢献した。臨床心理学・分析心理学の立場から1988年に日本臨床心理士資格認定協会を設立した。

観察学習
Observational learning

古典的条件づけ、オペラント条件づけに並ぶ学習の一形態。他者の行動を観察することをとおして、その行動の学習が成立する。バンデューラ（Bandura, A）は、子どもの暴力行動の観察実験を行い、大人が人形に暴力を振るう行動を見た子どもが同じ暴力行動を模倣することをモデリング（modeling）という用語を用いて説明し、社会的学習理論を提唱した。道徳行動、攻撃行動、性役割行動などの様々な行動に対して研究が行われている。観察学習には、モデルに注意を向け観察する「注意」、観察したモデルの行動を符号化し記憶する「保持」、観察した行動を自ら実行「運動再生」、自ら実行した行動が強化される「動機づけ」のプロセスで行われる。

強化
Reinforcement

行動の後に快事象が随伴あるいは嫌悪事象が除去されることで、行動の生起頻度が増加すること。例えば子どもが率先して掃除をした際に褒める（賞賛）と、その後、掃除行動が増加するなどの適切な行動はもちろんのこと、子どもが挙手をせず大声で答えをいった際に返事をするなどを続けると、挙手をせずに話すようになる、などの不適切な行動に対しても強化は生じる。正は呈示を、負は除去を表すため、前者を正の強化（positive reinforcement）、後者が

負の強化（negative reinforcement）という。快事象は強化子（reinforcer）、好子とも訳される。嫌悪事象は嫌子（punisher）であり、昔は罰子とも訳されていたが、用語の誤解を避けるため、最近では使われていない。

教師期待効果（ピグマリオン効果）
Pygmalion effect

　1968年に、ローゼンサール（Rosenthal, R）とジェコブソン（Jacobson, L. F）は、小学生に知能検査を実施し、検査の結果とは関係なく無作為に選出した子どもについて学級担任に「学力の向上が期待される」と報告した。その結果、8ヵ月後に行われた知能検査において、無作為に選出された子どもたちの成績が向上したことが明らかとなった。これらは、ギリシャ神話の王ピグマリオンが女性の彫刻に恋をして、生身の女性であると強く期待したところ、命がやどったというエピソードから、ピグマリオン効果とも呼ばれている。このように、子どもに対する教師の期待が子どもの行動に影響を及ぼすことが科学的に明らかとなっている。

クライエント
Client

　クライアント、来談者のこと。カウンセリングを求めてきた人を指す。カウンセラーに対応する言葉として使われることが多いが、最近では心理療法を行うセラピストに対しても用いられる。問題解決型の行動コンサルテーションにおいては、コンサルタント、コンサルティ、クライエントの3者関係で行われ、学校場面ではコンサルタ

ントは外部専門家、コンサルティは教師や保護者、クライエントは児童生徒となる。

クレッチマー（1888-1964）
Kretchmer, E

　現代精神医学の創始者の一人。1921年に体型から気質（temperament）を分類し、それらの関係を体系的に研究した。彼は、精神病患者の体型を観察して、精神分裂病（現在は統合失調症）、躁うつ病のそれぞれに特徴的な体型があることが気づいた。例えば、精神分裂病者にはやせた細長型が多く、躁うつ病患者には肥満型が多いことが明らかとなった。また、てんかんの患者には筋肉質の闘士型と発育異常が多い傾向も示された。クレッチマーの後に、アメリカの医師であるシェルドン（Sheldon, W. H）は、体型と気質との関係に関して、より正確で数量的な研究を行い、3つの基本体型（内胚葉型・中胚葉型・外胚葉型）があることを発見した。

系統的脱感作法
Systematic desensitization

　ウォルピ（Wolpe, J）によって開発された不安や恐怖を治療する行動療法の主要な技法である。例えば、不登校の児童生徒に対する系統的脱感作法では、まず登校行動に関する不安階層表を作成し、「家の中でランドセルを持つ」といった段階から取り組む。家の中でランドセルを持ち、リラクセーションを行い、不安を下がるのを確認し、次の段階「玄関に行く」などに移っていく。このように、不安は時間がたつと減少するという性質を利用し、スモールステ

ップで登校行動を形成する方法を系統的脱感作法という。

ゲシュタルト心理学
Gestalt Psychology

ヴェルトハイマー（Wertheimer, M）が、ケーラー、コフカ（Koffka, K）とともに創始し、現代心理学の源流の１つである。仮現運動の研究をきっかけに、プレグナンツの法則、体制化などが有名である。心理的現象は要素に還元できない、分析できない、１つのまとまり（ゲシュタルト）としてとらえると考え方である。知覚心理学だけでなく、記憶、思考などの心理学一般に適用されている。レヴィン（Lewin, K. Z）によるグループ・ダイナミクスなどの元にもなっている。

行動療法
Behavior therapy

1960 年代に、学習に関する基礎研究から示された理論を、不適応行動の修正に適用する試みが盛んとなり、それらを総称して行動療法と呼んだ。行動療法では、不要な行動を減少させ、必要な行動を増加させるために学習の原理を適用する。例えば、古典的条件づけを活用した夜尿症の治療、恐怖症の治療、オペラント条件づけを活用した精神病患者の行動修正、観察学習を活用した恐怖症の治療などが有名である。

古典的条件づけ
Classical conditioning

ロシアの生理学者であるパブロフ（Pavlov, I. P）が行った条件反射（conditioned reflex）の研究から明らかにされた学習の一形態。パブロフはイヌを対象に食物消化の実験をしていた際に、イヌが餌皿を見たり、給餌係の足音を聞いただけで、唾液や胃液を分泌することを発見した。この分泌を心理的分泌（psychic secretion）と呼び、餌皿、給餌係の足音を餌がもらえるサインだと受け取ったものだと考えた。古典的条件づけは、別名レスポンデント条件づけ、パブロフ型条件づけともいわれる。さらに、瞬目条件づけ、恐怖条件づけ、味覚嫌悪条件づけなどがある。

個別式知能検査
Individual intelligence test

人の知的能力を測る知能検査において、検査施行上、個別的に行うものを指す。つまり、実施の際に、検査者１名が検査対象者１名に対して行うものである。逆に集団で行うものを集団（団体）式知能検査と呼ぶ。ビネー式知能検査、ウェクスラー式知能検査が代表的である。個別式の場合には、検査者は検査対象者の様子に合わせてじっくりと対応すること、インフォーマルな観察ができることなどが利点として挙げられる。

自我
Ego

フロイトが提唱した人間の心の構造、心的装置のうちのひとつ。エゴともいう。イド（エス）の衝動と現実や超自我とを調整し、現実原則に従う。

自我同一性
Ego identity

エリクソンは、青年期のパーソナリティの心理社会的発達を自我同一性の形成とした。最近ではアイデンティティのみ、用いられることも多い。アイデンティティとは、「自分とは何か」を明らかにしようとする心の動きである。この問いに答えることが自己を確立することである。マーシャ（Marcia, J）は、アイデンティティの状態を危機（分岐点）の経験、職業とイデオロギーへの関与から、アイデンティティ・ステイタスを4つの類型（アイデンティティ達成、モラトリアム、早期完了、アイデンティティ拡散）に分けた。

試行錯誤学習
Trial-and-error learning

19世紀の終わりに、アメリカの心理学者であるソーンダイクがイヌ、ネコなどを対象とした研究の成果をまとめた。ネコの実験では、仕掛け箱あるいは問題箱という装置を作り、箱の中の輪をネコが引っ張れば、扉が開くという仕組みになっていた。箱の外に餌を置いておくと、箱から出ようと扉を引っかいたり、ジャンプをしたりと試行錯誤を繰り返す。その結果、偶然に箱の輪に手が引っかかり、扉が開き、ネコはエサを食べることができた。このような経験を繰り返すと、誤反応が減少し、正反応が増加することを、試行錯誤学習と呼んだ。試行錯誤学習は、ある刺激（stimulus）においてある反応（response）を行った結果、快を伴えば、そのSとRの間に結合、絆が強くなり、そのSの元でRが怒る確率が高くなる。これを効果の法則（law of effect）と呼ぶ。

自己効力感
Self-efficacy

セルフエフィカシーともいう。自分自身が行為の主体であると確信していること、自分の行為について自分が統制しているという信念、自分が外部からの要請にきちんと対応しているという確信を指す。自分自身が取り組んだ結果が周囲に高い評価を得ることができれば、自己効力感は増す。バンデューラが提唱した社会的学習理論の中では、自己効力感が高い場合、「どの程度その行動を持続できるかについての期待」である効力期待が高いことが示されている。自己効力感が低いとストレス反応が大きくなること、抑うつ状態の際には自己効力感が低いことなどが明らかとなっている。

自己実現
Self-actualization

アメリカの心理学者のマズロー（Maslow, A. H）は、自己実現に関わる研究を行った。欲求をピラミッド型に捉えることを提案し、欲求の階層説を提唱した。人間の最上の目標は、「自己実現」であるとし、自己実現

自己実現の欲求
承認の欲求
所属と愛情の欲求
安全の欲求
生理的欲求

への欲求とは自分の潜在的可能性を最大限に生かそうという欲求であるとした。

自己中心性
Egocentrism

　ピアジェは、発達段階を感覚運動期（0〜2歳）、前操作期（2〜7歳）、具体的操作期（7〜11、12歳）、形式的操作期（11、12歳以降）に分けた。自己中心性は、表象を用いる前操作期の特徴として、「自己の主観を知らず、主観と客観とが混合した幼児の心性」と定義される。三つ山課題では、自分のいる位置から見える光景にとらわれており、別の位置からの視点をうまく取ることができなかったり、保存課題においても見かけにとらわれてしまうといった特徴がある。さらに、すべてのものは生きている、心があるとする考え方（アニミズム）、心に思ったことは実在するという考え方（実念論）、すべてのものは人間が作ったとする叶え方（人工論）などに代表される。また、ピアジェはこの時期の子どもの言葉の多くが、反復、独り言、集団的独り言（自分の気持を満足させるだけで、応答を求めない言語）で、コミュニケーションではない自己中心語が多いことを見いだし、質問、応答、命令等の社会後は幼児期の後期になって増えてくるとした。

自尊感情
Self-esteem

　自己に対する評価に対する評価感情で、自分自身を基本的に価値あるものとする感覚。自己の存在を肯定的に捉えるもの。初めに自尊感情に注目したジェームズ（James, W.）は、自尊感情＝成功や願望であり、願望がどれくらいみたされているのかが自尊感情の根源であるとした。昨今のソシオメーター理論では、他者から高い評価を得て受け入れられていると思えば、自尊感情が高まり、他者から拒絶されると自尊感情が低下するという。自尊感情においては、ローゼンバーグ（Rosenberg, M.）の自尊感情尺度が有名であり、この得点が高いほど自尊感情が高く、ストレス耐性が高く、他者から好意的に評価されるとした。

弱化
Punishment

　行動の後に快事象が随伴あるいは嫌悪事象が除去されることで、行動の生起頻度が減少すること。罰と訳されていたが、最近では使われていない。正は呈示を、負は除去を表すため、前者を正の弱化（positive punishment）、後者が負の弱化（negative punishment）である。快事象は強化子（reinforcer）であり、好子とも訳される。嫌悪事象は嫌子（punisher）であり、昔は罰子とも訳されていたが、最近では使われていない。例えば子どもが私語をした際に叱ると（叱責）、その後、私語が減少する、あるいは片付けてくれたことに対して「やり方が違う」と文句をいうと、二度とやらなくなったなど、強化と同様に適切、不適切な行動にも生じる。弱化には、子どもの攻撃性が高まったり（怒ることをモデリングしてしまう）、叩かれたくないあまりに逃げたり、嘘をつくといった逃避や回避が増えてしまうなどの副作用がある。

集団式知能検査
Group intelligence test

　人の知的能力を測る知能検査において、検査施行上、集団的に行うものを指す。1対1で行う個別式知能検査に対し、集団で行うものを集団（団体）式知能検査と呼ぶ。集団式知能検査は、検査者1名が多くの検査対象者に対して一斉に行うものであり、田中A-2式知能検査、東大A-S知能検査などがある。利点としては、実施が容易で、短時間で大勢の子どもたちの知的能力の発達状態を査定できることである。しかし、個人情報の収集に制約があるのと、カンニングしやすいなどの問題もある。

消去
Extinction

　古典的条件づけでは条件刺激（CS: conditioned stimulus）を単独で呈示し続けると、条件反応が消失する。オペラント条件づけにおいても強化をしなくなると、反応は生起しなくなっていく。この手続きを消去と呼ぶ。オペラント条件づけの例で説明する。発達障害のある児童が教室から飛び出しをしているとしよう。彼は廊下に出た際に、先生が追いかけてきてくれるのを楽しそうに待っている。これは、飛び出し行動を先生の追いかけるという行動が強化してしまっているといえる。飛び出しをなくすためには、先生は追いかけない、つまり強化しないという対応が求められる。消去を行うと、一時的に行動が悪化するかのような消去抵抗（extinction burst）が起きる。上述の例では、子どもは追いかけてくれなくなったので、廊下で叫んだり、ドアを蹴ったりするかもしれない。消去し続けていると消去抵抗はいずれ収まっていく。

心的外傷
Psychic trauma

　外傷体験（traumatic experience）ともいう。フロイトは、人が強いショックやストレスを引き起こす過度な情動体験をしたとき、それが精神的に適切に処理されないまま抑圧され、コンプレックスとなってその後の神経症的症状につながるとした。一方、死や重傷の危機的な出来事、性的暴力を経験、目撃した後に出現する心的外傷後ストレス障害（PTSD）などもある。PTSDにはフラッシュバック、苦痛な記憶、悪夢などの再体験、感情鈍麻、過覚醒などの症状がある。

スキナー (1904-1990)
Skinner, B. F

　スキナー箱を用いたネズミを用いた学習の実験により、オペラント条件づけなどの行動変容の考え方を打ち立てた。オペラント条件づけを学習指導に応用したプログラム学習を考案した。伝統的な一斉授業では、学習進度の違いがあるが、プログラム学習では学習者のペースで学習できる。目標を達成するまでの時間は異なるが、全員が同じ目標を達成することができる利点があり、それを実現するためのティーチングマシンも作製した。プログラム学習には、オペラント条件づけにおけるシェイピング（行動形成）が応用されており、学習内容を細かく分割し（課題分析）、少しずつ難易度が上がるように設定されており、反応に対し

て正誤のフィードバックが与えられる。シェイピングは、標的行動を身につけさせるためにスモールステップで分化強化していくことである。

スキャモンの発達曲線
Growth curve

スキャモン（Scammon, R. E）は、身体各部の20歳時の重量を100とした時の、各年齢での割合を発達曲線として示した。扁桃腺、リンパ腺、アデノイドなどの分泌組織の発達曲線をリンパ型、脳髄、脊髄、感覚器官などの神経組織の発達曲線を神経型、骨格、筋肉、内臓諸器官などの全体的な組織の発達曲線を一般型、睾丸、卵巣、子宮などすべての生殖器官の発達曲線を生殖型と呼んだ。神経型は6歳ですでに成人の90％を示すのに対し、生殖型は12歳程度までほとんど変化を見せない。

スタンフォード・ビネー改訂知能検査
Stanford-binet intelligence scales

個別式知能検査は大きくビネー式知能検査とウェクスラー式知能検査に分けることができる。フランスの心理学者のビネー（Binet, A）は、1905年に世界で初めて知能検査を考案したが、その後各国に輸入され、1916年にアメリカではターマン（Terman, L. M）がスタンフォード・ビネー知能検査として改訂した。日本では田中ビネー式知能検査として標準化されている。彼はIQが高い子どもの特性を明らかにし、大規模な対的研究を行ったこと、IQを実用化したことなどが有名である。

スチューデント・アパシー
Student apathy

1960年代後半、学園紛争真っ只中で、学業に興味を示さず、学校にも出てこず、意欲もなく、対人家系を恐れて引きこもりがちな学生をスチューデント・アパシー、学生無気力症候群と呼んだ。現代の青年期延長のひとつともいえる。アパシーは、無感動、無関心、無感情、感情鈍麻のことであり、うつ病、統合失調症によく見られる症状として知られている。学業に対する意欲の減少、学業を続けることが難しくなる。過剰な入試勉強や、不本意な入学による不適応が原因であるといわれている。

ストレス・マネジメント
Stress management

現在では教育だけでなく、産業などの様々な領域において、子どもや労働者などのストレスに関する問題を予防的に教える取り組みとして、ストレス・マネジメント教育が実施されている。例えばラザラス（Lazarus, R）などのストレス理論をもとに、十分にストレスに関する心理教育を行い、ストレッサー、ストレス反応などの心理的メカニズムを理解した上で、漸次的筋弛緩法や自律訓練法などのリラクセーション法を体験するといった流れが基本的なやり方である。

精神分析
Psychoanalysis

最も基本的な理論は、フロイトによるものである。フロイトはヒステリー患者の治療を行うことを通して、構造論と発達論を

確立した。構造論は、人間の心がイド（エス）、自我、超自我という心的装置による働きから成り立っていることを提唱したものである。さらに、性的欲動（リビドー）を心的活動の源と仮定し、人間の精神発達を5つの心理性的発達段階に分けた。0～1歳を口唇期、1～3歳を肛門期、3～6歳までを男根期、6～12歳の学童期を潜伏期、12歳以上を性器期とした。それぞれの発達段階には、達成されるべき発達課題があり、その達成が阻害されなかったり、適切に満たされなかった場合に性的欲動の固着が生じ、パーソナリティが形成されるとした。ユング（Jumg, C. G）の分析心理学派では、性的欲動を性的なものに限らず、広く心的エネルギーだととらえた。アドラーは、個人内の心理作用だけでなく社会的関係を重視し、個人深層心理学派を創始した。

ソシオメトリック・テスト
Sociometric test

モレノ（Moreno, J. L）によって作成された、学級内の子ども達同士の仲間関係を客観的に測る方法の1つとして知られている検査である。具体的には、学級の子どもそれぞれに、具体的な場面における該当者の名前を挙げさせるという手法である。例えば「席替えをするときに、誰の隣に座りたいか（あるいは座りたくないか）」などの質問がある。多くの子どもに選択された子どもはスター（人気者）、逆に排斥された子ども、などが明らかとなり、集団の成員間の受容（選択）と拒否（排斥）といった集団構造を把握するソシオマトリックスという集計表において、視覚的に結果を把握し、学級運営などに使用する。

多因子説
Multiple-factor theory

サーストン（Thurstone, L. L）が提唱した知能の構造に関する理論である。1930年代に、因子分析を用いて57の知的能力テストを分析し、互いに独立した7つの知能因子を発見した。これらは、①空間因子、②数因子、③知覚因子、④記憶因子、⑤語の流暢性因子、⑥機能的推理因子、⑦演繹的推理因子と呼ばれる。イギリスの心理学者であるスピアマン（Spearman, C）は、すべての問題を解くことに必要とされる共通する能力（一般知能因子g）、各テスト特有の能力（特殊知能s因子）を見いだし、二因子説を提唱した。サーストンはスピアマンが提唱した一般知能因子gを否定し、知能は基本的知能因子（群因子）で構成されているとした。現在の多くの集団式知能検査は、この多因子説を元として作成されている。

チック
Tic

まばたき、額にしわを寄せる、顔をしかめるなどの運動チック、咳払い、奇声、うなり声、鼻鳴らしなどの音声チックに大別される、わざとではなく、無意識に動きや声が出てしまうことをいう。アメリカ精神医学会の診断マニュアルDSM-5では、発達障害に含まれ、トゥレット症、持続性運動または音声チック症、暫定的チック症の3つに分けられている。トゥレット症は、運動チック、音声チックのいずれもが見ら

れ、症状が1年以上続いていること、持続性運動または音声チック症は運動チック、音声チックのいずれかが1年以上続いていること、暫定チック症は運動チックや音声チックが1年未満のものを分類する。いずれも、発症は18歳以前とされている。

知能構造モデル
Structure of intellect model

アメリカの心理学者、ギルフォード（Guilford, J. P）が提唱した知能に関する理論モデルである。情報の内容軸（content）、情報が伝えるものとして所産軸（product）、および情報に加える操作軸（operation）の3次元の立方体により、知能を整理した。立方体のマス目がそれぞれ1つの基礎能力を示し、120の因子が想定される。例えば「あ」で始まる言葉をできるだけたくさん列挙する、という課題は発散的思考に関わる課題であるとし、創造性にとって重要であるとした。

超自我
Superego

フロイトが提唱した人間の心の構造、心的装置のうちのひとつ。両親によって内在化された良心や理想、倫理、道徳。良心等は「●●すべき」「●●してはならない」といった表現形式で現れる。

適応規制
Adjustment mechanisms, Adaptive mechanisms

欲求不満（フラストレーション）や葛藤（コンフリクト）、不安に直面したときに心理的な平衡状態を維持、回復するために無意識にとる様々な心理的手段のこと。環境の現状を把握し、適切な合理的、意識的な行動を取る際、防衛機制ではなく、適応規制と呼ばれる。しかし、その攻撃行動、逃避行動が適応規制なのか、防衛機制なのかを区別することは難しく、ほとんど同じものとしてとらえることが多い。

動機づけ
Motivation

生活体の内部に仮定される力で行動の原因となって行動を始動させ、目標に向かわせる力のこと。行動を一定の方向に向けて生起させ、持続させる過程や機能の全般を指す。生物的動機、内発的動機、社会的動機など様々な立場から研究されている。マレイ（Murray, H. A）は、社会生活を通して獲得される社会的動機について、獲得動機、優越動機、達成動機、支配動機、親和動機など6つのグループに分かれる28の動機にまとめた。特に達成動機（成功しようとか困難を乗り越え成し遂げようとする動機）と親和動機（友好的な関係を保って人に接しようとする動機）については多くの研究がなされるようになった。

道具的条件つけ
Instrumental conditioning

試行錯誤学習、オペラント条件づけ、回避学習などを道具的条件づけと呼ぶ。求められている反応を行うことが、報酬あるいは強化子を得るための道具あるいは手段となっている条件づけという意味である。古典的条件づけと異なり、参加者が良い結果を得る手段となる行動を自発（オペラント）

する必要がある。つまり、行動を活性化させる内的な力、動因が古典的条件づけよりも重要となる。ソーンダイクは、ネコなどを対象とした仕掛け箱の一連の研究によって試行錯誤学習を示した。ソーンダイク型の学習に対しても道具的条件づけと用いられることもある。

統合教育
Integration

　障害のある子どもを通常学級で教育する形態。例えば、小中学校に障害がある子どもを在学させ、それぞれの障害についての専門の教師が通常学級の担任に協力し、指導に当たる、特別支援学校が近隣の小中学校と提携し、授業やクラブ活動等を通して交流を図ることなどが挙げられる。近年では障害の有無にとらわれず、多様な子ども達を通常の学級で育てるというインクルージョン、インクルーシブ教育の方が多く用いられるようになった。

洞察学習
Insight learning

　ドイツのゲシュタルト心理学者のケーラーは、ソーンダイクの試行錯誤学習とは対照的に、試行錯誤をせずに問題事態を見通すことによる生じる「洞察」によって目標に到達可能であると考えた。「問題場面の構造を洞察すること」が問題解決であるとした。

読書レディネステスト
Reading readiness test

　読書開始のための認知発達の準備状態を測るテスト。読書レディネスは、読書のための基礎力であり、5、6歳で最も発達する。読書のレディネスを測定する道具として、読書レディネステストがある。国内外にいくつかあるが、例えば、「読字（文字を理解しているかを測定）」「絵と文字の結合（事物に対応する正しい言葉を結びつけられるかを測定）」「物語理解（お話の内容を理解しているかを測定）」「話の構成（文の内容を理解して場面をイメージできるかを測定）」などを測るものが一般的である。坂本一郎は、「書かれている文字・記号から意味を正確にしかも早く理解する能力」を読書力と称し、視覚の機制、読字力、語彙力、文章理解力、読書の速度など、様々な因子から構成されているとした。子どもが一人読みを楽しむためには、一斉に読書指導が始まる小学校に入学するまでに読書レディネスが形成されていることが望ましい。

二因子説
Two-factor theory

　スピアマンが提唱した知能に関する理論。すべての問題を解くことに必要とされる共通する能力（一般知能因子 g）、各テスト特有の能力（特殊知能 s 因子）を見出し、二因子説を提唱した。

認知行動療法／認知療法
Cognitive behavior therapy / Cognitive therapy

　1970 年代に精神分析の流れを受けたベック（Beck, A）によってうつ病の治療として考案されたものが代表的である。認知行動療法という言葉はマイケンバウム（Meichenbaum, D）の著書ではじめて用

いられた。認知機能と問題への対処機能に焦点をあてたアプローチである。クライエントの抱える問題は、環境や認知、行動、身体的状況、感情状態と関わりがあり、その悪循環により維持されるとしており、行動的技法により行動を修正するものを認知行動療法、認知療法的技法により認知を修正するものを認知療法としている。ベックの認知療法、エリス（Ellis, A）の合理情動療法、ネズ（Nezu, A. M）による問題解決療法、ラザラス（Lazarus, R）による多面的行動療法などが有名である。厚生労働省は、うつ病の認知療法・認知行動療法治療者用マニュアルを作成しており、治療効果を実証的に示されたアプローチである。2010 年には保険点数化されている。1990 年代以降、弁証法的行動療法（DBT: dialectical behavior therapy）、マインドフルネス認知療法（MBCT: mindfulness-based cognitive therapy）、アクセプタンス・アンド・コミットメントセラピー（ACT: acceptance and commitment therapy）などが開発され、これらは第 3 世代と言われている。

発達
Development

受精から死に至るまで、人間の一生涯にわたる心身の系統的な変化の過程を指す。生涯発達心理学では成人期、老年期を含む。発達には 4 つの特徴がある。1 つ目は発達が一定の順序に従って起きるという発達の順序性である。2 つ目は頭部から脚部へ、中心から周辺へといった 2 つの方向性である。3 つ目は発達が連続して起こると

いった発達の連続性である。4 つ目は発達の個人差である。発達には発達曲線や、発達段階など様々な分類がある。発達段階に関しては、ハヴィガースト（Havighurst, R）によるライフサイクル論、エリクソン（Erikson, E）による発達段階などが有名である。

発達の最近接領域（ZPD）
Zone of Proximal Development

ロシアの心理学者、ヴィゴツキー（Vygotsky, L. S）は、子どもの知的発達の水準を 2 つに分けた。1 つは自力で問題解決できる発達水準（現下の発達水準）、もう 1 つは他者からの支援や協同によって達成が可能になる水準（明日の発達水準）である。この 2 つの水準の差異の範囲を発達の最近接領域（あるいは最近接発達理論）と呼んだ。ヴィゴツキーは教育においては現下の発達水準だけでなく、発達の最近接領域に働きかけることが重要であり、効果が高いとした。

パブロフ（1849-1936）
Pavlov, I. P

ロシアの生理学者。古典的条件づけの研究を行ったことで有名である。古典的条件づけは、レスポンデント条件づけ、パブロフ型条件づけともいわれる。1904 年にノーベル生理学賞・医学賞を授業した。犬の実験神経症の発見者でもある。

ハロー効果
Halo effect

人物評価を行うとき、はじめに一部の良

い特性に注目すると全体的に良い評価をしてしまう、逆に初めにいくつかの悪い特性に注目すると総じて悪い評価をしてしまう現象のこと。教師による子どもの評価においても起こりうることである。例えば、成績が良い子どもはすべての面において良い評価をされがちで、逆に成績が悪い子どもは素行が悪く問題があるように見られがちである。

バンデューラ (1925-2021)
Bandura, A

アメリカの心理学者。観察学習、モデリング、自己効力感などの研究を行ったことで有名である。褒められた人の行動を模倣し、罰せられた人の行動を模倣しなくなるという代理強化による学習についても実験を行った。さらに、親の行動が子どもの攻撃行動に影響を与えること、つまり子どもの暴力行動を厳しく罰した親の子どもほど、暴力行動を示すということを明らかにした。これは、両親が身体的な罰を用いるという暴力行動のモデル（見本）となってしまっているということであり、教育心理学にも大きな影響を与えた。

ピアジェ (1896-1980)
Piaget, J

スイスの発達心理学者。心理学、哲学、論理学、教育学において広く功績を残した。認知発達を感覚運動期（0〜2歳）、前操作期（2〜7歳）、具体的操作期（7〜11、12歳）、形式的操作期（11、12歳以降）に分けた。シェマ、自己中心性、三ッ山課題などが有名である。

フロイト (1856-1939)
Freud, S

オーストリアの精神科医、精神分析家。19世紀末に精神分析を創始した人物。無意識を重視、心的エネルギー（リビドー）を用い、力動的なとらえ方をした点などが特徴的である。アドラー、ユング、フロム（Fromm, E. S）など様々な研究者が影響を受けた。

ベネディクト (1887-1948)
Benedict, R. F

アメリカの文化人類学者。文化とパーソナリティ研究に大きく貢献した1946年に「菊と刀」を著し、欧米の罪文化に対して、日本の恥文化について述べたことでも有名である。恥、周知、嫉妬、妬みなどは社会的感情と呼ばれ、他者との対人関係の中で生じる感情である。日本人は、恥という他者の目を意識した道徳基準に従って行動し、他者に迷惑をかけたり、社会的規範を逸脱する、人前で失態をさらしてしまう際に生じやすい感情である。恥を感じやすい人ほど、他人に責任をなすりつけ、怒りや敵意を感じやすいことが明らかとなっている。

防衛機制
Defense mechanisms

不安や抑うつなどの感情の体験を弱めたり、避けることによって心理的な安定を保つために行われる、無意識的な手段のこと。精神分析を創始したフロイトからはじまり、現代に至るまで様々な研究者が検討している。例えば、抑圧（考えや感情を意識の外に閉め出すこと）、逃避（空想や病気に逃

げ込むこと）、退行（精神発達のより未熟
な段階に逆戻りすること）、置き換え（特
定の人やものへの感情を別の対象に向ける
こと）、投射（自分の感情を相手のせいに
すること）、昇華（反社会的な欲求を社会
的なものに向けること）、反動形成（嫌い
なものをわざと好きなフリをするなど欲求
や感情とは逆に行動すること）などがある。

マージナルマン
Marginal man

　境界人、周辺人とも訳すことがある。広
義には、アメリカの社会心理学者パーク
（Park, R. E）が使用した言葉で、2つある
いはそれ以上のいくつかの集団のいずれに
も完全に所属していない人を指す。青年心
理学においては、レヴィンが場の理論に基
づき、青年をマージナルマンと呼んだこと
でも有名である。子どもと大人の間の境界
におり、子どもの持つ特権は奪われ、大人
の特権は与えられていない状態であるとし
た。青年期の心理的特徴として、攻撃性、
感傷、劇情などを指摘し、社会的無人島に
いるようなもの、情緒不安定にならざるを
得ないとした。

マズロー（1908-1970）
Maslow, A. H

　アメリカの心理学者。欲求をピラミッド
型に捉えることを提案し、欲求の階層説を
提唱したことで有名である。人間の最上の
目標は、「自己実現」であるとし、自己実
現への欲求とは自分の潜在的可能性を最大
限に生かそうという欲求であるとした。自
己実現に向けて、生理的欲求、安全への欲

求、所属集団や愛情への欲求、承認や尊敬
への欲求という順序になっており、上位の
欲求は下位の欲求を満たすことで追及が可
能になるとした。行動主義、精神分析では
なく、人間性心理学を唱えたことでも教育
学に大きな影響を与えている。

メタ認知
Metacognition

　目標を達成するために自分の認知過程や
方略を評価し、行動の調整、統制を行うモ
ニタリング、モニタリングに伴う意識的な
感覚、感情（メタ認知的経験）、評価や調
節に使用するために得た知識（メタ認知的
知識）などの総称をメタ認知という。1970
年代に幼児が方略を提示された直後には有
効に実行するのにも関わらず、自発的には
使用しないという現象にメタ記憶という言
葉が使用されたところから研究がはじまっ
た。学力不振、知的能力が低い児童生徒の
場合に、メタ認知の欠如が指摘されており、
メタ認知はある程度の認知発達が必要とい
うことが明らかになっているが、まだその
プロセスなどは明らかになっていない。

モレノ
Moreno, J. L

　ルーマニア生まれ、アメリカで活躍した
精神医学者。心理劇（サイコドラマ）と
いう集団療法を創始したことで有名であ
る。心理劇（サイコドラマ）は、様々な役
割を演じること（ロールプレイ）で本来の
自発性が発揮され、問題解決の力が生まれ
る。言語だけでなく、実践行為（アクション）
が加わることから、言語表現が苦手な人に

も適応することができる。集団間関係や集団中心の問題を扱うとき、これを社会劇（ソシオドラマ）と呼ぶ。その中では、役割交換、反射鏡、代役、現実拡大などの技法を用いる。ソシオメトリック・テストなどに代表されるソシオメトリー（集団測定法）を開発したことは、現在の教育現場にも大きな影響を与えている。

矢田部・ギルフォード (Y-G) 性格検査
Yatabe-Guilford personality inventory

ギルフォード（Guilford, J. P）のパーソナリティ理論にもとづき、日本人の矢田部達郎によって作成された質問紙法によるパーソナリティ検査。小学2年生から成人までを対象とする。12の性格特性を10項目ずつの120項目設け、「はい」「いいえ」「どちらでもない」の3件法で回答する。12の正確特性は、「情緒安定性」「社会適応性」「向性」に大きく分けることができる。質問紙であるため、用いやすいというのが利点である。

ユング (1875-1961)
Jung, C. G

スイスの精神分析学者。フロイトの精神分析と同様に意識、無意識の研究を行ったが、ユングは無意識のもつ自己治癒力と自己実現を重視し、分析心理学を創始した。そのため、無意識を体験させるために、夢分析、描画療法、箱庭療法が用いられた。パーソナリティの理論においては、類型論を提唱し、リビドーが向かう方向性から「外向性」「内向性」に分類した。外向性は関心が外界の事物や人など客観的なものに向けられ、内向性は関心が自分の内面や主観に向けられており、無意識では外向型の人は内向、内向型の人は外向であるとした。

ラベリング
Labeling

言語化、ラベル（名称）をつけること。ラベリングが言語を通して学習、記憶に影響を及ぼすことをラベリング効果と呼ぶ。1960年代にベッカー（Becker, H. S）は社会的な逸脱行動は他者からのラベリングによって生み出されるといったラベリング理論を提唱した。さらに、例えば小学生に清掃行動を促した実験などもあり、逸脱行動だけではなく、ラベリングによって適切な行動を引き出すことも明らかとなっている。

レヴィン (1890-1947)
Lewin, K

ドイツ生まれ、アメリカで活躍した心理学者。1930年代後半に、グループダイナミクス（集団力学）を創始したことで有名である。実証的研究の重視、集団の力動性を研究対象としたこと、理論と実践の統合を図るアクション・リサーチなどが特徴的である。集団凝集性、集団規範、集団意思決定、リーダーシップなど様々な研究が行われている。レヴィンは場の理論（field theory）によって集団の諸現象を説明したが、現在では様々な理論から説明がなされている。

ロールシャッハ・テスト
Rorschach test

スイスの精神科医ロールシャッハ

（Rorschach, H）によって、1921 年に考案
された投影法によるパーソナリティ検査。
幼児から成人までを対象とする。インクプ
ロットによる抽象的な 10 枚の図版を呈示
し、「どのように見えるか」について自由
反応を求める。その後、どのような刺激、
特徴がそのように見せたかについて質問す
る。すべての反応をスコアリングし、解釈
を行う。クロッパー（クロッパー片口）法、
阪大法、エクスナー法などがあるが、包括
システムによるエクスナー法にエビデンス
が示されている。

10. 教職・教師論

PCK
Pedagogical Content Knowledge

　教師が保持する知識のうち、「教育内容に関する知識（content knowledge）」と「教育方法に関する知識（pedagogy）」が結合したもので、専門職としての特別な形態のこと。アメリカの教育学者であるショーマン（Lee S. Shulman）が 1985 年以降に提唱した。教師の力量向上に向けて 1980 年代に進められた教師スタンダード策定に端を発している。専門職としての教師が有している知識は、教育内容を理解した上で、自らの視点で解釈し、児童生徒に合わせて実践を行い、その評価や省察によって理解が深まる。つまり、教師は「理解」-「翻案」-「指導」-「評価」-「省察」-「新しい理解」といった「教育的推論と行為（pedagogical reasoning and action）」のサイクルで学習すること、だからこそ PCK のような統合化された知識が専門職としての教師に特有であることを指摘した。

開放制教員養成
Open entry teacher education system

　教員養成を主な目的とする大学や学部以外においても、教育職員免許法が規定する単位を修得することによって、教育職員免許状を取得することができる制度のこと。師範学校を中心として行われてきた戦前の教員養成への反省を踏まえ、第二次世界大戦後に導入され、現在もこの原則は引き継がれている。開放制教員養成については、制度創設から現在まで賛否両論あり、教員の専門性をどのように考えるか、すなわちアカデミズムとプロフェッショナリズムのどちらに比重を置くかにより立場が異なる。開放制のもと、大学の 8 割以上、短期大学の 7 割以上で教職課程を設置しており、多くの教員の養成に寄与しているものの、免許状取得者のうち実際に教員に就く割合が低い、校種によっては教員養成系大学・学部の出身者よりも一般大学出身者の方が教員に就く人数が多い等の現状もあり、今後の制度のあり方に注目が集まっている。

学校インターンシップ／学校ボランティア
School internship / Volunteer

　教職を志望する学生が、学校をはじめとする教育現場において活動の支援を行うことを通して、教育者としての実践経験を積むことをめざす取組みのこと。学校インターンシップ、学校（支援）ボランティア等と呼ばれる。また、支援する学生の学びに重きを置き、サービス・ラーニングと呼ばれる場合もある。教職志望の学生を教育機関にボランティアとして派遣する取組みは、1998（平成 10）年に文部省（当時）が行った「教員養成学部フレンドシップ事業」が端緒である。学生の実践的指導力を育成したい大学の考えと、教職を志す学生の力を教育現場に生かしたい教育委員会や学校の考えのもと、様々な形態の取組みが進め

られている。教育職員採用選考試験におい
て、一次試験等を免除される大学推薦の条
件としてボランティア経験を位置づける教
育委員会もある。

課程認定制度
Teacher training program qualify system

　教育職員免許状取得に関する教育課程を
大学が設置する際に、一定程度の質と標準
性を担保することを目的として課される審
査のこと。教員養成を主たる目的とする大
学のみならず、教職課程を設置するすべて
の大学における教育課程等を審査すること
により、開放制のもとで行われている教員
養成の質的水準を担保している。文部科学
大臣が諮問した中央教育審議会、中央教育
審議会から付託を受けた課程認定委員会が
審査を行う。中央教育審議会の答申等の教
員養成改革の動向を踏まえつつ、(1) 認定
を受けようとする学科等の目的・性格と免
許状との相当関係、(2) 教育課程、(3) 教
員組織、(4) 教育実習、(5) 施設・設備か
らなる教職課程認定基準等に基づいて審査
が行われる。2016 (平成 28) 年の教育職
員免許法の改訂を踏まえて各科目のシラバ
スの内容に踏み込んだ教職課程コアカリキ
ュラムが示される等、課程認定の厳格化が
進みつつある。

教育専門職博士 (Ed.D.)
Doctor of education

　Doctor of Education の略であり、学
問に基づいた学術研究の学位 (Ph.D：
Doctor of Philosophy in Education〈教育
学博士〉) とは異なる専門職学位のこと。

学校教員をはじめとする専門的職業者が、
日常的な教育活動で直面する実践的課題を
解明する研究実績に対する博士学位である。
アメリカやイギリスでは一般的であるが、
日本では 2006 (平成 18) 年に名古屋大学
大学院に教育マネジメントコースとして開
設されたのが端緒である。その後、広島大
学大学院教育学研究科が、Ed.D 型の教育
プログラムを設置している。国立教員養成
系大学・学部、大学院附属学校の改革に関
する有識者会議 (2017) の報告書において、
将来的な Ed.D の制度化が言及されたよう
に、実践に根差した博士レベルの教員養成
のあり方が模索されている。

教員育成協議会

　「校長および教員としての資質の向上に
関する指標」と「教員研修計画」を策定す
るために、各都道府県・政令都市に設けら
れる協議会のこと。2015 (平成 27) 年に
出された中央教育審議会「これからの学校
教育を担う教員の資質能力の向上について
(答申)」でその必要性が示され、2017 (平
成 29) 年に改正された教育公務員特例法
で定められた。教育公務員特例法第 22 条
に規定され、任命権者および公立の小学校
等の校長、教員の資質の向上に関係する大
学等をもって構成される。協議会の構成員
や規約等に特段の制約があるわけではない
が、文部科学省による通知では、教育委員
会や国公私立の教職課程を置く大学の関係
者のみならず、地域の実情に応じ、多様な
教育関係者等で構成するよう努め、とりわ
け地域の教職大学院と密接な連携が図るこ
とが要請されている。

教員育成指標

　教育公務員特例法第22条の3第1項に規定された「校長及び教員としての資質の向上に関する指標」のこと。育成指標という文言は、教育再生実行会議（2015）による「これからの時代に求められる資質・能力と、それを培う教育、教師の在り方について（第七次提言）」で初めて用いられた。その後、中央教育審議会（2015）による「これからの学校教育を担う教員の資質能力の向上について（答申）」で具体化され、都道府県・政令指定都市の教育委員会と大学等で構成される教員育成協議会が、教員育成指標とそれに基づく教員研修計画を策定する仕組みが提言された。2016（平成28）年11月に教育公務員特例法の一部を改正する法律が公布され、2017（平成29）年4月から施行された。各都道府県、政令指定都市が策定する教員育成指標に特段のきまりはないが、その多くは、文部科学省による事例で示されたキャリアステージに合わせたものとなっている。

教員勤務実態調査

　文部科学省が公立学校の教員を対象として、教員の勤務時間や指導環境、ストレス等の実態を把握することを目的として行った調査のこと。第1回調査は2006（平成18）年度に小・中・高等学校教員を対象として、第2回調査は2016（平成28）年度に小・中学校教員を対象として実施された。第1回調査は、勤務時間や労働負荷のみの項目で構成されていたが、第2回調査は、第1回調査の項目に加えて、心理的・肉体的側面からストレス等を測定する項目が追加された。第2回調査では、第1回調査との比較も行われ、平日・土日ともに、いずれの職種でも勤務時間が増加していることが明らかになった。一週間の学内総勤務時間は、小学校教諭は55〜60時間未満、中学校教諭は60〜65時間未満が最も割合が高いこと、一週間の総勤務時間が長くなるほどストレスを感じる傾向にあること等が指摘された。

教員採用試験

　都道府県および政令指定都市の教育委員会が、所管する公立学校の教員として採用する候補者名簿を作成するために行う選考試験のこと。一般に教員採用試験と呼ばれるが、正式には公立学校教員採用候補者選考試験という。一般公務員の採用は、競争試験で行われるのに対し、教員の採用は選考によるものとされ、試験結果を含む総合的な判断に基づいて採用候補者名簿への登載が決定する。この名簿への登載は、概ね1年間の期限となっている。試験内容は、教員需給や求める教員像の変化に合わせて移り変わっており、近年は大学からの推薦者を一次試験免除にしたり、模擬授業や場面指導、集団活動等を課したりする自治体が多い。また、名簿登載が決まった者が大学院へ進学する場合に、2年間の名簿登載猶予期間を設ける自治体も増えている。2017（平成29）年以降に策定された教員育成指標には、教員採用時の指標が示されていることから、今後、採用試験との整合性が問われることが想定される。

教員資格認定試験

　教育職員免許法の定める特例措置であり、大学等における通常の教員養成のコースを歩んできたか否かを問わず、教員として必要な資質、能力を有すると認められた者に教員への道を開くために文部科学省が行っている資格認定試験のこと。第二次世界大戦前は、教員確保の手段として教員検定試験が実施されていたが、戦後に大学における教員養成を原則とするにあたり、検定試験制度は廃止された。1964年に教育職員免許法が改正され、高等学校の特定分野に限り、試験によって免許状を授与する特例措置が設けられ、さらに1973（昭和48）年の同法改正により、現在のように認定試験の範囲が拡大された。教員資格認定試験規定には、幼稚園、小学校、高等学校、特別支援学校が定められているが、中央教育審議会（2002）の「今後の教員免許制度の在り方について（答申）」を踏まえ、高等学校教員資格認定試験は、当分の間、行わないことになっている。

教員需給
Teacher demand

　学校教員の需要と供給のこと。公立学校の教員数は、「公立義務教育諸学校の学級編制及び教職員定数の標準に関する法律」によって規定されるため、児童生徒の増減により各学校で必要になる教員数が変動する。また、教員の退職や離職等により、教職に就くことのできる教員数も変動する。このような動向を考慮に入れ、今後必要になる教員需要の見込みをもとに、新規に採用する教員数が決められる。採用教員数に対して志望者数が増えると、採用試験の倍率が上がることになる。このような短期的な需給のみならず、長期的な教員需給の予測から、国立の教員養成系大学・学部の入学定員を調整する等の措置も行われる。

教員人事
Teacher personnel administration

　学校教員の採用、研修、異動、昇進等の身分、教員としての目標設定やその評価、昇任、分限、懲戒、福利に関する事柄を決定する制度のこと。狭義には、等級制度、評価制度、報酬制度の3つを指す。公立学校教員の評価については、教職員の人事管理の資料を得るため、1958（昭和33）年から勤務評定制度が実施された。しかしながら、日本教職員組合が同制度の問題点を指摘し反発したことから、長い間十分に活用されてこなかったという歴史がある。2001（平成13）年に、公務員に能力評価と業績評価を導入する公務員制度改革大綱が閣議決定されたことを受け、従来の勤務評定に代わる新しい教員評価制度の導入が求められるようになった。業績評価のみならず、能力開発や育成が重視されるようになり、また個々の教員が設定した目標を自己評価する等の手法を取り入れている点に特徴がある。一方、協業体制を基本とする教職にそぐわないといった意見も根強い。

教員のキャリアステージ
Teacher's career stage

　教員としての成長・発達の過程をいくつかの区分（ステージ）に分けてとらえた枠組み、及び各区分のこと。教員のキャリ

アステージという文言は、2015（平成27）年に出された中央教育審議会「これからの学校教育を担う教員の資質能力の向上について（答申）〜学びあい、高め合う教員育成コミュニティの構築に向けて」の検討過程で用いられ、教員育成指標の策定と連動して一般的に使用されるようになった。それ以前は、法定研修や職能に応じた研修が体系化されて示されていたが、これを教職経験に照らしたキャリアステージと各ステージに求められる育成指標を明確化し、研修を体系的に配置することで、生涯にわたって学び続ける教員を育もうとしている。各都道府県や政令指定都市が設けているキャリアステージの多くは、採用時、初任段階、中堅段階、ベテラン段階といった区分で構成されている。

教員の地位に関する勧告
Recommendation concerning the status of teachers

ILO（国際労働機関：International Labor Organization）とUNESCO（国際連合教育科学文化機関：United Nations Educational, Scientific and Cultural Organizations）による共同専門家会議が作成し、1966年に開催された「教員の地位に関する特別政府間会議」で採択された、教員の地位に関する国際基準のこと。日本をはじめとするユネスコ加盟の75か国と準加盟国1か国の代表者が参加し、全会一致で採択された。同勧告は13事項146項目からなっており、教員を専門職として位置付けている点に特徴がある。一方、当時の日本の教育政策と同勧告の理念との隔たりが大きかったことから、勧告の遵守には至らなかった。その後、教員の地位に関する様々な法整備は進んできているが、指導力不足教員の認定等において制度上の問題があるといった指摘（CEART REPORT）を受けている。

教員の服務

公立学校の教員が、その職務に従事するに際して服すべき様々な義務や規律のこと。地方公務員法で定められている。地方公務員法第30条で規定されている服務の根本基準には、「すべて職員は、全体の奉仕者として公共の利益のために勤務し、且つ、職務の遂行に当つては、全力を挙げてこれに専念しなければならない。」と記されている。また、同31条以降に8つの服務義務が規定されており、職務を行うに当たって守るべき3つの義務（職務上の義務）と、公務員の身分を有するため守らなければならない5つの義務（身分上の義務）に分けることができる。前者では、職務の宣誓を行うこと、職務上の命令に従うこと、職務に専念することが義務づけられている。後者では、信用失墜行為、職務上得た秘密を漏らすこと、政治的行為、争議行為、営利企業等に従事することが禁止あるいは制限されている。

教員文化
Occupational culture of teachers

学校教員という職業を遂行する上で形成・継承される、教員が保持・共有している慣習や考え方のこと。教員文化に焦点を当てた研究は、Waller,W（1932）による『The sociology of Teaching（組織行動論再考）』

が発端である。教員文化が創り出される背景には、教える立場にある者としての正統性を安定化させるため、また協業によって職務を遂行することが不可欠であるためといった要因がある。主に教育社会学の立場から研究されてきており、「○○教育」「△△指導」と称して教師の役割を増やすことによる弊害、教師としてうまくやるための対処戦略（coping strategy）や生き残り戦略（survival strategy）等に焦点が当てられてきた。近年は、私事化（privatization）や感情労働といった視点から教員文化を解明しようとする研究が出現する一方で、教員文化のポジティブな側面にも注目が集まりつつある。

教員免許更新制

　教育職員免許状に有効期限を設け、一定の講習を受講することにより免許状を更新する制度のこと。第一次安倍内閣に設置された教育再生会議による第一次報告（2007（平成19）年）において、時代の変化や要請に合わせた教育を行える教員の能力や資質を確保することを目的として提言された。その後、2007（平成19）年6月に教育職員免許法が改正され、2009（平成21）年4月から施行された。それまで終身有効であった教員免許状に、10年間という期限が設けられた。免許状を更新するための講習は、30時間以上と規定されており、文部科学省によって認定された大学等が実施している。教員免許更新制については、施行当初から賛否両論あり、2022年5月に教育職員免許法が見直され、発展的に解消された。

教員養成学

　教員養成学部における教員養成活動全体を自律的かつ不断に検証・改善し、質の高い教員養成を実現するための学問領域のこと。元宮城教育大学長の横須賀薫が2001（平成13）年に提唱した。横須賀は、教員養成学が包摂する研究内容として、（1）教員養成学部の内部構造論の研究、（2）内部構造を支える担当教官団のあり方の研究、（3）授業研究や教育実習の位置付けを含むカリキュラムの開発研究、（4）教員の資質向上のための新しい領域の開発研究、（5）現職教育のあり方の研究、（6）附属学校の必要性やあり方の研究、（7）教員養成学部教員の資質研究とその養成コースの研究の7項目を指摘している。この考え方を踏まえ、弘前大学教育学部が著書『教員養成学の誕生』を発刊している。また、国立教員養成大学・学部、大学院、附属学校の改革に関する有識者会議が2017（平成29）年に示した報告書において、教員養成のための学問領域として教員養成学を創造することが指摘された。

教員養成GP（Good Practice）
Good practice of teacher training

　資質の高い教員を養成するための特色ある優れた教員養成教育プロジェクトを選定し、重点的な財政支援を行う文部科学省による教育政策のこと。正式名称は年度ごとに異なり、2005（平成17）年は「大学・大学院における教員養成推進プログラム」、2006（平成18）年は「資質の高い教員養成推進プログラム」であった。高等教育の活性化を促進することを目的として2003

（平成 15）年度から実施された「特色ある大学教育支援プログラム（通称、特色 GP）」の教員養成版として、一般的に教員養成 GP と呼ばれている。2005（平成 17）年度に採択されたのは、山口大学の「『ちゃぶ台』方式による協働型教職研修計画」をはじめとする、共同プロジェクト 2 件と、単独プロジェクト 32 件であった。2001（平成 13）年に示された「国立の教員養成大学・学部の在り方に関する懇談会（報告書）」、2004（平成 16）年の国立大学法人化、そして教員養成 GP の実施により、護送船団方式で行われてきた教員養成は一気に転換された。

教員養成スタンダード
Standards of teacher training

　教師の資質・能力のうち、教員養成修了段階で求められる資質・能力の基準のこと。日本では古くから「教師像」や「教師の資質能力」といわれてきたが、諸外国からの流れを受け、教員養成スタンダードという用語が用いられるようになってきている。日本の教師教育において、スタンダードが本格的に議論されるようになったのは、2005（平成 17）年度の教員養成 GP において、横浜国立大学が申請した「横浜スタンダード開発による小学校教員養成」が採択されたことに端を発する。現在は、高等教育改革の一環として 3 つのポリシーやカリキュラムマップの策定が求められたことを契機に、スタンダードを設けることが一般化している。都道府県や政令指定都市が定めた教員育成指標における採用段階の基準と、各大学が定める教員養成スタンダー

ドの位置づけをどのようにとらえるかが今後の課題となっている。

教員養成評価機構
The institute for the evaluation of teacher education

　専門職大学院のうち教職大学院及び学校教育系専門職大学院の評価を行う認証評価機関のこと。教員養成学部及び大学院における教職課程の認証については、文部科学省による課程認定を受けることになっているが、2010（平成 22）年以降、それに加えて教員養成評価機構による認証評価を 5 年に一度受けることが義務づけられた。教員養成評価機構による認証評価は、認証評価を受ける教職大学院等が作成した自己評価書、基礎データその他の資料の分析（書面調査）及び訪問調査により行われる。

教員養成モデル・コア・カリキュラム
Teacher training model core curriculum

　日本教育大学協会に設置された「モデル・コア・カリキュラム」研究プロジェクトが、2004（平成 16）年 3 月に策定した教員養成におけるモデル的なカリキュラムのこと。「国立の教員養成系大学・学部の在り方に関する懇談会」が 2001（平成 13）年に示した報告書に応える形でまとめられた。教育現場での体験を教員養成カリキュラムの中に体系づけ、それらの経験に対する研究的な省察の機会を合わせて提供することによって体験と省察の往還を確保する「教員養成コア科目群」を基軸にした点に特徴がある。具体的には、大学 1 年次に教育実践体験 1・2 と教育フィールド研究 1・2、2 年次に実践開発実習 1・2 と教育フィ

ールド研究3・4、そして3年次に教育実習と教育フィールド研究5、4年次に研究実習を配置し、体験と研究を往還する機会が体系的に位置づけられている。

教師塾
Teacher training cram school

　都道府県や政令指定都市等の自治体が、教員免許状を保持する者や取得見込みの者を対象として開設する教員養成の取組みのこと。東京都教育委員会が2004（平成16）年に開塾したのが最初である。その後、杉並区や京都市、横浜市、堺市、大阪府等が開塾し、2015（平成27）年時点で35の取組みが確認されている。背景には、団塊世代の大量退職に伴い若手教師を大量に採用するにあって、資質能力を維持・向上させたい、大学における教員養成で十分とはいえないとの理由がある。教員採用選考時の優遇措置を設けている場合もあり、教員志望者にとって魅力的な要素もある。一方で、行政が教員養成に介入することにより、教育の中立性がゆがめられるとの批判もある。

教職員組合

　学校の教職員が、勤務条件の維持改善や教職員の社会的・経済的地位の向上を図ることを目的として組織する団体あるいは連合体のこと。教育公務員版の労働組合であるが、公務員は労働組合法の適用を受けることができないため、法制上は「職員団体」と位置づけられる。日本教職員組合（日教組）、全日本教職員組合（全教）、全日本教職員連盟（全日教連）、日本高等学校教職員組合（日高教）等が存在している。第1

次世界大戦以降、教員の生活と教育の自由を守ることを目的として組合運動が世界的に起こったことが発端である。日本では、1920（大正9）年に啓明会が創設された。第二次世界大戦以降に民主化運動が活発化し、本格的な組織化が図られ、1947（昭和22）年に日本教職員組合（日教組）が結成された。国際的には、1946（昭和21）年に結成された世界教員組合連盟（FISE）や1951（昭和26）年に結成された国際自由教員組合連盟（IFFTU）（1993年に教育インターナショナル（EI）へ改組された）がある。

教職員支援機構（NITS）
NITS: National Institute for School Teachers and Staff Development

　学校関係職員への研修及び各都道府県教育委員会等への研修に関する指導・助言、教員の資質能力向上に関する調査研究の実施、教員育成指標に対する専門的助言の実施など、教職員に対する総合的支援を行う独立行政法人のこと。2001（平成13）年に独立行政法人教員研修センターとして設置され、2015（平成27）年の中央教育審議会「これからの学校教育を担う教員の資質能力の向上について（答申）」の中で新たな役割が付与されたことを受け、2017（平成29）年4月より教職員支援機構に再編された。(1) 中央研修等の実施、(2) 教員育成指標に関する専門的助言、(3) 研修に関する指導助言、(4) 教員の資質能力向上に関する調査研究と成果の普及、(5) 教員免許状更新講習等の事務、(6) 教員資格認定試験の事務など、教員養成・採用・研

修の総合的支援拠点としての役割を担っている。

教職課程コアカリキュラム
Teacher training core curriculum

　教育職員免許法及び施行規則に基づき、全ての教職課程で共通的に修得すべき資質能力を規定したカリキュラム基準のこと。教職課程の基準作成に関しては、「国立の教員養成系大学・学部の在り方に関する懇談会（報告）」が 2001（平成 13）年に出されて以降、幾度となく検討されてきたが、実質化には至らなかった。2015（平成 27）年に中央教育審議会「これからの学校教育を担う教員の資質能力の向上（答申）」が教職課程の編成指針の必要性を指摘したのをうけて「教職課程コアカリキュラムの在り方に関する検討会」が設置され、2017（平成 29）年 11 月に教職課程コアカリキュラムが策定された。教職課程コアカリキュラムが明確化され、その基準で教職課程の審査が行われるようになり、全国的な教員養成の水準が保証されたともいえるが、大学で行われる授業内容への過度な統制を危惧する声も存在している。

教職大学院
Professional school for teacher education

　社会の進歩や変化のスピードが速まり、学校教育の抱える課題が複雑・多様化する中で、こうした変化や諸課題に対応し得る高度な専門性と豊かな人間性・社会性を備えた力量ある教員を養成するための専門職大学院のこと。2006（平成 18）年の中央教育審議会「今後の教員養成・免許制度の在り方について（答申）」で教職大学院の必要性や意義が指摘され、2008（平成 20）年 4 月より開設された。国立 15 大学と私立 19 大学で発足した。2022（令和 4）年現在、54 大学に設置されている。教職大学院の指導内容及び体制の特徴として、（1）共通科目の枠組みが全大学で統一されていること、（2）理論と実践を融合した教育内容・方法であること、（3）実践的な指導力の強化に向け 10 単位以上の教育実習を位置付けていること、（4）高度な実務能力を備えた実務家教員を 4 割以上配置していること等がある。今後さらに教職大学院を拡充していくことが見込まれている。

教務主任

　小学校、中学校、高等学校、中等教育学校及び特別支援学校において、教務に関する連絡、指導、助言を担う教諭のこと。学校教育法施行規則 44 条 4 では、「教務主任は、校長の監督を受け、教育計画の立案その他の教務に関する事項について連絡、調整及び指導、助言に当たる」と定められている。教務主任は、学校における主任や主事等の校務分掌の 1 つではあるが、学校運営における企画・立案・渉外、校務分掌間の調整など、総括的な役割が求められる。とりわけ教務主任の中心的な役割が、教育課程の編成と年間指導計画の作成、教育課程の実施、そして教育課程の成果と課題の評価と改善策の検討である。すなわち学校教育目標を達成するための教育活動全体を見渡したカリキュラム・マネジメントの実務を担うのが教務主任といえる。

公立の義務教育諸学校等の教育職員の給与等に関する特別措置法（給特法）

公立学校の教育職員の職務と勤務態様の特殊性を踏まえて、時間外勤務手当や休日勤務手当を支給しない代わりに、基本給の4％に相当する教職調整額を上乗せして支給することを定めた法律のこと。1971（昭和46）年5月に成立し、1972（昭和47）年1月に施行された。

今後の国立教員養成系大学・学部の在り方に関する懇談会（報告）

「今後の国立教員養成系大学・学部の在り方に関する懇談会」が、2001（平成13）年11月に出した報告のこと。今後の国立教員養成系大学・学部に関して、学部の果たすべき役割、大学院の果たすべき役割、附属学校の果たすべき役割、組織・体制の在り方等の検討を委嘱され、一般的に「在り方懇談会（報告）」と呼ばれる。国立の教員養成系大学・学部が直面する課題を示した上で、今後の教員養成の在り方を各大学が創意工夫することを推奨し、各大学が創意工夫してカリキュラムを構築したり、モデル的な教員養成カリキュラムを作成したりすることを提言した。また、今後の国立の教員養成大学学部の組織体制の在り方が示されたことにより、国立の教員養成系大学・学部には激震が走った。この報告を受ける形で、日本教育大学協会が、教員養成コア科目群を基軸にしたモデル・コア・カリキュラムを作成した。

実務家教員
Practitioner teacher

特定の分野において、高度の実務能力と教育上の指導能力、実務経験を有する専門職大学院の教員のこと。専門職大学院では、理論と実務の架橋を図り、実践的な教育を行う観点から、専任教員の3割以上を実務家教員とすることを義務づけている。教職大学院では、学校教育に関する理論と実践の融合を図るため、専任教員のうち4割以上を教職等としての実践経験を有する実務家教員とすることが規定されている。実務経験をもたない、あるいは実務経験に加えて豊富な研究業績を有する教員を研究者教員と呼び、実務家教員と対比される場合がある。実務家教員の範囲は、専門領域によっても異なるが、教職に関しては概ね20年程度の教職経験が求められ、また実務を離れてから5〜10年以内であることを標準としている。

指導力不足教員
Teaching ability lacking teacher

知識や技術、指導方法その他教員として求められる資質、能力が不十分であるため、日常的に児童等への指導を行わせることが適当ではない教諭等のうち、研修によって指導の改善が見込まれる者のこと。文部科学省は以下の3つを具体例として示している。
(1) 教科に関する専門的知識、技術等が不足しているため、学習指導を適切に行うことができない場合
(2) 指導方法が不適切であるため、学習指導を適切に行うことができない場合

(3) 児童等の心を理解する能力や意欲に欠け、学級経営や生徒指導を適切に行うことができない場合

師範学校
Normal school

　明治から戦前にかけて、初等・中等学校教員の養成を目的として開校された中等・高等教育機関のこと。当初は、1872(明治5)年の学制制定に先立って東京に創設された師範学校を意味していたが、翌年に大阪、宮城、名古屋、広島、長崎、新潟の6都市にも官立師範学校が設立されたことを受けて「東京師範学校」と改称したため、官立師範学校の総称として「師範学校」が用いられている。師範学校の内実は時代によって変動があり、1886(明治19)年制定の師範学校令により、初等教員養成のための府県立の尋常師範学校と中等教員養成のための官立の高等師範学校に分けられた。また、1897(明治30)年制定の師範教育令により、尋常師範学校は師範学校へと改称された。師範学校は、他と区別された教員養成専門の機関であり、資質能力の高い教員養成機関と位置づいた一方で、閉鎖的で国家主義的な教育を行う根源ともみなされた。

10年経験者研修

　公立学校の教諭等としての在職期間が10年に達した者に対して、任命権者が計画・実施する法定研修のこと。2002(平成14)年の中央教育審議会「今後の教員免許制度の在り方について(報告)」において、教員の専門性の向上を図ることを目的として研修が提案された。2003(平成15)年に教育公務員特例法が改正され、同研修が制定された。課業期間20日程度と長期期間20日程度の研修で構成される。一方、2009(平成21)年度より教員免許更新制度が導入され、10年ごとに30時間の講習を受けることが義務づけられた。10年経験者研修と教員免許更新講習を同時期に受講する教員の負担が大きいこと等が検討され、教職経験10年を超えるミドルリーダーが、それぞれの地域の実情に応じ、必要な時期に研修を受けられる制度への転換が指摘された。2019(平成31)年4月に教育公務委員特例法が改正され、10年経験者研修は中堅教諭等資質向上研修へと見直された。

省察的実践
Reflective practitioner

　アメリカの哲学者ショーン(Dnald A.Schön)によって提起された専門家を表す概念のこと。反省的実践家ともいう。1983年に記された『The Reflective Practitioner』(邦訳『省察的実践とは何か』)が代表的である。デューイによる探求の理論で用いられていた省察的実践(reflective practice)を専門家の実践に位置づけ、技術的合理性を基盤とする専門家像(技術的熟達者)と対比した新しい専門家像として概念化された。省察的実践者による実践は、クライエントが抱える複雑で複合的な問題に、状況と対話しながら、行為の中の省察(reflection in action)を行うことを通して、問題を解決する点に特徴がある。日本の教師教育においては、1990年代以降にショ

ーンによる省察的実践者の概念に注目が集まり、教員養成や研修の理論的柱となっている。

初任者研修
Training program for novice teacher

　公立学校の教諭として新規採用された者に対して、採用の日から1年間、実践的指導力と使命感を養うとともに、幅広い知見を習得させるため、学級や教科・科目を担当しながら行われる実践的研修のこと。1986（昭和61）年の臨時教育審議会第2次答申において、教員資質向上を目的として構想され、1988（昭和63）年の教育公務員特例法等の改正により制度化された。1989（平成元）年度から小学校教諭、以後、中学校、高等学校等に拡大された。学校内及び拠点校の指導教員による指導・助言による校内研修（週10時間以上，年間300時間以上）と、教育センターや企業、福祉施設等の校外での研修（年間25日以上）で構成される。近年は、指導教員と初任者のような一対一による研修ではなく、複数の先輩教員が経験の浅い教員を継続的・定期的に研修・支援するメンターチームとして行う取組みも導入されつつある。

人材確保法

　教員として優れた人材を確保し、学校教育の水準の維持向上に資することを目的として、一般公務員の給与水準に比較して優遇措置を講じるために制定された法律のこと。正式には、「学校教育の水準の維持向上のための義務教育諸学校の教育職員の人材確保に関する特別措置法」という。1971（昭和46）年の中央教育審議会「今後における学校教育の総合的な拡充整備のための基本的施策について（答申）」において優遇措置の必要性が指摘されたことを受け、1974（昭和49）年に制定された。三段階に分けて教員の給与が引き上げられ、一般公務員よりも基本給と諸手当を合わせて25％程度優遇された。制定当初の優遇措置は徐々に縮減され、現在の優位性は4％程度であるといわれている。また、一般行政職に支払われる時間外勤務手当が教員には支給されないという特殊事情もあることから、教員の働き方改革と給与の在り方が検討されている。

専門職の学習共同体（PLC）
Professional Learning Community

　アメリカの学校改善研究者であるホード（Shirley M. Hord）が1990年代に提唱した学校モデルのこと。支援的・共有的なリーダーシップ、意図的・集合的な学習、価値やビジョンの共有、支援的な状態、個人の実践の共有といった相互に関連しあう5つの観点から専門職の学習共同体を特徴付けている（Hord 2010）。また、連続的な探求と改善のために、(1) 活動における生徒の成果を省察し、どの程度生徒のためになっているかを決定する、(2) 生徒のニーズを確認し、優先事項を具体化する、(3) 解決策を検討し、新しい実践を取り入れる、(4) 専門的な学習や新しい実践の計画を立てる、(5)計画や実践の成果を検証する、(6)評価をもとに修正・調整するといったサイクルを展開することがモデル化されている。

ティーチング・ポートフォリオ
Teaching portfolio

　教員が、自ら行った授業をはじめとする教育活動を振り返り、教育や学習に関するデータを収集・精査した実践の記録のこと。もともとは、小・中・高等学校における児童・生徒の自学自習を促す目的で、1970年代以降にアメリカで始まったポートフォリオが、高等教育に拡大されて普及した。高等教育においては、大学教員の授業改善や評価を目的としてティーチング・ポートフォリオが用いられている。一方、教師教育では、小・中・高等学校の教員や教職志望学生の力量向上や評価のために用いられている。このようなことから、高等教育と教師教育では、ティーチング・ポートフォリオを作成する「教員」のとらえ方が異なっている。アメリカの教師教育においては、教員養成プログラムの修了や優秀教員の認定をする際などにティーチング・ポートフォリオの提出が義務づけられる場合もある。日本においても、教員養成などで取り入れられはじめている。

メンタリング
Mentoring

　人材育成の手法の1つで、経験豊かな年長者（メンター）が、若年者や経験の浅い者（メンティー）に対して、継続的な対話や助言を行うことにより、メンティーの自発的・自律的な成長を支援する方法のこと。メンターという呼称は、古代ギリシャの詩人ホメロスによる『オデュセイア』に登場するメントールに由来するといわれている。中央集権的な研修や人材育成の行き詰まりを打開すべく、組織内の流動的な学習の重要性が指摘されるようになり、日本では2000（平成12）年前後から企業内教育や看護教育などで注目されるようになった。学校教育においては、初任者研修制度等によって経験の浅い教師の支援を行ってきているが、団塊世代の大量退職に伴って熟達教師の知恵やノウハウが伝承されないという問題意識から、2000年代以降にメンタリングに注目が集まった。横浜市がはじめたメンターチームによって教師を育てる仕組みは、年を追うごとに全国に拡大しつつある。

レジリエンス
Resilience

　逆境に耐え、試練を克服し、感情的・認知的・社会的に健康な精神活動を維持するのに不可欠な心理特性のこと。高いリスクのもとで育った子どもの中でも、逆境をものともせずに人生に前向きに適応する子どもがいることを見いだしたことから、この概念に注目が集まった。臨床心理学や健康科学のみならず、近年は災害や危機からの回復等においてもレジリエンスの概念が用いられている。学校を取り巻く問題状況が年を追うごとに厳しくなり、教師の多忙化やバーンアウトが深刻化する中、教師のレジリエンスに注目が集まってきており、その活性化に向けた職場環境や働き方が検討されている。また、教師を対象とする調査も行われ、学校という領域にとどまらず、地域や家庭での生活全般での経験が、バーンアウトや無力感等の危機的状況を防護する教師レジリエンシーとなることが解明されている。

11. カリキュラム

アビトゥア
Abitur

　ドイツやフィンランドにおける「大学進学のための資格試験」を指す。わが国でも、かつて大学入学資格試験（大検：現在は高等学校卒業認定試験）が実施されていたが、これとは内容が異なる。中等教育修了時に高等教育機関への入学資格試験が実施され、合格者は大学進学において受験が不必要になる。試験に合格し、ギムナジウムの成績と合わせると、「大学教育を受ける資格証書」を修得でき、点数等によって志望大学へ進学ができる。

イエナ・プラン
Jena plan（独）

　ドイツの新教育運動の中で生まれたプランであり、生活共同体としての学校で、児童の自主性が尊重され、保護者の教育参画や教員集団による学校の協同運営などが実施される。この教育モデルが、ペターゼン（Petersen,P. 1884-1952）によって具体化され、作業学校の理念が加わったのがイエナ・プランである。学校組織を低・中・高学年の３つに集団化する試みがなされた。1924年以降に実践されたが、ナチス政権による圧迫にあっている。シュタイナー（Steiner,Radolf. 1861-1925）の学校もほぼ同時期の生活共同体学校である。

ヴァージニア・プラン
Virginia plan

　1934年アメリカのヴァージニア州で作成された教育プログラムのこと。1946年にアメリカ教育使節団によって実施された教育改革のモデルとなったプランであり、カリフォルニア・プランと並ぶアメリカによる戦後教育施策の基本的な考え方であった。このプランでは、生活改善と社会適応により人格の統合を図ることを教育目的としている。「社会生活の主要な機能」をスコープとし、児童・生徒の「興味の中心」をシーケンスとするカリキュラム開発を行う点に特徴がある。社会的問題を中心課題とするコア・カリキュラム学習であり、日本では教科「社会科」として案出されている。

ウィネトカ・プラン
Winnetka plan

　アメリカのイリノイ州ウィネトカで、1919年頃からはじめられた教育計画のことを指す。当時のアメリカで、画一的な教育方法に対する批判があり、児童・生徒の社会性や創造性の育成といった課題が指摘されたことから、個性重視の教育を唱えたのがウィネトカ・プランである。教育評価改革や学校経営改革といった点でも評価されている。

及川平治 (1875-1939)
Oikawa Heiji

　明治から昭和にかけての日本の教育者。兵庫県明石女子師範学校附属小学校の主事

として、デューイ（Dewey,J. 1859-1952）の教育思想を具体化した分団式動的教育法を提唱したことで知られる。1921（大正10）年に東京で開かれた「八大教育主張講演会」の講師でもあった。

外国語活動
Foreign language activity

　児童が、外国語でコミュニケーションを行う目的や場面、状況に対応して得られた情報を整理しながら、自分の考えや気持ちを他人に伝えることを目的とする教科外教育活動である。2008 年に改訂された学習指導要領によって、小学校高学年を対象として、聞くこと、話すことを中心とした活動（年間 35 時間）が実施された。2017 年改訂の学習指導要領では、教科（年間 70 単位時間）として位置づけられ、小学校中学年の教育課程にも導入されることになった。小学校高学年のみで実施されていた外国語活動と比べて、文字を読むこと、書くことが加わり、系統性を持った指導が行われている。

ガイダンス
Guidance

　ガイダンスという用語が広く使用されるようになったのは戦後のことである。学校では、一般的な意味での「指導」、あるいは「生活指導」に該当する用語として理解されていることが多いが、基本的には生徒指導の際に使われる指導概念をいう。「教育指導」の訳語としても使用されるが、本質的には、指導の対象となる人間の能力を協同行動によって支援するという意味の言葉であり、デューイ（Dewey,J. 1859-1952）の教育思想に由来する。学校現場では、自発的・自治的な活動の場の提供という視点からの支援が必要であり、幼児・児童・生徒が自己教育力を高めるような支援機能がガイダンスである。

開発主義
Development principle

　スイスのチューリッヒ出身の教育学者であるペスタロッチ（Pestalozzi,J.H.:1746-1827）の教育理論のこと。学習者の能動的、主体的な学習を生み出すためには、教授者との問答によって学習者の内面の自発的開発が可能となるという考え方で、教員が主導的に講義等の形式で授業を進める方法と対置する教育方法である。数と形と語を直観の 3 つの基本要素とし、子どもたちの内面から能力を引き出し、発達させようとするメトーデ（方法論）が開発主義教育の出発点となる。

学習指導案
Draft of educational guidelines

　教案とも呼ばれる学習指導案は、展開例を中心とした授業設計の基本的文書である。授業を行おうとする指導者の授業計画であり、立案から評価に至るまで、指導者が、何を目標に、どのような内容を、どのような方法でもって授業を進行させるのかをまとめたマニュアルである。教科・科目や活動計画の中で組み立てられた単元に対応して作成する。指導者の創意工夫があっても良いが、指導目標の明示、指導内容の明示、学習の進行方法と形態、児童・生徒の実態、

授業評価のポイントの明記などの要件の記載が必要である。

学習指導要領
Course of study

　国の教育課程の「基準」であり、各学校で編成される教育課程の根拠を明示したもの。戦後すぐの 1947（昭和 22）年、小学校と中学校を合わせた「学習指導要領一般編（試案）」が編成されたことが端緒である。学習指導要領の性格を変えたのが 1958（昭和 33）年の改訂で、それまでの教員の手引書的意味合いであった試案から、「告示」という法規的性格をもつものになった。その後、2017（平成 29）年には第 8 次改訂されている。小学校では、1968（昭和 43）年の第 3 次改訂から「特別活動」が始まり、1・2 年生の社会と理科については、1989（平成元）年の第 5 次改訂で生活科（新設）に替わった。1998（平成 10）年の小・中学校第 6 次改訂において、「総合的学習の時間」が設置された。これらの改訂の基盤となる考え方に「生きる力」と「ゆとり」があったが、学力低下に対する批判が強まったことから、「確かな学力」が提唱され、資質・能力を高める力を重視する 2008 年改訂の学習指導要領につながった。近年も、外国語や道徳が教科として位置づけられるなど、時代に即した教育のあり方が模索され、それが学習指導要領の改訂に反映されている。

学校を基礎としたカリキュラム開発（SBCD）
School Based Curriculum Development

　学校を拠点としてカリキュラム開発を行う考え方のこと。OECD（経済協力開発機構）が 1973 年の国際セミナーで提起し、日本には 1975 年に東京で開催されたセミナーで初めて紹介された。学習指導要領のように国家主導で進められるカリキュラム開発は全国一律であるのに対して、各学校が置かれている実態や地域の実情に合わせて、学校という場でカリキュラムを開発することを促した。各学校におけるカリキュラム・マネジメントが求められている昨今、改めて SBCD の考え方に注目が集まっている。

活用型の教育
Education of utilization type

　資質・能力を育む「生きる力」の根幹をなすものとして活用型の教育が重視されている。2008 年改訂の学習指導要領は、知識基盤社会への対応とコンピテンス・ベースの「生きる力」の育成を求め、幅広い知識と柔軟な思考力・判断力を重視している。児童・生徒が、基礎的・基本的な知識や技能の「習得」を確実にし（第 1 層）、それを「活用」した思考力・判断力・表現力を身につけ（第 2 層）、主体的に「探究」する態度を形成する（第 3 層）ことを求める 3 層構造学習論が提示され、第 2 層に活用能力の育成が位置づけられた。このような学力を育成する教育を活用型の教育とし、授業方法として「主体的・対話的で深い学び」が必要とされている。

カリキュラム（教育課程）
Curriculum

　カリキュラムという用語は、「教育課程」

として翻訳、理解されることが多い。語源はラテン語の cursum であり、「競走路」や「コース」と同義である。一般に英語として使用される場合は、履歴書（curriculum vitae）という意味で使われ、「学びの履歴」という考え方がある。カリキュラムは意図的な営みである教育の現在および将来の計画であり、広範な意味をもつ概念である。カリキュラムには「意図したカリキュラム」「実施したカリキュラム」「達成されたカリキュラム」の3つの側面があるとされ、教育課程は、教育目的や目標を実現するために、教育内容を意図的・組織的に配列・編成し、児童・生徒の心身の発達や授業時間数などとの関連で総合的に組織化された学校教育計画といえる。

カリキュラム・マネジメント
Curriculum management

　文部科学省に設置された「育成すべき資質・能力を踏まえた教育目標・内容と評価の在り方に関する検討会」が 2015 年に示した論点整理でその重要性が提起され、2017 年改訂の学習指導要領の鍵概念として位置づけられた教育用語のこと。学校の教育目標の実現に向けて、子どもや地域の実情を踏まえ、教科等横断的な視点で教育課程（カリキュラム）を編成するとともに、その教育課程を組織的かつ計画的に評価・改善して教育活動の質の向上を図ることを意味している。

カリフォルニア・プラン
California plan

　カリフォルニア・プログラムともいわれ、ヴァージニア・プランと同質のアメリカの教育施策である。1930 年にアメリカのカリフォルニア州の教育委員会で作成されたカリキュラムであり、典型的な経験主義の考え方に立つ。コア・カリキュラム理論に基づき、生活改善と社会適応を目的として人格の統合を図ろうとする考え方である。第 2 次世界大戦後の日本の教育に強い影響を与えており、社会科や理科の設置につながった。

基礎教科
Basic studies

　知識やスキルを習得するための基礎・基本となる手段、考え方に基づく教科のことを意味する。ユネスコの教育課題には、リテラシーとニュメラシーで構成されるコモン・ベーシックスと呼ばれる基礎・基本の修得があり、具体的には日常生活に必要とされる「読み（reading）」「書き（writing）」「計算・算数（arithmetic）」で構成される3R's を教科にしたものと考えられる。

木下竹次 (1872-1946)
Kinoshita Takeji

　明治から昭和にかけての日本の教育者。1919（大正 8）年に奈良女子高等師範学校教授兼附属小学校主事となり、生活と学習を統合した教育理論を広めた。独自学習と相互学習が組み合わせたものを「合科」として取り上げ、そこでの子どもの発達に対応した学習形態を示した。

逆向き設計
Backward design

通常の教育活動は、達成目標を設定し、その具現化を図るための指導計画を立案し、授業等の形で学習活動を行い、適切な評価を実施する。逆向き設計では、こうした通常の教育方法ではなく、最初に学習成果となる結果を明確にし、評価の方法を定め、そのあとに学習活動を具体化し、最後に計画を立てる。指導よりも評価に重点が置かれ、子どもが示すパフォーマンスを評価することによって、子どもの思考力、判断力、表現力を育成できる効果があると考えられている。

教育・教育内容の現代化
Modernization of education and educational content

スプートニク・ショック後の1960年代は、経験主義教育への批判と、系統性重視の教育観が広がったことから、基礎学力が重視され、1958改訂の学習指導要領が示された。科学技術が進歩し、数理系科目や技術系科目の系統主義的改善が進み、教育の現代化が指摘された。1968改訂の学習指導要領では、算数・数学に集合・関数・確率などの新しい概念が導入され、理科教育の改革も進んだ。一方、学業不振児童・生徒の存在、その配慮が指摘されるなどの問題が生じ、知識やスキルの習得よりも学び方、科学的な授業方法の導入とそれに見合ったカリキュラム改編を重視する教育が求められるようにもなった。ブルーナー（Bruner,J.S. 1915-2016）がまとめた『教育の過程』は、多くの教育者に強い影響を与えた。児童・生徒一人ひとりが最適な知的発展を為すことをめざした探究的な思考態度と能力を育成し、提示された問題を探究、発見する喜びを得ることを方策とした。デューイ（Dewey,J. 1859-1952）らの経験主義の主張に対しては、児童・生徒が自力で求めることができる探究の場をつくりだして原発見の過程を検討するという理論づけを図り、「発見学習」の提唱につながった。

教科カリキュラム
Subject curriculum

人類文化のかたまりを科学的特性によって分類し、まとまりを持たせた単位が教科（科目）（subject）であり、この教科を組織してつくられているのが教科カリキュラムである。文化遺産の体系的継承と伝達という役割が強調されることから、伝統的なカリキュラムとして、学校教育に強い影響を与えている。ヨーロッパ中世において修道院学校で教えられたリベラル・アーツ（7自由学科）は、教科カリキュラムの典型である。教科カリキュラムは、教科ごとに配列、組織化するので、専門的知識やスキルを有する教員が指導的立場になりやすい。

勤労体験学習
Work experience learning

勤労に関わる経験をすることにより、人間としての成長を図ろうとする学びを勤労体験学習という。高等学校学習指導要領総則教育課程編成の一般方針で、「学校においては、地域や学校の実態等に応じて、就業やボランティアに関わる体験的な学習の指導を適切に行うようにし、勤労の尊さや

創造することの喜びを体得させ、望ましい勤労観、職業観の育成や社会奉仕の精神の涵養に資するものとする」とある。こうした生徒を育てるために、小学校・中学校・高等学校においては「特別活動」の領域で位置づけ、趣旨を生かした学習活動の実施を求めている。

クロスカリキュラム
Cross curriculum

単独の教科や領域では扱いにくい、もしくは教科を超えて扱うことによって共通の知識やスキルの獲得に役立つような内容について、複数の教科や領域を跨って学習機会を設定するカリキュラムを意味する。イギリスで発祥された。総合的な学習の時間にも深く関わる。教科や領域を超えた学習機会を設定する上では、各教科に分散している共通の課題を統合した学際的なテーマをいかに設定するかが重要になる。

経験カリキュラム
Experience curriculum

デューイの経験主義の流れを汲むカリキュラム論で、教科カリキュラム批判から生まれた。学習者の能動的、自発的、活動的で、身近な学習経験を重視し、興味・関心・必要に基づく目的的な経験を与えることをめざして構造化されたカリキュラムを指す。このカリキュラムにおいては、教育内容は生活単元化されることが多い。日本においては、大正期に広がった新教育運動が有名で、第2次世界大戦後の教育課程の主流となった時期もある。

系統学習
System learning

1960年頃から「教育の現代化」が主張され、高度で科学的な知識やスキルを重視する教育への要望が進展した。一方、学校の教育内容は、こうした科学技術の進歩に対応できていないという批判があり、教育内容や教育方法が問い直された。アメリカで提唱された「エクセレント」をめざす教育方法の影響が強まり、その結果として系統学習が取り入れられた。系統学習は、学習活動の系統性を重視し、知識やスキルを教科内容の系統性と児童・生徒の発達段階とを組み合わせ、体系づけられた内容によって組織化を図り、学問性や教科・科目の科学性を重視する。

コア・カリキュラム
Core curriculum

1930年代以降にアメリカで提唱・実践された教育課程の一形態。子どもの生活上の問題を解決するための単元を中心（コア）に位置づけ、それを支える知識や技能を習得する周辺課程を同心円的に配置してカリキュラムを編成した。代表的なものとして、カリフォルニア・プランやヴァージニア・プランがある。戦後、経験主義教育を進める日本においても取り入れられ、明石プランや桜田プランなど、学校の名前を付したカリキュラムが開発された。1950年代以降に科学主義・系統主義の考え方が拡がるにつれて退勢していった。

合科カリキュラム
Integration of subject's curriculum

　様々な領域の教科を統合したカリキュラムのこと。生活体験から生じる具体的な問題について、意欲や関心を高めた子どもが問題に自発的、積極的に関わろうとするカリキュラムで、ドイツのツィラー（Ziller,T.1817-1882）の「中心統合法」から生まれた。アメリカのキルパトリック（Kilpartrick,W.H 1871-1965）のプロジェクト・メソッドやコア・カリキュラムに発展したといわれている。

工学的接近
Engineering approach

　1974（昭和 49）年に文部省と OECD が共催して開いた「カリキュラム開発に関する国際セミナー」において、イリノイ州立大学のアトキン（Atkin,J.M. 生没年不明）は、教育を自然科学的思考からの合理主義や実証主義からとらえた見解を示した。工場での商品生産における制作の発想に求めた教育課程を工学的接近とし、それを批判的にとらえて経験主義につながる教育課程を羅生門的接近とした。両者の相違は、教育課程の編成にある。工学的接近では、教育目標について客観的に評価しやすい形での行動目標に細分化し、工場生産の工程のように教育課程の計画、実施、評価を一貫的な流れでとらえることになる。

広領域カリキュラム
Broad field curriculum

　科学的特性などによって細分化したものが教科・科目であるが、教科の枠組みを超えて領域が異なる教科を統合するカリキュラムを広領域カリキュラムという。広領域カリキュラムには、教科型と経験型がある。教科型は、学問を広く包括的な視点で理解しようとするカリキュラムであり、経験型は、幅広い経験をもとにした学習領域から教材を編成するカリキュラムのことを指す。

シーケンス
Sequence

　カリキュラム編成で取りあげられる用語。元来は、スコープと同様で、アメリカの経験主義教育の中で使用された概念である。シーケンスとは、「どんな順序で学ばせるのか」ということを示す。スコープで示された内容を教育課程として、子どもの年齢段階や発達段階に応じて編成する際の配列（排列）性、順序性や系統性をいう。子どもの発達段階や興味・関心が重要となるが、最近では一般的に学習の順序の系列を示すようになった。

時数配当

　学校の教育課程編成における時数配当は、学校教育法施行規則第 51 条に基づき、学習指導要領総則第 3 章「教育課程の編成」で基準が示されている。授業時数の配当は、一定の時間内に各教科等の授業を実施するための時間の割り振りであり、教育課程の重要な要素となる。実際には、年間授業時数を 35（1 年間は 35 週）で除し、週あたりの授業時間数を明示する。たとえば小学校 6 年生の社会や理科は 105 時間であり、これを 35 で除すると週あたり 3 時間授業となる。ただ、年間を 35 週という基

準は法的、理論的に定められた数字ではない。今日では時間割を弾力的に編成することが指摘されており、時間数で制限されることにはならない。

社会に開かれた教育課程

2017年改訂の学習指導要領において新しく登場した用語である。同指導要領は、「資質・能力」の育成を目標とした新しい学力観を示し、その考え方に基づいて編成される教育課程を「社会に開かれた教育課程」とした。「社会に開かれた」とは、社会に対する広い視野を持ち、より良い社会を実現するという目標を社会と共有することを意味する。次世代の社会を担う子どもたちが社会や世界に向き合い、自らの人生を切り拓く資質や能力を育成することを教育課程に求めており、子どもや学校を取り巻く様々な教育資源を活用することが重要となる。

授業過程
The class process

授業における教授過程および学習過程のことを指す。一定の時間内において、教授活動・学習活動の双方が効果的に展開されるのが授業である。授業においては、教員と児童・生徒の双方のコミュニケーションの過程が重要である。教員側のアプローチである説明、発問、助言、指示、評価や板書活動に対して、児童・生徒はそれら教員からのメッセージを受け止めつつ、自らの内面で自律的に学ぼうとする。児童・生徒からは教育的経験における疑問や反問が発せられ、教員はそれに対応しながら授業を運営する。

主権者教育
Sovereign education

2015（平成27）年の公職選挙法等の一部改正に伴い、選挙権をもつ者が満18歳以上となった。そうした高校生が、社会人としての意識や意見、考え方、政治に対する理解などを身につける必要が高まっている。単に政治の仕組みなどについて理解するだけでなく、自立した主権者として、市民社会の一員として他者と協働しつつ、社会を形成しようとする意識をもち、行動できることが重要である。そのためには主権者教育が必要であり、社会や政治のしくみについての理解を育てるために、高等学校「公民科」に科目「公共」が設置された。

新学力観

臨時教育審議会答申（1985（昭和60）年〜1987（昭和62）年）や教育課程審議会答申（1987（昭和62）年）において提起された新しい学力観のこと。新学力観は1989年改訂の学習指導要領の柱として、わが国の教育に強い影響を与えた。従前の知識やスキルを重視する教育から、関心・意欲・態度や思考力、問題解決能力を育成する教育への転換を求め、個性重視の原則に立ち、学習活動を積極的に推進する考え方である

進歩主義的教育運動
Progressive education movement

20世紀当初から中半にかけてのアメリカで展開し、1919年に設立された進歩主

義教育協会が主導的役割を果たした教育運動。ドルトン・プランやウィネトカ・プランなどが有名で、19世紀末から20世紀初頭にかけて、欧米諸国での新教育運動の流れを汲む。デューイ（Dewey,1859-1952）の経験主義教育、全人主義教育や生活中心主義教育が理論となり、児童・生徒の人格的側面の養成に力点が置かれ、伝統的な学問性を強調する教科中心主義の教育内容と教育方法を批判し、学びの主体である児童・生徒を中心に自発性・能動性を重視する教育運動として学校改革を求めた。

スコープ
Scope

カリキュラム編成で取りあげられる用語。元来は、アメリカの経験主義教育の中で使用され、子どもに与えるべき生活経験に関わる学習内容を指す。スコープとは、教育内容の区分を意味し、「どのような教育内容を」という教育課程全体における領域、特定化された領域や教科における範囲を意味する。

スタートカリキュラム

幼稚園・保育所・認定こども園などの遊びや生活を通した教育から、教科等の学習を中心とした小学校教育へスムーズに移行することをめざした小学校入学以降のカリキュラムのこと。これまでも幼保小の接続の重要性は指摘されてきたが、平成29年に改訂された小学校学習指導要領から総則に明記された。保幼小の接続の中心的役割を担う生活科を中心に、合科的・関連的な指導や弾力的な時間割の設定など、指導の

工夫や指導計画の作成が求められている。

スリー・アールズ（3R's）
Reading, writing and arithmetic

教育における基礎・基本とされるものの根幹が、reading（読み）、writing（書き）、arithmetic（計算・算数）の3つの能力にあるという考え方。近代の教育は、国の内外を問わず、この3つの能力の育成に重点が置かれた。リテラシーやニュメラシーという場合もあり、ユネスコではコモン・ベーシックス（common basics）と呼ばれる。

潜在的カリキュラム
Hidden Curriculum

教育する側及び学習する側が意図している、していないに関わらず、子どもが学校生活を送ることを通して、人間関係やイデオロギー、行動等を学び、影響を受けることを指す。「隠れたカリキュラム」とも言われる。教育目標に従って計画され、明示的に示される「顕在的カリキュラム」の対義語と位置づけられている。様々な価値が、暗黙のうちに伝達されることにより、社会的な営みが受け継がれているともいえるが、特定の考え方や価値が無自覚的に再生産されることが及ぼす弊害に目を向ける1つの視点となる。

全人教育
The whole man education

大正期の新教育運動で提唱された教育理念で、小原國芳（1887-1977）によって主張され、後の玉川学園の開設に結びついた。小原のいう全人とは、「全き人間」（the whole man）を意味し、完全で欠けたところがない人間をめざし、教育の理想を「真」「善」「美」「理」と補助的な「健」「富」として捉え、道徳、芸術、宗教などを重視した。ドイツの教育哲学の影響が強いとされる。小原の教育理想は、個人の個性の発現にあるとされ、個性的な人間の形成に理想を求めたと考えられている。

相関カリキュラム
Correlated curriculum

　教科カリキュラムの形態のこと。複数の教科間に関連する事項を取りあげ、共通性を重視することによって学習者の理解を支援する。単体の科目では学び得ない内容を提供するが、独立性は担保される。融合カリキュラムのように１つの教科内でカリキュラム化されるのではなく、領域が異なった教科であっても、共通性があるならば相関性が求められ、カリキュラム化される。

タイラーの原理
The Tyler rationale

　教育課程開発の理論のこと。アメリカの現代教育学者タイラー（Tyler,R.W. 1902-1994）が研究した教育課程の編成原理をいう。達成目標は何か、選択すべき教育的経験は何か、選択した教育的経験の組織化はどうか、結果の測定・評価はどうかという疑問を設定した。教育課程とは、学習目標を明確にし、その内容を選択、展開・実施し、教育的経験の明確化と組織化を行い、目標達成を適切に評価する過程であるとした。タイラーの原理は、行動科学からの認識であり、指導目標と評価目標の一体化と

も深くかかわっている。

タキソノミー（教育目標の分類学）
Taxonomy

　タイラー（Tyler,R.W. 1902-1994）が研究した教育課程の研究は、同じシカゴ大学出身のブルーム（Bloom,B.S. 1913-1999）らに引き継がれ、タキソノミーという教育目標の分類学の確立に強い影響を与えた。ブルームは、明確にされた学習目標を細分化し、観察可能な形に分類化することによって指導と評価との一体化を試みた。学習者が習得すべき教育目標を「認知的能力」「運動技能的能力」「情意的能力」とし、この目標をそれぞれの領域で階層的、段階的に区分し、高度化していくモデルを提示した。このモデルを構造化したものがタキソノミー（教育目標の分類学）である。

確かな学力

　1998 年～ 1999 年に改訂された学習指導要領が提唱した「ゆとり」教育に対する学力低下論批判に対して、当時の遠山敦子文相（1938-）が、2002（平成 14）年１月に緊急アピール「学びのすすめ」で提唱したのが「確かな学力」であり、その後の日本の教育課程におけるキーワードにもなっている。変化の激しい今後の社会を生きる子どもたちにとって、「確かな学力」「豊かな人間性」「健康と体力」の３つで構成される「生きる力」が必要な力であると示した。そのうち「確かな学力」については、「知識や技能はもちろんのこと、学ぶ意欲や自分で課題をみつけ、自ら学び、主体的に判断し、行動し、よりよく問題解決する資質

や能力などまでを含めたものと説明している。

単元学習
Simple-subject learning

授業計画において、具体的な教育主題、課題や問題意識としてひとまとまりのものとしてとらえたものが単元であり、単元を踏まえて展開する授業を単元学習という。第二次世界大戦後に導入された考え方であり、教育課程、教育観、指導観などの様々な要素があることから、教員が主体的に選択、決定することができる。もともとは、経験主義教育課程論に基づく生活経験学習の流れの学習法であり、戦後すぐには生活単元学習として広がった。

単元の構成
Composition of simple-subject learning

学習指導案作成時に、単元指導計画の策定が求められるが、その際に必要とされるのが単元の構成である。学習指導案では、1時間の授業の学習指導は「本時」の単元（小単元）とされ、数時間集まった単元のまとまり（中単元）、さらに十数時間の単元のまとまり（大単元）の授業計画が作成される。このような単元をもとにした授業計画の設計、つまり単元の構成が授業の実施において重要である。

統合的カリキュラム
Integrated curriculum

広領域カリキュラムとほぼ同じ性質のカリキュラムのこと。基本的には、生活問題などが発する課題学習において、教科・科目等の括りでとらえるのではなく、課題と教科・科目の領域の内容とを関連させることによって学習を進めるように編成されたカリキュラムを指す。教科の壁を越えたところに意義があるとされる。

特別の教科「道徳」
Moral education

1958年改訂の学習指導要領において、特設「道徳」の時間が設置された。道徳教育は学校教育全体の中で進めて行くべきものであるという見解があり、特設された教科外活動として位置づけられた。その後、約半世紀あまりが経過し、道徳教育は学校において定着し、児童・生徒の人間形成に資するという評価を得るようになった。2014（平成26）年2月の中教審答申「道徳に係る教育課程の改善等について」の諮問につながり、同年10月の同審議会答申で、道徳教育の充実の要として「特別の教科 道徳」の開設等の必要事項が提示され、2015（平成27）年改訂の学習指導要領が一部改訂され「特別の教科 道徳」になった。移行措置を経て、小学校においては2018（平成30）年4月から、中学校においては2019（平成31）年4月から全面実施されている。

読解力
Reading literacy

一般的には、文章などを読み解き、その内容を理解する力のことをいうが、近年は意味が捉え直されている。特に、OECDによるPISAが、学習到達度の尺度として読解リテラシー（読解力）を取りあげたこ

とから、国際的に注目されるようになった。PISA の定義では、「読解リテラシーとは、自らの目標を達成し、自らの知識と可能性を発展させ、効果的に社会に参加するために、書かれたテキストを理解し、利用し、熟考する能力である」としている。学校教育での読解力とは、識字的に解読する力ではなく、将来においてコミュニティの一員となる子どもたちが、情報を理解し、活用するための手段やツールとしてとらえられる。情報の取り出し、テキスト解釈、熟考と評価の3つの側面があると説明されている。

ドルトン・プラン
Dalton plan

1920 年代にマサチューセッツ州の学校でパーカスト（Parkhurst,H.1887-1973）が実施した実験的な指導法。パーカストは、モンテッソーリ（Montessori,M.:1870-1952）やデューイ（Dewey,J. 1859-1952）の影響を受けた人物である。人数の多いクラスでも、一人ひとりの資質や能力を高める工夫をすることにより、学習の個別化を試みようとした。教員の計画や子どもたちの要望をもとに、教員が子どもたちの学習状況を把握して適切な課題を提示し、それを子どもたちが自習する形式の指導形態をいう。

内容教科
Subject of the contents

系統的な知識を教授する教科のこと。自然、社会、人文に関わる諸知識の中で、事実内容に基づいて構成されている知識を習得する教科。たとえば地理、歴史や理科などがあげられる。これに対し、内容教科を

支えるツールとなり得る国語や算数のような教科を用具教科と呼ぶ場合がある。

必修科目
Required subject

教育課程を構成する教科群の1つ。学習者が共通に必要とする知識やスキルを習得できるように配置された教科群のことをいう。学習者の個性や要求に基づいて配置される教科群（選択科目）と対置するものである。多くの教育機関の教育課程では、基礎的・基本的な位置づけの科目となり、共通科目として取り扱われる場合が多い。

プログラム学習
Programmed learning

1960 年代中頃から、主に小学校を中心として広がった学習方法。教授用機器（teaching machine）として情報機器を活用することが求められ、特性を生かしたプログラムが作成された。形態は一斉学習であっても、情報機器を通して教授者が児童・生徒一人ひとりの個人差に対応した指導・助言が可能となる。基礎的・基本的な知識やスキルの確実な習得ができ、学習目標が行動目標と重なるのでわかりやすいというメリットがある。スキナー（B.F,Skinner.:1904-1990）の学習理論に基づくプログラム学習原理が有名である。

ヘルベルト主義
Herbertism

19 世紀前半に活躍したドイツの教育学者ヘルベルト（Herbart,J.F. 1776-1841）の教育思想をいう。ルソー（Rousseau,J.

J.:1712-1778）やペスタロッチ（Pestalozzi,J.H.:1746-1827）の影響を受けたヘルベルトは、道徳革命の推進をめざし、教授の目的を道徳的品性の陶冶とし、知識を保持し、それを広げようとする主体的な活動を求め、「我々は、教授無きいかなる教育の概念を認めない。逆にまた、教育しない、いかなる教授も認めない」とした。ヘルベルトの教育は、数学的な理論で構築されており、教授の一般的な段階を「明瞭」「連合」「系統」「方法」と考えた。このヘルベルトの教育思想は、彼の死後も多くの人々によって継承され、ライプツィヒ大学のツィラー（Ziller,T.1817-1882）やイエナ大学のライン（Rein,W.:1847-1929）らがいる。

保育所保育指針

　保育所は、厚生労働省所管の児童福祉法に基づく児童福祉施設を代表する保育機関である。保育所保育指針は、保育所に入所している乳幼児の保育内容に関わる事項を示したものであり、保育所での保育のガイドラインとされている。この指針に法的拘束性はないが、監査指導の基準となる。指針の内容は、総則、保育の内容、健康及び安全、子育て支援、職員の資質向上となっている。

ミニマム・エッセンシャルズ
Minimum essentials

　本質主義教育派と呼ばれる人たちによって、教育課程の近代化の中で提唱された教育内容論。個人の適性や興味関心等に関わらず、最低限度必要とされる知識やスキルを子どもたちに与えることを主張する考え方である。1976（昭和51）年の教育課程審議会答申で述べられた「基礎・基本」は、ミニマム・エッセンシャルズの訳語として考えられている。知識やスキルの習得に限定されると受け取られているが、人間形成全般に資するという特性があり、学習の応用力や情意的な能力の育成といった観点も有することから、学習の発展につながる基盤として考えられている。

モリソン・プラン
Morrison plan

　ヘルベルト主義の形式的な段階を現代的に解釈し、科学系の科目についての学習単元を整理したプランのこと。新しい教授法としての単元論を、20世紀前半のアメリカで広めたことで有名である。モリソン・プランでは、「探索」「提示」「同化」「組織化」「反覆」の5段階の教授過程が進められる。日本では、経験主義に対する批判的立場からの学力向上方策として1950（昭和25）年から1960（昭和35）年代にかけて広がった。

融合カリキュラム
Fused curriculum

　相関カリキュラムの考え方をさらに強めたカリキュラムのこと。教科間の結びつきを深め、学習領域が近接する教科を融合することにより、新しい教科を創出するカリキュラムの考え方。教科としての独立性は担保されるが、同一の教科に属する科目群が融合されるカリキュラムとなる。たとえば社会科において地理、歴史、政治・経済、倫理等の科目が融合することになるが、社

会科という教科は存在するという形である。

用具教科

　教材や教具のような用具類は、学習を支援するための基本的なコミュニケーション・ツールであると考えられる。こうした考え方に立って、様々な教科学習を支援する基盤となる教科を用具教科という。国語や算数などのように、基本的なリテラシーやニュメラシーを学ぶ科目である。

幼児期の終わりまでに育ってほしい 10の姿

　2018年4月に保育所保育指針、幼稚園教育要領、幼保連携型認定こども園教育・保育要領が改定されたことに伴い、小学校入学前までに育みたい資質や能力を、10の視点から具体的な姿として表した共通の指針。健康な心と体、自立心、協同性、道徳性・規範意識の芽生え、社会生活との関わり、思考力の芽生え、自然との関わり・生命尊重、数量や図形、標識や文字などへの関心・感覚、言葉による伝え合い、豊かな感性と表現から成る。

幼稚園教育要領

　幼稚園の教育課程その他の保育内容に関する事項を定めたもの。1948（昭和23）年に文部省が作成した「保育要領：幼児教育の手引」をもとに、1956（昭和31）年に「幼稚園教育要領」が制定された。2017年に改訂された幼稚園教育要領では、幼稚園での教育・保育の基本や教育課程編成及び預かり保育や延長保育についての方針を示している。子どもの発達を「健康」「人間関係」「環境」「ことば」「表現」の5領域でとらえ、領域ごとに幼稚園教育に求められる心情、意欲、態度の育成をねらいとして示している。「幼稚園教育において育みたい資質・能力及び幼児期の終わりまでに育ってほしい姿10項目」が明確に示され、学習指導要領との連続性がみられる。

幼保連携型認定こども園教育・保育要領

　教育基本法、認定こども園法、児童福祉法をふまえて策定され、2014（平成26）年に告示された。幼稚園教育要領や保育所保育指針などとの整合性を図りつつ、幼保連携型認定こども園としての教育及び保育の基本や目標を明示し、教育課程に係る教育週数、教育時間、保育を必要とする子どもである園児を対象とした教育や保育の時間などを示している。保育所保育指針との関係から、0歳から小学校就学までの教育や保育における園児の発達の連続性や園児の生活に関わる多様性への配慮、園児の在園時間の長短の問題や乳幼児の特性をふまえた教育や保育の環境の整備、養護に関する事項、健康や安全に関する事項、子育て支援に関する事項などがあげられている。

羅生門的接近
Rashomon approach

　1974年に文部省とOECDが開催した「カリキュラム開発に関する国際セミナー」で提示された教育課程に関わる考え方。黒澤明監督の名画「羅生門」において、1つの事実でも見方によってその解釈が多様であると提起されたことになぞらえ、懐疑的立場を取る経験主義の教育課程を「羅生門的

接近」とした。「羅生門的接近」とは、教育課程が「実践」を通して社会的文脈の中で様々な主体を生み出していくとする経験主義につながる考え方を示した。

令和の日本型学校教育

2021 年（令和 3 年）1 月に取りまとめられた中央教育審議会「『令和の日本型学校教育』の構築を目指して〜全ての子供たちの可能性を引き出す，個別最適な学びと，協働的な学びの実現〜（答申）」において用いられた用語のこと。2019 年〜 2022 年にかけて新学習指導要領が全面実施されたのと並行して、コロナウイルスの感染拡大や GIGA スクール構想、働き方改革の推進など、喫緊の課題に対応すべく検討され、取りまとめられた。2020 年代を通じて実現を目指す「令和の日本型学校教育」の中核概念として、「個別最適な学び」と「協働的な学び」を示した。

12. 教育評価

SAT
Scholastic Assessment Test

　アメリカの大学では入試試験がないので、それに代わり入試の際の判断材料として使われるものがSATである。内容は高校時代の成績表、課外活動の記録、教師の推薦状等であり、入学希望大学に提出する。SATは大学で学問を学修する能力・適性があるかを判断する目的で創設されたもので、年間5回程度実施され、点数は平均点が500点、標準偏差が100点となるように設計されている。SAT I は言語推理テストと数学推理テスト、SAT II は各教科の内容テストから構成されている。

アセスメント
Assessment

　エバリュエーションもアセスメントも教育評価という意味であるが、あえて使い分ける時は、一般的な評価や値踏みを意味するときはエバリエションと呼び、評価に必要なデータを収集して実態把握に重点置く場合はアセスメントと使い分けている。

学力
Academic ability

　学力に関する明確な定義はないが、操作的・形式的な定義としては「学習によって習得された能力」「学習成績として表される能力」と表される。人間の能力は、社会・自然・人間などへの能動的な働きかけや交流・共生を通して自己の内面に獲得される主体的・実践的な力（わかる力、成し遂げる力、つくる力、つなげる力）であり、人間的能力の発達の基礎的部分となるものである。人間的能力として形成される学力を育てるためには、（1）学力を後天的な学習を通して獲得させる、（2）媒介になるものは人類や民族の文化遺産（科学・技術・芸術の体系）を再構成した学校の教科であり、それを計画的な授業を通して獲得させる、（3）学力は、学習主体の主体的な姿勢が前提であり、人間的能力として全体的な発達と不可分に形成させること、（4）学力は客体的側面（学習対象としての教育内容）と主体的側面（学習主体の関心・意欲など主体的条件）との統一的で実践的な取組みの結果として育成することが重要である。

観点別評価
Criterion referenced evaluation

　学習の到達状況を複数の観点から分析的に見取る評価である。観点の設定方法は指導要録に採用されているように従来は「関心・意欲・態度」、「思考・判断・表現」、「技能」、「知識・理解」の4観点から構成されていたが、2017（平成29）年の指導要領の改訂に伴う指導要録の改善で、「知識・技能」、「思考・判断・表現」、「主体的に学習に取り組む姿勢」の3観点に整理された。観点別評価では、各観点別の学習の到達状況をA「十分満足できる」、B「おおむね満足できる」、C「努力を要する」の3段

階評価になる。

客観テスト
Objective test

　採点が論文テストのように主観的に偏らないよう、客観的に評価できるように作成したテストのことである。そのため、信頼性も高くなる評価方法である。客観テストには、真偽法、多肢選択法、組合せ法等がある。客観テストは、採点が容易で、多数の問題が出題できるが、内容は知識・技能の理解度等は評価できるが、高度な思考力・判断力・表現力などの資質・能力などを評価することには向いていない。

教育測定
Education measurement

　教育に関する広範な内容（知性・適性・性格・態度）を客観的に測定すること、特に学習成果について客観的にいかに測定するかが教育測定である。学力測定を例にするなら、学力は抽象的な概念であり、そのため学力調査で採点、測定された得点から学力を間接的に測定することになる。

教育測定運動
Educational measurement movement

　論文体試験や口頭試験では採点者の主観が入ることを排除するため、教育活動を客観的に評価する方法を導入しようと19世紀末から20世紀初頭に、アメリカのソーンダイク（Thorndike, E. L. 1874-1949）などにより取り組まれたのが教育測定運動ある。20世紀初頭にビネー（Binet, A. 1857-1911)たちが開発した知能検査の影響を受け、

「物は量として存在する。それならば量は測定することができる」という原則で、各種の学力検査や評定尺度が作成された。しかし、測定では測定しやすい知識や技能の量を評価し、教育活動における思考力や問題解決的能力、意欲など情意的能力は評価対象にはならなかった。

教育評価の意義と目的

　教師にとっては、（1）学習の実態を知り理解する手掛かりを得ること。（2）教育目標の実現状況を知り、十分な実現がなければ結果に基づいて新たな手立てを考え、次の指導の準備をすること。学習者にとっては、（1）教師がテストを行うスケジュールに合わせ学習のペースを計画すること。(2)教師という外側からの評価により、自己の達成状況を認識する。（3）外側からの評価によって、自分に期待されている価値の方向性や目標に気づき、今後の学習の目標・内容・程度を認識し、学習への姿勢を新たにする機会とすることである。

個人内評価
In-person evaluation

　集団に準拠した相対評価や絶対基準に照らした評価とは違い、個人の中で以前と比較したり、自分の全学習活動中でどの教科が最も優れているかなど、個人内に基準を取り、その基準と比較して成長や伸びを評価する評価方法である。他者との比較でないため、その個人の中での努力、成長、長所を認め、積極的に評価することができ、子どもにとっても次の教育活動への目標や励みとすることができる。2020（令和2）

年度からの新学習指導要領の学習評価の観点「主体的に学習に取り組む態度」と資質・能力の柱である「学びに向かう力・人間性」の関係では、観点別評価として「主体的に学習に取り組む態度」として評価になじむ部分と、なじまず個人の進歩の状況や可能性を個人内評価を通して見取る部分が出てきた。今後一層個人内評価が重視されていくことになった。

自己調整力
Self-regulation

2020（令和2）年からの学習指導要領が目指す学力の目標を受け、2019（平成31／令和元）年文部科学省から学習評価改善の方向性として、観点別評価の観点が「知識・技能」、「思考・判断・表現」、「主体的に学習に取り組む態度」の三観点に改訂された。この「主体的に学習に取り組む態度」の評価では、単に熱心に学習に取り組む行動だけではなく、「自らの学習状況を把握し、学習の進め方について試行錯誤するなど自らの学習を調整することが重要である」とされた。つまり、学習における自己調整やコントロールなどのメタ認知能力の側面の育成が重視される。このような学習評価の視点を「自己調整力」と呼ぶことになった。

自己評価
Self assessment

自己評価活動とは、自分自身の行動や学習などを振り返って見つめ、行動や学習の態度について考え直し、今後の在り方や姿勢について考えてみる主体的な自己内活動である。自己評価では，(1) 自分なりの目標や評価基準に照らした自己評価であること。(2) テスト結果等に照らした客観的な基準をフィードバックしたもので、独りよがりな自己評価でないこと。(3) 自己評価が自己満足的で優越感や劣等感を生まないよう、次の自分の目標の設定に結びつけ、形成的な自己評価にすることである。自己評価活動は、学習意欲を促進する内発的な動機づけに働くことが期待されている。

指導要録
Permanent cumulative record

児童・生徒の学籍及び学習や行動の状況を記録する法令により定められた公的表簿である。学校には学校教育法施行規則第28条の定めにより備えなければならない各種表簿があり、指導要録も含まれる。学校教育法施行規則第24条は、「校長はその学校に在籍する児童等の指導要録を作成しなければならない」「校長は児童等が進学した場合においては、その作成に係る当該児童等の指導要録の抄本又は写しを作成し、進学先の校長に送付しなければならない」と規定されている。指導要録の保存期間は「学籍に関する記録」が20年間、「指導に関する記録」が5年間となっている。2020（令和2）年度からの新しい学習指導要領を踏まえて、新しい指導要録の様式の観点別評価の観点は、「知識・技能」、「思考・判断・表現」、「主体的に学習に取り組む態度」の3観点に改善され、対象も小・中学校から高等学校まで含めるよう統一された。

主体的に学習に取り組む態度

文部科学省から2017年に新しい学習指

導要領が告示され、その目標は「知識・技能」、「思考力、判断力、表現力等」、「学びに向かう力、人間性の涵養」とされた。2019年にはその目標の実現状況を見取る評価として指導要録の改善が通知され、学習を見取る観点として、「知識・技能」、「思考、判断、表現」、「主体的に学習に取り組む態度」が設定された。学習目標に対応して評価観点も整理された。「主体的に学習に取り組む態度」は、「学びに向かう力、人間性の涵養」を評価する評価観点ということになる。学習目標「学びに向かう力、人間性の涵養」の評価には、①「主体的に学習に取り組む態度」として観点別評価として見取ることができる部分と、②観点別評価になじまないことから個人内評価(個人の良い点や可能性、進歩の状況について評価する)を通じて評価する部分があると整理した。評価観点「主体的に学習に取り組む態度」の設定は、「主体的・対話的で深い学び」を見取る視点として、またこれまでの形式的になりがちであった「関心・意欲・態度」が指導の反省につながっていないという反省から設けられたものである。

真正の評価
Authenticity assessment

真正の評価とは「オーセンティック評価」とも呼ばれ、1980年代アメリカで学力を重視するあまり、「標準テスト」を多用したが、ペーパーテストで良い評価を得たとしても、生きて働く学力が形成されたことにはならなのではないかとウィギンス(Wiggins,G. 1950-2015)などによって批判され、誕生したのが真正の評価(オーセン

ティック評価)である。ウィギンスによると真正の評価とは、「大人が仕事や市民生活、個人的な生活の場で試されている、その文脈を模写すること」と定義される。つまり、現実生活で役立つ学力を評価しようとするもので、評価方法としてはパフォーマンス評価やポートフォリオ評価などを用いて評価することになる。

診断的評価・形成的評価・総括的評価
Diagnostic evaluation / Formative assessment / Summative evaluation

連続した学習活動を一定の時間のまとまりごとに、成果を評価していくために類型化したのが、診断的評価・形成的評価・総括的評価という考え方である。診断的評価とは、新しい学習をはじめるにあたって、その学習に必要な既習の学力がどれだけ備わっているかを事前に把握する評価である。これに対して、総括的評価は学習の最終場面で学習の成果や結果を「まとめの評価」として総括化した評価である。最終的結果の総括的評価で後悔しないためには、学習活動の中間的な場面で成果の実態把握をし、教師はその結果を指導方法の修正にいかし、子どもは不十分な学習を補充学習し、次の学習にいかしていく「そのつど評価」が形成的評価である。教師が子どもの学習状況を把握し、次の学習への意欲づけと次のねらいを明確にするのが形成的評価の命である。

正規分布曲線
Normal distribution curve

個人の学習成績を集団内の他の生徒と比

較して相対評価する際に、得点が左右対称で滑らかな釣鐘状に分布している曲線上のどの位置に分布しているかで評価する曲線が正規分布曲線である。正規分布曲線を使用する前提は、生徒の成績は集団内において左右対称に正規分布するものであるという考え方に基づいている。この考え方に基づいて相対評価が成立することになる。例えば、成績を5段階相対評価に区分するには、平均（M）から±0.5標準偏差の範囲は「3」（38%）とし、「3」より1標準偏差または2標準偏差大きい範囲を「4」（24%）、「5」（7%）と区分けし、逆に「3」より1標準偏差または2標準偏差小さい範囲を「2」（24%）、「1」（7%）と区分する。したがって、相対評価は集団の統計値による評価基準に基づく評価であるので、「目標に準拠した評価」に対して、「集団準拠評価」と呼ぶことができる。

全国学力学習状況調査

2007（平成19）年度から文部科学省が全国の小学校6年生、中学校3年生を対象に（国語・算数・数学）悉皆調査として実施した学力調査。文部科学省は目的として、(1) 義務教育の機会均等とその水準維持向上の観点から、児童生徒の学力や学習状況を把握・分析し、改善を図る。(2) 学校における教育指導の充実や学習状況の改善等に役立てる。(3) 継続的な検証改善サイクルを確立することとした。2012（平成24）年度から理科、2019（平成31）年度から英語が追加された。2010（平成22）年度から抽出調査と希望利用調査に変わった。学力調査を実施する背景としては、1990

年代末に学力低下問題が提起され、2003（平成15）年にはPISA（OECD実施）と呼ばれる国際学力比較調査が行われ、日本の順位が国際的に低下していることが明らかになり、文部科学省は学力充実策として、上記目標を達成するため実施することになった。

相対評価
Relative evaluation

相対評価は、集団内での相対的な位置に基づき基準をテスト結果の測定値の分布状況に応じて、評価尺度をあとから相対的に決めるので「集団に準拠した評価」と呼ばれる。評定の設定は、正規分布曲線に基づき測定結果を数値化し、設定段階を5段階評価などに振り分ける。相対評価の長所は、集団の結果と比較するので教師の主観によってぶれず、客観的な評価になる。単元程度の短いスパンの評価には適さないが、学期末・学年末等長期間の学習成果を確認し、評価（評定）する場合に適した評価方法である。

調査書（内申書）
School report

生徒が上級学校をめざして入学試験を受験する場合、上級学校は生徒の入学選抜の判定材料として、入学試験前段階の学校から送られてくる学習状況等の内申書のことを調査書という。調査書の提出義務は、学校教育法施行規則78条で、「校長は中学校卒業後、高等学校……に進学しようとする生徒のある場合には、調査書その他必要な書類を……校長に送付しなければならない」

と定められている。学力試験だけで入学選抜を避けるためには、下級学校での生徒の日常的な諸活動を把握し評価することは大切なことである。1966（昭和41）年に文部省から学力検査だけでなく、調査書を重視する通知が出されて以降、生徒・保護者が自分の調査書内容の開示請求を求める訴訟が生起するようになり、時代の変化を踏まえた調査書の作成が求められるようになった。

通知表
Report card

　学校が子どもの生活の様子や学習の進歩、身体の発達状況を各学期末に保護者の信託に応じるために、各家庭に通知する表簿のこと。指導要録の様に作成の法的義務はないが、多くの学校が自主的に発行し、学校と各家庭をつなぐ準公的表簿となっている。通知表の学習評価の観点の設定は、指導要録の観点別評価の観点が基になっており、2020（令和2）年度からは通知表の学習の評価の観点も、「知識・技能」、「思考力・判断力・表現力」、「主体的に学習に取り組む態度」の3観点に改善された。特に、新しい指導要録の評価では教師の労働負担軽減の観点から、文章記述を箇条書きとするなど必要最少限にし、通知表が指導要録の「指導に関する記録」の事項を満たす場合は、「指導要録と通知表の様式を共通のもとすることが可能」であるとされた。

到達目標

　教育活動においてどの子にもここまでは到達して欲しいというのが到達目標である。到達目標には「達成目標」、「向上目標」「体験目標」の3つがある。「達成目標」は特定の具体的な知識や技能を身につけることが求められる目標で、「～することができる」等行動目標として表現されることが多い。「向上目標」は指導の結果、その方向への向上や深まりが要求される目標である。思考力・表現力、集中力・持続性、創意工夫・洞察力など総合的で高次の目標が対象になる。「体験目標」は学習者に直接の変容をねらいにするものではなく学習者の知的・精神的成長のための交流体験・発見のように心に残り、今後の学習のどこかで生きる学習目標である。

パフォーマンス評価
Performance evaluation

　パフォーマンス評価とは、ペーパーテストのように答えを正誤によって判断し、評定する狭い評価方法ではなく、技能や思考力・判断力・表現力などの学力を実際の課題解決の場面を設定して、多面的に評価しようとする真正の評価の評価方法として生まれたものである。インタビューテストで「話す能力」を見たり、放送テストを活用して「聞く能力」を採点したりする。国語の物語教材の評価の場合には、登場人物の気持ちの変化が最も表れている場面を選んで朗読し録音するなど、パフォーマンスを通して自分の考えや感じ方など自分の内面の気持ちを、身振り、手振りや動作、絵画、小論文・レポート等の言語、理科の実験器具の操作、演技・実技、日常的な対話、発言の観察評価を外側に表出させ、評価する。

評価規準と評価基準

評価基準とは、「合格基準を80点以上とする」など数量的に習得水準を表すことをいう。これに対して、「評価規準」は「基準という用語では知識・理解など数量的な評価に陥いるので、学習指導要領の目標に基づく幅のある資質・能力の実現状況の評価を目指すため新たに使用した」（文部科学省）という意味の違いで使用されている。

評定

個人や集団の能力、態度などの特徴を学期末などに総括的に評価すること。指導の改善に用いる形成的評価と違い、結果を判定し評価を定めることを目的にするため、子どもの学習成績や教育調査など選別するための管理的目的のために用いられることが多い。学習の到達状況を複数の観点から分析的に見取る観点別評価と違い、教科の観点別評価を1つに総括し、教科の力として学習成果の結果を集約したものは「評定」と呼ばれる。文部科学省が示すモデルである指導要録の評定では、小学校3年生以上では1・2・3の3段階評価、中学校では1・2・3・4・5の5段階評価を採用している。

評定尺度

評定をする場合、数字や記号を使って何段階かの尺度に区分けする評価方法が用いられる。学習評価の場合は、「できる」「できない」などの軸に基づいて、「5・4・3・2・1」、「A・B・C」など10段階、5段階、3段階等に区分けするが、この方法を評定尺度法という。

ポートフォリオ・ルーブリック
Portfolio / Rubric

各種の標準テストによる評価を批判し生まれた真正の評価の評価方法として生まれたのがポートフォリオ評価法である。ポートフォリオ評価法では、子どもの学習活動過程でのメモ、計画表、インタビュー記録、写真、ＶＴＲ、レポート、作文等多様で具体的な学習物とチエックリスト等振り返りカードをファイルする。そのため、予め価値判断できるように学習活動を査定する指標（ルーブリック）が求められる。これまでの標準テストのように教師が行う評価と違い、子どもが進める学習活動と教師の指導との協力場面を設定し、評価のズレを直す対話活動を通して共通理解を図ることが求められる。評価観点としては、（1）綴るもの数や多様性、（2）前回の作品との比較、（3）目標・指標（ルーブリック）の達成状況、（4）振り返りの頻度、（5）挑戦の度合い等が考えられる。

目標に準拠した評価（絶対評価）
Absolute interpletation

「目標に準拠した評価」（絶対評価）は、子どもたちに到達してほしい学習目標を予め評価目標として評価基準表に表し、指導目標の裏返しである評価目標として設定する信頼性を高める評価方法である。「目標に準拠した評価」は一人ひとりについて目標に照らして行う評価であり、学習内容に関してフィードバック情報、フィードフォワード情報を提供してくれる。2020（令和2）年から実施される新学習指導要領の基での学習評価の観点別では、（1）「知指揮・

技能」、(2)「思考・判断・表現」、(3)「主
体的に学習に取り組む態度」の3観点に整
理された。

13. 授業と教育方法

KJ法
KJ method

　発散的思考によって得られた事実やアイデアをまとめる技法の1つ。考案者である川喜田二郎（1920-2009）の名前のイニシャルからKJ法と名付けられた。ブレインストーミング（オズボーン）の4つの原理を重視しつつも、発想されたアイデアやメンバーが知っていることを含めて空間的に配置し、それらを構造化したうえで、アイデア間に親近性（結合）を見いだしていくことを重視する。KJ法を進めるにあたっては、(1) 何を問題にするのかの主題をはっきりさせる、(2) 参加者の意見をできるだけ吐き出させ、要約された記録を作る、(3) 得られた記録を集め、互いに親近感を覚えるものどうしを1箇所に集める（小さなチーム）、(4) 小さなチームから中チームや大チームへとグループを編成する（小分けから大分けへ）、(5) グループ編成を図解化あるいは文章化する、の5段階がある。

アクションリサーチ
Action research

　望ましいと考える社会的状態の実現を目指して、当事者によって展開される共同実践的な研究のこと。レヴィン（Lewin, K. Z. 1890-1947）によって初めて提唱された。アクションリサーチが展開される分野は、組織変革、地域開発、教育学、看護学など幅が広く、また当事者には、実践現場の内部の人（地域住民、教師、看護師）、外部の人（研究者）などが含まれる。このうち「教師」によって進められるアクションリサーチでは、自らの指導や学習を理解することや、教室および学校での実践を変革することが意図されることが多い。また進め方としては、複数のステップ（[問題の確定]、[予備的調査]、[仮説の設定]、[計画の実践]、[結果の検証]、[報告]）から構成される一連のプロセス（サイクル）があり、このプロセスが循環的に繰り返される。

アクティブ・ラーニング
Active learning

　学習者による能動的参加が取り入れられた学習法。1980年代にアメリカの高等教育において提起され、後にボンウェルとアイソン（Bonwell & Eison, 1991）によって定義・概念化された。個人的で受動的な学習に陥る可能性の高い講義型ではなく、他者や集団とともに学ぶ協同的・社会的な学習を志向する点を特徴とする。わが国では、中央教育審議会「新たな未来を築くための大学教育の質的転換に向けて（答申）」（2012年8月）の用語集において、「認知的、倫理的、社会的能力などの汎用的能力の育成をはかるもの」とされ、その方法として発見学習、問題解決学習、教室内でのグループディスカッション、ディベート、グループワーク等が挙げられている。

一斉授業／一斉学習
Classroom lessons

　複数の子どもで構成された学習集団に対し、一人の教師が、共通の教材を中心に、同じペースで指導（学習）する方法。わが国の教室では、クラス編成された児童生徒への一斉授業が学習指導の事実上の標準となっている。このとき、一斉授業が成立するためには、学習内容に対する理解や、学習に取り組む姿勢が集団に整っており揃っていることが必要となる。一斉授業のよさとしては、(1)集団思考を促すことができる、(2) 学習指導と並行して子どもの自発的・自主性を育てる生活指導も実行できる、(3) 一斉指導を基本として、学習形態の切替えが行いやすい、といった点がある。ただし、一斉授業だけで多様な学習者の学習の成果をある一定レベルまで導くのは容易ではない。そのため実際には、個別学習や小集団学習を組み込んだ指導法が行われている。

インストラクショナル・デザイン
Instructional design

　人がもっている個性をできるだけ十分に伸ばすように援助することを目的として、人間の学習にとって効果的であるように、体系的な方法で教授（インストラクション）を設計すること。インストラクショナル・デザインには、短期と長期の両側面があり、短期のインストラクショナル・デザインには、学習指導が行われる前に数コマ分の授業計画を教師が行うことが含まれる。長期のインストラクショナル・デザインは、単元やコース、カリキュラムの計画など全教授システムに関連するものであり、

教師個人、教師集団あるいはチームによってデザインがなされる。個々の人間の発達に影響を及ぼすという点からも、インストラクショナル・デザインは、教師と生徒との間で行われる教授に留まらず、学級、成人学習の場、職場（企業内教育）等も対象としている。

オープン学習
Open education

　オープン・スペースを活用した学習指導法のこと。オープン・スペースとは、自分で調べる、友達と相談する、教師にアドバイスを求めに行くなど、子どもたちが多様な学習活動を展開できる自由度の高い学習空間を指す。このオープン・スペースを当初から設けた学校のことをオープン・スクールというが、空き教室や多目的教室を転用してオープン・スペースを確保した事例もある。「フリースペース」「ワークスペース」などの名称で呼ばれることも多い。オープン・スペースを活用することで、学習活動の多様化が可能となり、個別学習が尊重される。また多様な学習活動をサポートするために、オープン・スペースには図鑑や資料集、個別学習用の ICT 機器など、多彩な教材・教具を十分準備する必要がある。

大村はま (1906-2005)
Ohmura Hama

　「学習する個人を育てるにはどうすればよいのか」という問いのもと、約半世紀にわたり国語単元学習の開発に取り組み続けた実践者。戦後に赴任した東京都江東区深川第一中学校で、教科書なしで100人の子

どもを教えなければいけない状況で、子ども一人ひとりに異なった教材を作ったことから、それぞれの子どもに適した教材を使って「ことばの力」を培う国語単元学習の原型が誕生した。大村の実践を特徴づけるものとして「てびき」と「学習記録」がある。「てびき」とは、ことばに基づく学習活動を進めるにあたり、「どこから手をつけてよいのかわからない」状態の子どもにとって、読み方や発言のきっかけとなるものである。「学習記録」とは、単元学習ごとに子どもが自らの学習過程を冊子にまとめたものである。この学習記録は、子どもたちに書くことの習慣をづけるという意味で書くことの指導の一環であり、同時に子どもたちが学習をまとめるなかで、自らを個人として育てるという意味で自己評価の力を養うといえる。

拡散的思考
Divergent thinking

　思考を情報処理の1つとしてとらえた場合、与えられた情報から、様々な可能性を考慮して新しい解答を生み出してゆく思考のこと。発散的思考ともいう。ギルフォード（Guilford, J. P. 1897-1987）の「知性の構造モデル」の構成次元である「認知操作（情報を処理するときの心的操作）」の1つで、創造的な問題解決の場面において、様々な解決の可能性を広げて探る思考法を指す。また、既有知識や経験を利用して、様々な道筋を考え複数の解を導こうとする拡散的思考は「想像力」と見なすことができる。

仮説実験授業
Kasetsu-jikken-jugyo (Hypothesis-experiment class)

　一斉授業を基盤としながらも、学習者においてそれぞれの知的好奇心を高め、探究する姿勢を形成しようとする授業方法。提唱者である板倉聖宣（1930-2018）は、「授業には授業の法則性があり、冷静にじっくりと、その授業の法則性を追求していって、はじめて「たのしい授業」が実現できるようになる」と主張した。仮説実験授業の標準的な進め方としては、(1) 課題提示（学習課題が解答選択問題の形式で提示される）、(2) 選択人数の集計と提示、(3) 討論（教師の司会のもと、なぜその解答を選んだのかが意見交換される）、(4) 再度の選択人数の集計と提示、(5) 決定実験の実施（正答をはっきりさせるための実験が行われる）、の順で展開される。また板倉の考えに賛同する全国の教師たちによって、理科をはじめ、様々な教科での学習課題と授業展開の記録から構成された「授業書」が開発されている。

完全習得学習（マスタリーラーニング）
Mastery learning

　1968年にブルーム（Bloom, B. S. 1913-1999）によって提唱された教授理論。マスタリーラーニング。ブルームは、学習目標として考えられた指導目標は、すべての学習者に達成されるべきだと考えた。完全習得学習は、最終目標に向けて学習途上における目標を系列化・重点化すること（教育目標の分類学）を基盤とし、重点目標に即した評価を学習途上に位置づけ（形成的評価）、その評価の結果を指導にフィードバ

ックする（学習者への補充プリントの準備
や補足的授業の実施など）、といった指導
アプローチから構成される。1973年に梶
田叡一などによって日本に紹介され、「学
力保障と成長保障」の理論として発展し、
おちこぼれ問題など学力向上対策として学
校現場に受け入れられた。

机間指導
Kikan-shido

　個別学習や協同学習、あるいは一斉授業
において、教師が子どもたちの座席を巡回
し、子どもの学習状況に即して助言を行う
授業技術。机間指導は、(1) 観察（学習活
動における子どもの理解状況を把握する）、
(2) 診断・評価（観察を踏まえて、その場
で即時に指導するか、先送りするかを判断
する）、(3) 指導（その場で指導が必要な
子どもへ助言や指示を行う）、(4) 予測・
計画（診断・評価に基づき、授業計画との
ズレを修正するとともに、後続の授業展開
を予測する）、といった働きをもつ。授業
において机間指導を効果的に利用するため
には、課題解決活動など子どもの内的な思
考過程が観察できる学習場面を設ける、あ
らかじめ子どもたちの学習の質や多様性を
診断・評価する観点を明確にしておく、誰
を観察するのか（全員か数名か、特定の子
どもかどうか）を想定しておく、机間指導
しながら個別指導できる時間を確保する、
などの手立てがある。

協同学習
Cooperation learning

　2〜5人程度の小集団を活用した指導法

であり、複数の学習者が一緒に取り組むこ
とによって自分の学習と互いの学習を最大
に高めようする学習のこと。望ましい協
同学習グループの成立については、Smith
(1996)は5つの基本原則を挙げている。(1)
肯定的相互依存が成立していること、(2)
促進的な相互交流があること、(3) 集団と
個人の責任が明確であること、(4) 集団で
作業するためのスキルが指導されているこ
と、(5) グループを改善するための手続き
が明確にされること。したがって教師には、
学習課題を作成すること、学習時間を管理
すること、学習者の学びを管理すること、
学習者に社会的スキルを指導することなど、
様々な役割を果たすことが求められる。

極地方式
Polar method

　1970年に創設された極地方式研究会が
提唱した学習指導法および授業研究法。高
橋金三郎 (1915-1991)、細谷純 (1932-)
が中心となって、(1) 教師の学習する内
容・学習形態は同時に子どもの学習内容・
学習形態である、(2) 教師は教師集団によ
る研究によってテキストをつくる、という
原理のもと、「すべての子どもに高いレベ
ルの科学をやさしく教える」を目標とした。
教師が重要だと考える概念、教えたいと考
える基本概念を取り上げ、その概念を教科
書の適当な単元に対応させる点、子どもの
テキストに教師用の説明をプラスしたテキ
ストを開発する点、テキストをもとにした
実践から、検証、テキスト改訂を繰り返す
点など、その方式の根拠は教師による実践
より得られるものとした。

経験の円錐
The cone of experience

　具象から抽象へと11段階に分類・整理された経験の中に、視聴覚メディアが提示する経験を位置づけたモデル。デール（Dale, E. 1900-1985）によって示された。このモデルにおいて抽象度の最も高いところに位置づくのは話しことばや書きことばといった「言語的シンボル」で、次に図やグラフなどの「視覚的シンボル」、最も具体性の強い経験として「直接的な目的的体験」が設定されている。特に「映像教材を視聴する」という経験は、「話しことばを聞く」「書きことばを読む」といった抽象度の高い経験と、「実際に体験する」といった具体性の強い経験との中間に位置づく。これより映画やテレビなどの映像教材（視聴覚教材）は、抽象度の高い経験と具体性の強い経験との双方を媒介する役割を果たすといえる。

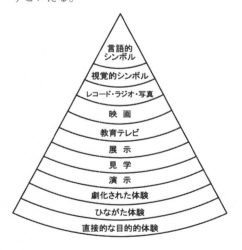

講義法
Lecture method

　知識を伝達することを目的として、教師が学習者集団に対して取る指導法の1つ。講義法が役立つのは（1）学習者が学習内容について十分な予備的知識を持たず、討論などができない場合、（2）取り扱う単元の全体の概観を与えたり、問題の背景を説明する場合、（3）以前の学習との関係を明らかにしたり、学習全体をまとめたりする場合などである。ただし、これらの特徴ゆえに講義法は、学習者を受け身の立場に置きやすく、学習者の興味関心を促し続けることの難しさがある。そのために対話形式を取り入れて話す、教師の体験を織り込んで話す、学習者の経験に関連づけて話す、といった教師側の工夫が必要となる。

五段階教授法
The five-step teaching method

　直観から観念へ、観念から思考への移行をどのように段階化するのかという問題について、ヘルバルト（Herbart, J. F. 1776-1841）は心理学の立場から系統化した（教授段階説）。このヘルバルトの考えは、のちにヘルバルト派と称される教育学者に受け継がれ、発展を遂げた。このうち、ツィラー（Ziller, T. 1817-1882）やライン（Rein, W. 1847-1929）によって具体化された教授理論が、五段階教授法と呼ばれる。例えばラインは、（1）予備（生徒に学習への態度を作ること）、（2）提示（新しい教材を生徒に提示すること）、（3）比較（提示によって得られた新しい観念を古い観念と比較し、結びつけること）、（4）総括（ここま

で具体的事物と結びついていた観念を体系化すること）、（5）応用（体系化された知識を具体的事実に適用すること）に分け、教授形式として提唱した。

個別学習
Individual learning

　学習者が教材に向かって学習する自学自習形式の個人の学びのこと。この時、学びをどう個別化するかということに対しては、「指導の個別化」と、「学習の個別化」という考え方がある。「指導の個別化」とは、学習内容は共通ではあるものの指導法が一人ひとり異なる場合を指す。例えばプログラム学習（Skinner, B. F）に代表されるように、自学自習を促進する学習内容を細分化・明確化して学習者に与え、それに対する学習者の反応を教師が即座に評価し、次の学習内容を与えていくことである。また「学習の個別化」は、近年では「学習の個性化」ともいわれ、学習内容も指導法も一人ひとり異なる場合を指す。例えば、課題選択学習など、複数のコースが用意されており、その中から学習者に選択を促すことによって進められる。

個別最適な学びと協働的な学び
Individually optimized learning and cooperative learning

　令和3年1月の中等教育審議会答申（令和3年答申）で提言された、児童生徒の学習支援のあり方。「個別最適な学び」は、学習者の視点から整理された概念で、教師の視点から整理すると「個に応じた指導」となる。この「個に応じた指導」は児童生徒が自己調整しながら学習を進めていくことができるようになることを目指すもので、指導する教師において、学習内容の確実な定着を目指し、個々の児童生徒の特性や進度等に応じて異なる指導方法等で学習を工夫すること（指導の個別化）と、学習を深め、広げることを目指して個々の児童生徒の興味・関心に応じた異なる学習課題や学習活動を提供すること（学習の個性化）の二側面が意識される必要がある。次に「協働的な学び」は、異なる考え方が組み合わさりよりよい学びを生み出すことを目指し、そのために多様な他者との協働に必要な資質・能力を育成する学習を指す。実際の学習活動としては、探究的な学習や体験活動などが想定されている。

斎藤喜博 (1911-1981)
Saito Kihaku

　戦後民主主義教育の原点に立ち、「授業」のもつ可能性、授業によって子どもを変革する可能性を追究した実践者・歌人。斎藤は、群馬県佐波郡の玉村尋常高等小学校で教師としてのキャリアをスタートさせ、その後、同郡の島小学校、境東小学校、境小学校の校長として、授業実践の現実からの授業論を展開した。斎藤は、子どもたちから表現力・潜在能力を引き出す場としての「授業」を核とし、授業を媒介として授業の技術の生成、教師集団づくり、学校づくりを進めた。授業の技術のひとつに「○○ちゃん式まちがい」がある。これは、あるつまずきをした子どもを取り上げ、その子どもがどこでどうつまずいたのか、その道筋や原則（法則性）を学級全体で考えるといった展開を

指す。その他にも、授業者以外の者（参観者）がその授業に対して横から口を挟み込んでいく「横口授業（介入授業）」がある。教材の研究、子どもの実態、教師の解釈の3つを対峙させることによって、教師も子どもも自分を変革し成長する、そういったはたらきをもつ「授業」を提唱した。

思考ツール
Thinking tools

　学習者に考える方法を示すという教育的機能をもち、同時に自分の考えを他者に伝えることをサポートするという学習支援の機能をもつものとして思考ツールがある。自らの考えの可視化・操作化を可能にするという点から、考えることの面白さや考えることへの関心を高めることが期待できる。また、複数の学習者が同じ思考ツールを使うことで、他の学習者の考えを理解できるという点から、思考ツールは相互理解のためのプラットフォームにもなりうる。思考ツールの例として、主張の根拠や理由を探す場合や出来事や問題事象の原因や要因を探す場合に適した「クラゲチャート」や、2つの事象の相違点や共通点を見出す場合に適した「ベン図」など多くの思考ツールが開発されている。

収束的思考
Convergent thinking

　与えられた情報から、領域固有の知識を用いて、論理的に唯一の解答や解決に向かう思考のこと。集中的思考ともいう。拡散的思考と同様、ギルフォードの「知性の構造モデル」を構成する認知操作のうちの1つ。数学の問題を解くときに公式を用いて解を導く際や、文章を書くときに妥当ない回しを用いる際に必要とされる。また創造的な問題解決の場面においては、アイデアを様々に思いつく拡散的思考の段階の後、収束的思考の段階に入ることで、そのアイデアが実際に有効か否かの検証が行われることになる。

主体的・対話的で深い学び
Proactive, interactive and authentic learning

　新学習指導要領（平成29年告示）の要点で、授業ひいては単元や学習のまとまりをとらえ、改善するための3つの視点のこと。1つ目の視点である「主体的な学び」とは、学ぶことに興味関心をもち、見通しをもって粘り強く取り組むこと、自己の学習活動を振り返って次につなげることとされている。2つ目の視点である「対話的な学び」は、他者との協働や対話、先哲の考え方を手がかりに考え、自己の考えを広げ深めることとされている。「深い学び」は、知識を相互に関連づけてより深く理解すること、情報を精査して考えを形成すること、問題を見いだして解決策を考えること、思いや考えを基に創造することとされている。

小集団学習
Group learning

　30〜40名前後の学級を小集団（グループ）に分けて、それぞれの小集団での共同作業を通して進められる学習。わが国では、大正時代の合科学習（木下竹次 1872-1946）、分団式動的教育法（及川平治 1875-1938）、昭和時代の仮説実験授業（板倉聖宣

1930-2018) など、グループ学習を組みこんだ学習指導法は、時代を超えて共感され、学校教育において実践されてきた。グループ学習に期待されることとしては、学習者において、学習場面での知的能力を促進することに加えて、人間関係の構築や責任感の醸成といった、生活場面での社会的能力を育成することがある。

助教法
Monitorial system

19世紀初期のイギリスにおいてベル (Bell, A. 1753-1832) およびランカスター (Lancaster, J. 1778-1838) によって考案された学級教授組織（ベル・ランカスター法、モニトリアル・システム）。当時、産業革命の進展に伴って発生した工場労働者の子どもたちに対し、読・書・算の最低必要量を迅速かつ効果的に教授するシステムとして用いられた。等級を設け同じ進度の子どもを一斉教授する学級組織を設けた点、子どものなかから助教（モニター）を選び教師の監督のもと低学年の子どもの教授と管理に当たらせた点を特徴とする。助教法では、記憶主義の学習が強調され、学習者の興味や思考の発達は全く注意されなかったが、経済的効率のよさからも、貧困児に初等教育を施す最良の方法として当時の人々から歓迎された。

水道方式
Suido method

遠山啓（1909-1979）、銀林浩（1927-2020）らによって編成された、数と計算の領域に関わる指導体系。この指導体系により、学習者においてどの型の計算ができないのかの精密な診断ができ、重点的指導が可能となる。水道方式は（1）すべての計算過程を最も単純な計算過程（素過程）に分解する、（2）素過程を組み合わせて最も「一般的で典型的な複合過程」を作る、（3）「一般的で典型的な複合過程」から「特殊で典型的でない複合過程」へ進む、といった3つの原理を基に体系化が進められた。また「一般的で典型的な複合過程」の指導において、十進法と位取り法を基にした計算の手続きを説明するために、具体物や半具体物（正方形のタイル）が用いられる。

生活綴方運動
Life-composition movement

大正時代から昭和初めにかけて展開された、子どもに作文（綴方）を書かせることを軸に行われた教育運動。教育における「生活」の重要性を主張し、生活に関する綴方を通して子どもの自発性を育むこと、子ども自身が自らの生活の現状を捉え直すようになることを目指した。生活綴方の指導法は、次の2つの部分から構成される。（1）子どもたちに自分の生活について自分のことばでありのままに書かせる。この時、取材や構想などの作文過程に必要な文章表現の指導、子どもの表現に関する指導を行う。（2）学級において共同化する作業を通して、子どもの考え方や感じ方を深める。具体的には、文集として編集し、学級で読みあい、聞きあい、討論する。教師にとっては、綴方指導や作品としての綴方を通して、子どもの本当の生活を発見することにつながる。

全習法
Whole method of learning

　学習法の形式の1つ。系列学習において、課題に必要なすべての技能をひとまとめにし、できるようになるまですべてを繰り返し学習すること。系列学習とは、文章の暗記やタイピング技能の習得など、予め順序が定められている学習材料をその順序にしたがって学習することを指す。全習法は、求められる技能が単純である、課題の量や内容レベルが学習者の処理能力の範囲内である、また学習者において動機づけが高い、といった場合に効果的である。

直観教授
Intuitive method

　権威に基づいた知識の注入を専らとする当時の教授法に対し、知識は子どもの感覚を通じて得られるのだから、具体的な観察や経験から得た印象（直観）がすべての教授の基礎であり、またその印象をもとに児童は自分自身の観念を表現すべきであるとペスタロッチ（Pestalozzi, J. H. 1746-1827）は主張した。このように、児童の感覚的経験を基礎とし2つの段階（印象→表現）のある教授を直観教授と呼ぶ。直観教授では「数・形・言語」を教授の手段とした。たとえば、「数」では、豆や小石を利用して1から10までの概念を児童に直観させることからはじめられる。そこから1枚にカードにもう1枚のカードを加えると2枚になることを確かめるなど、より抽象的な知識が得られるような活動が設定される。

ティーム・ティーチング
Team teaching

　1つの学習集団に対し、2人以上の教師がティームを組んで指導にあたること。略称としてTT。複数の教師が指導することで、一斉指導では見落としがちな子どものつまずきや気づきを発見できる。また、教師の成長という面では、教職経験年数、学級経営能力、専門教科など、自分とは異なる能力や専門性をもつ教師とTTを行うことは、自らの学習指導を見直す機会になる。

適性処遇交互作用（ATI）
Aptitude Treatment Interaction

　子どもには学習に対する適性があり、その適性と指導法や教材などとの間に相性の良し悪しがあることを示す現象のこと。この現象は、うまく学べていない子どもであっても、それは子どもに「能力がないから」なのではなく、むしろ能力に見合った指導を受けていないために学習できていないのではないか、別の指導法や教材ならばもっとうまく学べるかもしれないのではないか、と考え直す手がかりを与えてくれる。

討義法
Discussion method

　自分の意見をことばで表現する、他者の意見に納得または反論する、全体で合意を形成する（問題を解決する）といった過程を通して、話しあうためのスキルや態度の形成を目指す指導法。たとえばKJ法に代表されるように「課題解決や共通の意思を形成するための討論」もあれば、ディベートに代表される「討論形式に慣れるための

討論」もあるが、そもそも子どもたちが話し合いに慣れていない場合は、討議に関する指導（説得力をもつ意見の言い方など、どのように話しあうかの説明）だけでなく、参加・協力に関する指導（他者の考えを聞くことの大切さなど、なぜ話し合いが大事なのかの説明）の2つが教師によって等しく強調される必要がある。

バズ学習
Buzz session

一斉授業を基本としながら、そのなかにバズセッションと呼ばれる小集団学習を組み込む指導法。集団内での協同を重視し、教科の学習と学習者同士の交流の両方がともに進展することを目標として、塩田芳久（1912-1988）らによって実践研究が進められた。標準的なバズ学習の進め方としては、(1) 教師によって、学習者が協同することで達成できる学習課題が提示される。(2) 学習者は、この課題に各自で取り組む。(3) 学習者のリーダーの司会進行のもとで、協同して学習課題に取り組む（バズセッション）。このとき、課題をめぐってわからないところや疑問に感じたところをすぐ近くにいる仲間に尋ねるなどのように、学習者間で活発なコミュニケーションが展開されることが期待される。

発問
Teacher's question

思考や発見を促すことを意図して、本来なら学習者自身が問うことを、学習者に代わって教師が行う問い。発問にはおよそ4つの機能があり、教師は状況に応じて使い分けることができる。(1) 学習内容を確認する（例．どんなことを発見できましたか？）、(2) 思考を広げる（例．この写真は何をしているところを表しているでしょう？）、(3) 思考を深める（例．なぜ江戸時代は長く続いたのだろう？）、(4) 考える手がかりを与える（例．前に勉強した公式を使えないかな？）。また学習者にとって効果的な発問となるために、(1) ねらいを明確にして、応答を予測すること、(2) 学習者の理解度に合わせること、(3) 学習者の思考を発展させるための教材や教具を工夫すること、などが必要である。

反省的思考
Reflective thinking

問題解決場面において、自らの推論過程を意識的に吟味する思考。デューイ（Dewey, J. 1859-1952）は、個人の知識をもとに、能動的かつ継続的に熟慮することが反省的思考であると指摘した。反省的思考は、学習者が自分が何を知っていて何を知る必要があるのかを分析する場面、知っていることと知る必要のあることのギャップをどのように埋めていくかを判断する場面において機能するとされ、批判的思考とほぼ同じ意味で使われている。

反転学習／反転授業
The flipped classroom / The inverted classroom

反転学習（授業）とは、教授方略の1つで、自宅学習（宿題）の役割と教室学習（授業）の役割を反転させた学習（授業）形態のことを指す。自宅で予め学習活動に関する読み物を読解したり、動画を視聴したりする

ことを前提として、教室では問題解決活動に取り組ませるといった手順を取ることから、ブレンディッド学習ともいえる。反転学習は、教室学習への学習者の関与を高めることや、学習そのものを促進することをねらいとしている。また伝統的な授業と反転学習との比較を通して、教室、教師、学習活動の位置づけが問い直されることになる。例えば伝統的な授業の「教室」は、情報伝達あるいは行動変容の場と見なされるが、反転学習の「教室」は、問題を発見する、仲間と協働する、問題を解決する場と定義される。反転学習に対しては、学習者同士のコミュニケーションや学習者と教師との相互作用が促進されるといった肯定的評価がある一方で、問題として自宅学習の達成度が学習者の発達段階や学習者間のデジタル格差によって影響を受けやすいことが指摘されている。

ブレインストーミング
Brain-storming

オズボーン（Osborn, A. F. 1888-1966）が考案した、グループにおいてアイデアを出し合い、相互に刺激しあうことによって、自由な連想を引き起こす技法。事実やアイデアを発想する発散的思考の技法の1つともいえる。グループのメンバーでワイワイやりながら頭（ブレイン）を嵐（ストーム）のように使って発想を膨らませることから、この名がつけられた。グループメンバーには、（1）判断延期（判断や結論を下すことをしない）、（2）自由奔放（荒唐無稽なアイデアを歓迎する）、（3）大量発想（質より量、よりたくさんのアイデアを歓迎する）、

（4）結合改善（異なるアイデアを結合し発展させる）の4つの原則を守るというルールが課される。

プログラム学習
Programmed learning

コンピュータを活用した学習指導（CAI）の発展に大きく貢献した個別学習法の1つ。スキナー（Skinner, B. F. 1904-1990）のオペラント条件づけ理論を基礎としており、学習者を学習目標へ確実に到達させるといった特徴をもつ。プログラム学習は5つの基本原理により構成される。（1）スモールステップの原理（学習目標へ至るための学習過程を細かくステップに分割する）、（2）積極的反応の原理（学習者自らが、与えられた課題に自発的に反応するようにする）、（3）即時確認の原理（学習者の反応に対し、即座に正誤のフィードバックを与える）、（4）自己ペースの原理（学習者のペースで学習が進められる）、（5）学習者検証の原理（学習者の反応結果に基づいて、プログラムの改善がなされる）。プログラム学習には、単一の学習系列を1ステップずつ進んでいく「直線型プログラム」と、学習者の解答によって異なる学習系列へ分岐させていく「分岐型プログラム」がある。

プロジェクト・メソッド
Project method

学習者による自発的な活動や豊富な経験を重んじ、知識技能の習得よりも学習に向かう態度や習慣の育成を目指す教育方法。キルパトリック（Kilpatrick, W. H. 1871-1965）によって提起された。プロジェクト

とは「学習者自身が計画し、実際の場面において達成される、目的をもった活動」である。そこでプロジェクト・メソッドにおいては、学習者が進んで興味をもつような活動をカリキュラムとして設定することが重要となる。この時プロジェクトとして、(1) ある着想を具体化することを目的とするもの（例. 劇をする）、(2) 美的経験を楽しむことを目的とするもの（例. 絵を鑑賞する）、(3) 一定の問題を解くことを目的とするもの（例. ある都市が別の都市に比べてなぜ大きくなったのかを考える）、(4) 一定の知識技能を習得することを目的とするもの、の4種類が示されている。

分習法
Part method of learning

　何らかの評価基準に基づいて学習課題を分割し、その部分単位に必要とされる技能を繰り返し学習する方法。全習法と対をなす。確実に習得した部分単位をつなげていくことで、最終的に課題全体の遂行につながるとされる。たとえば水泳のクロールなど、複雑な運動技能を学習する時には、脚の動き、腕の動き、息継ぎなどの部分単位を取り出し、これら部分単位を確実に習得していくことで、最終的にクロールで泳げるようになる。分習法は、学習者が初心者であるなど、その学習が初期段階である場合や学習課題が断片化可能な場合などに効果的である。

北方性教育運動
"Life-composition" movement in Tohoku region

　昭和初めに東北地方の教師たちによって展開された、子どもの生活に関する作文（生活綴方）および作文指導を中心とする教育運動。北方性綴方ともいう。北方性綴方が想定する生活は、都市部の小市民的な「生活」ではなく、貧困にあえぎ疲弊した農村部に生きる人々の「生活」であった。またその目指すところは、書き手である子どもが、自分の生活を見つめるだけでなく、自分の生活に対する自分の意欲や要求などを掘り起こし、その意欲や欲求の実現に向け価値ある生活を自ら建設するようになることであった。北方性綴方は第二次世界大戦前に一時中断を余儀なくされたが、1951年に山形の中学校教師・無着成恭によって作文集「山びこ学校」が編纂され、戦後初期の民間教育研究運動の中心となった。

モジュール方式
Module learning

　モジュール（module）とはシステムを構成する1つの部分で、かつ最小単位のことである。学習者が無理なく学習できる単位としての教授単位をモジュールとし、この学習モジュールを基にした個別教授システムがアメリカにおいて開発された。代表的なものにIPIシステム（Glaser, R. 1921-2012）やPLANシステム（Flanagan, J. C. 1906-1996）がある。わが国では、授業を構成する部分を「時間」「教材」「空間」とし、その単位を弾力的に運用する方式のことをモジュール方式と呼び、香川大学附属坂出中学校において大規模な実践が行われた。具体的には、例えば中学校の授業時間の単位（1コマ）は従来50分であるが、1コマ15分にすることで、子どもの適性や

能力に応じて授業時間が伸縮され（時間のモジュール化）、また教材も「基幹教材」「組み合わせ教材」などのように単位時間に対応した教材の開発が行われた（教材のモジュール化）。

問題解決学習
Problem solving approach, Problem solving project

何が問題であるかを理解する力、その問題に対する答えを明らかにすることを目標として、ふさわしい手段・手続を見極める力を育てることを目指す学習のこと。今日では、子どもを主体とした学習活動の工夫を指すことも多い。わからないことや不確かなことを課題として，学習者が追究する点では「調べ学習」と同じではあるが、問題解決学習では（1）最初に目標状態（何を明らかにするか）が最初に決まる点、(2)目標状態に近づくための副目標（サブゴール）が具体的に設けられる点、（3）目標状態や副目標に対して適用する手段や手続を限定しようとする点、が特徴となる。

モンテッソーリ法
The Montessori method

モンテッソーリ（Montessori, M. 1870-1952)によって20世紀初頭に考案された教育法。子どもの特性を「吸収する心」ととらえ、子どもが感覚的な諸経験を吸収し、個性的・創造的な活動ができる教育環境を組織し、それぞれの子どもの自己発達を保障しようとした。具体的な教育環境として、日常生活、感覚教育、言語、算数、文化などの教育内容に即したモンテッソーリ教具が知られている。就学前段階での読・書・算の教育、異年齢での保育、子ども主体のオープン教育など、モンテッソーリ法による試みは、その後保育実践に影響を与え続けている。

有意味受容学習
Meaningful reception learning

オースベル（Ausbel, D.P. 1918-2008）によって提唱された学習法で、知識の保持に一定の効果をもつことが見いだされている。有意味受容学習では、提示される学習材料が学習者の知的能力や知識に適切に応じたものであれば、学習者は自らの力でその意味を理解すると見なされる。この場合、提示される学習材料が以前からの知識構造にうまく包摂できるものかどうかが重要であり、そのために先行オーガナイザーという概念が導入された。先行オーガナイザーとは、学習の冒頭に提示される学習材料で、その内容は、これから学ぶ中心的内容についての抽象的・概念的な枠組みあるいは概念的知識である。このとき、抽象的なオーガナイザーが学習者の内面に定着するためには、学習者において豊かな既有知識が蓄えられている必要がある。

ユニバーサルデザイン（UD）
Universal Design

年齢や障害の有無に関係なく、すべての人が使いやすいように製品や建物、環境をデザインすることをユニバーサルデザイン（UD）という。ピクトグラム（絵文字）やUDフォント、多機能トイレなどはユニバーサルデザインの概念に基づいた事例である。ユニバーサルデザインの概念を授業

にあてはめたものとして「授業のユニバーサルデザイン」がある。これは、個別の調整または特別な設計を必要とすることなく、最大限可能な範囲で、すべての子どもがわかりやすい授業をつくることを指す。授業のユニバーサルデザインには、視覚化・焦点化・共有化の3つの柱がある。視覚化とは、指導する内容や概念などを視覚的な情報提示によって「見える化」することである。焦点化とは、授業の目標や学習活動等を明確に絞り込み、展開の構造をシンプルにすることによってわかりやすい授業にすることである。共有化とは、ペアやグループなどによる子どもたちの話し合い活動を組織化することで、理解を学級全体に広げていくことを指す。

14. 道徳教育

アノミー
Anomie

　無法律状態を意味するギリシャ語
anomos に由来し、無秩序状態をあらわ
す。19世紀末に社会学者のデュルケーム
（Durkheim,E. 1858-1917）が社会学的概念
として使用した。『社会的分業論』（1893）
では、社会の分化した諸機能がうまく統合
されていない、無秩序な状態をあらわして
いた。『自殺論』（1897）では、欲求への
ブレーキが機能せず、欲求の異常な拡大に
よって不満や苛立ちを引き起こす社会心理状
態をアノミーとし、自殺に至りやすい要因
とみなした。また、アノミーはアパシー
（無気力 apathy）の原因とされ、学校の教
室でも無秩序状態が続くと無気力やいじめ、
暴力等の諸問題が起きやすい状態となるこ
とから、適度な秩序の形成が必要となる。
道徳教育がこれらの問題と関連づけて論じ
られるのは、規範意識の形成によってこの
無秩序状態を克服することとらえられる。

意志の自律性
Autonomos autonomie

　自己（auto）の立法（nomos）は、古代
ギリシャでは、もともと政治的な自由や自
決を意味していたが、道徳における意志の
自律性という考え方を確立したのは18世

紀ドイツの哲学者のカント（Kant, I. 1724-
1804）である。彼はルソー（Rousseuau,J.
J. 1712-1778）に学びながら、『人倫の形而
上学の基礎づけ』（1785）や『実践理性批
判』（1788）のなかで意志に道徳法則を課し、
これを「理性の事実」として経験的事実と
は区別した。これによって意志の自律性に
基づく道徳性は、人間の尊厳の根拠となっ
た。道徳教育においてはこの考え方は重要
と考えられ、基本的なものとみなされてき
たが、同時に困難な問題を生み出すことに
もなる。理性の事実であり、経験的事実で
はないとすれば、経験的な事柄である道徳
教育を具体化することは、どのようにして
可能になるのかについては明らかにされな
いからである。

後ろ姿の教育
Unintentional education

　後ろ姿の教育とは、子どもが成長する様
子を観察すると、ことさら教えていないの
に親や他の大人が期待することを述べたり、
行動したりすることがあるが、このような
無意図的な教育をさす。「子どもは親の背
中を見て育つ」ともいう。わが国の農村に
は伝統的に「こやらい」や「子ども組」な
どの子育てのシステムがあり、子どもを見
守ったり、子どもどうしの活動を子どもの
成長のために利用することが行われていた。
子どもに直接正しい内容を教えることが教
育だとされることが多いが、発達段階によ
っては、反発を招いて逆効果の場合がある。
それに対して、後ろ姿の教育では、子ども
の方が親や大人が自分に期待しているもの
を探ることによって結果的に効果的な教育

になる場合がある。一方では、決まった行動を教える場合には有効であっても、複雑な状況や異なる行動が必要な場合には、必ずしも期待通りになるとは限らないという不確定さがある。

エートス
Ethos

エートスは、気風、心だて、倫理とも訳されるが、もともと古代ギリシャにおいてはエトス（éthos）であり、住み慣れた土地、住みか、あるいはその土地が持つ慣習や風習を表す語であった。今日の道徳（モラル moral）はエトスの訳語であるラテン語のモレス（mores）を語源としている。するとモレスもエトスも、単に場所であるだけでなくその場所に住む人の性格、気質を含みこむ言葉であったことが分かる。そのため、アリストテレスは人間の精神的な内面の在り方（美的なもの）と考えていた。後に社会学者のマックス・ウエーバー（Weber, M. 1864-1920）はéthosに由来するドイツ語 Ethos を社会規範としての「倫理」の意味で使用した。『プロテスタンティズムの倫理と資本主義の精神』（1904）という著作がそれである。そこではエートスは社会のなかでの思考や振る舞いを規定する社会規範、あるいはそれに対応する道徳的な在り方を意味している。

考え、議論する道徳

2015（平成27）年3月に「一部を改正する小（中）学校学習指導要領」が告示され、道徳の教科化が行われたが、教科となった道徳授業の質的転換を表現するために登場したコンセプトの1つ。「道徳の時間」の授業では、一般に主人公の気持ちを子どもたちに考え、理解させることによって、主人公の生き方やその背後にある道徳的価値を共感をもって受け止めることが推奨されていた。それに対して、道徳の教科化を検討した専門家会議「道徳教育の充実に関する懇談会」は、それまでの道徳の授業を「読み取り道徳」と批判し、道徳的諸課題が山積する現代社会やいじめや暴力行為などの諸課題に対応するには、道徳的価値の理解にとどまることなく、道徳的課題に主体的に取り組み、自己の生き方を深く考えることのできる道徳学習が必要であるとした。さらに、中央教育審議会の教育課程部会の道徳のワーキンググループは「考える道徳への転換に向けたワーキンググループにおける審議の取りまとめ」（2016）において、学習指導要領本体のコンセプトである「主体的・対話的で深い学び」（アクティブ・ラーニング）に対応して、問題解決的な学習や体験的な学習の導入と並んでこの「考え、議論する道徳」というコンセプトを掲げた。

慣習
Custom convention

ある地域や共同体に長く通用している行動様式、風俗や習わしのこと。慣習は共同体の統合や存続に重要な役割を果たす。アリストテレス（Aristoteles 前384-322）はさらに共同体の統合に不可欠なものとみなすだけでなく、理性的なものの実質化としての徳（アレテー）の基盤と考えていた。それを受け、ヴィーコ（Vico,

G. 1668-1744）はデカルト（Descartes, R. 1596-1650）を批判して共通感覚（コモンセンス、常識）を支える言語的習慣としてのトポス（場）を重視した。その後啓蒙主義が伝統的な慣習は因襲やしきたりと同様なものだと批判の対象としたのに対してヘーゲル（Hegel, G. W. F., 1770-1831）は人倫の基盤として慣習の意義を再評価することとなった。現代では、共同体主義（マッキンタイア（MacIntyre, A. 1923-）などのコミュニタリアン、新アリストテレス主義者など）によって再び取り上げられ、正義を優位に置く自由主義（リベラリズム）に対する批判の中心的な論点となっている。

完全な人間
Perfect human

　科学技術の進歩によって人間の欠点、欠陥、弱点を克服しようとして想定する人間の在り方を指す。人間は完全な神とは異なり、欠点や欠陥をもつ存在であるが、近代以後キリスト教世界では人間を「神の似姿」としてとらえながら完全な神に近づくことを理想としてきた。そのために、学問や技術を生み出し、その発展に努めてきたが、今日の科学技術の進歩は、生命科学の分野でも飛躍的な発展を遂げ、生命体の遺伝をつかさどる DNA の構造とそれを構成する個々の遺伝子の解読が進んで、遺伝子が身体の健康や病気（ゲノム医療）、そして個々人の能力を規定することも明らかになってきている。生命科学と遺伝子組み換え技術などの発展は、アメリカのサンデル（Sandel, Michael 1953-）等によって、この完全な人間像の問題性が浮き彫りにされて

おり、生命倫理の中心課題の１つとなっている。わが国の旧優生保護法もそのような人間像を基盤にしていたが、人権にかかわる様々な問題を生じさせてきたことは記憶に新しい。

カント (1724-1804)
Kant, Immanuel

　18 世紀後半に批判哲学を確立した近代ドイツの哲学者。『純粋理性批判』、『判断力批判』、そして『実践理性批判』は、三批判書とも呼ばれ、彼の哲学を体系化した主著である。彼の知識の哲学（認識論）は、「コペルニクス的転回」という言葉でも特徴づけられるが、それは事実や対象を経験によって知ることが認識ではなく、認識の主体が経験に先立って有するカテゴリー（範疇）によって対象をむしろ構成することだとする考え方である。近代という時代のはじめに社会的変動や宗教的、政治的対立が激しい時代状況のなかで、人間の理性にのみ依拠しながら普遍的な真理を追究しようとする極めて近代的な考え方だといえる。その姿勢は実践哲学の領域でも変わらない。彼の定言命法（「あなたの意志の格率が常に同時に普遍的な立法の原理として妥当しうるように行為せよ。」）は、仮言命法とは異なり、自由意志と理性に依拠する行為のみを道徳的に正しいと考えることができるとする考え方であり、道徳を主体的で、自律的なものに限定する。

規範構造
Normative strukturs

　デュルケームの社会学に由来する「集合

表象」を参考に、ハーバーマス（Habermas, J. 1929-）が社会の同一性を規定するものとして使用した概念。「集団のアイデンティティ」や「道徳の表象」とほぼ同義の概念であり、社会の進化をみちびくものとされる。社会は多様であるが、それぞれの社会はその社会固有の特色をもつ。学級も1つの社会であるが、それぞれの学級は特色をもつ。その特色は何に由来するのか。一般に社会は多様な規則（規範）によって成り立つが、多様な規則（規範）は1つ1つバラバラにあるのではなく、一定の構造をなしている。あるクラスとその隣のクラスは、同じ学年でありながら、雰囲気やまとまりに違いが見られる。その原因は様々であろうが、学級を1つの社会として見ると、この規範構造の違いを挙げることができる。その規範構造は、当然そのクラスの構成員（教師と児童生徒）が作り出している。すると、ある学級の道徳の学習は、この規範構造にかかわる。ある1つの規範や道徳的価値の学習はこの規範構造を前提に行われ、学習のプロセスや結果もその規範構造につながる。いじめ問題は学級で生起する学級の問題といわれるが、その問題の克服に道徳教育や道徳学習が寄与するためには、この規範構造の組み替えといった発想が必要になる。

言語ゲーム論
Language-game theory

オーストリアで生まれ、イギリスのケンブリッジ大学で学び、教授となった哲学者ウィトゲンシュタイン（Wittgenstein, L. von 1889-1951）が『哲学探究』（1952）に

おいて取り組んだ中心的な哲学理論。言葉はどのようにして学ぶことができるのかを追求して、知識とは何かを明らかにした理論である。『哲学探究』の31パラグラフにおいて彼は次のように問う。「これが王様だ。」といわれた者でそれがチェスの駒の名前を教えようとしているとわかるのは誰かと。答えは、チェスを見たことがある、あるいは聞いたことがあるとか、要は、ゲームの駒とは何であるか知っている者だけだと彼はいう。つまり、その駒に意味を与えている規則を知っている者だけが駒の名前を教えようとしていることを理解できると。これは、言葉は意味をもち、意味は規則（生活形式と彼は名づける）によって与えられるから、規則こそ言葉が成り立ち、学ぶことが可能となる条件だというのである。これは言葉（知識）を学ぶにはその言葉が位置づく場（生活世界）がもつ慣習的な規則（生活形式）との結合が不可欠だということである。生活形式を道徳における価値や規範と捉えると、道徳の学習は言葉や知識の学習には欠かせない、つまりそれを可能にするものであることを示している。

コールバーグ (1927-1987)
Kohlberg, Lawrence

アメリカの心理学者。他律的道徳性から自律的道徳性への変容として定式化したピアジェ（Piaget, J. 1896-1980）の道徳性の発達段階説を発展させ、デューイの相互作用論やロールズの正義論を基盤にして「3水準6段階」の発達段階理論を構築した。ピアジェは子どもの遊び（マーブルゲーム）の観察を手掛かりにゲームの規則の認

知と実践に着目したが、コールバーグは道徳的判断に直面した行為者が判断を行う際に、裏付け・根拠としてもつ正しさ（正義）に関する思考に着目する。その思考の在り方は成長に従って自己中心的な思考からより広いところに視点を置いた脱中心的思考へ変化することに注目した。そして、複数の道徳的価値が対立する二項対立のジレンマ例話によって、被験者を道徳的葛藤状況に置き、被験者の道徳的な思考を顕在化する方法によって、「3水準6段階」の発達段階の検証を行った。また、学校の道徳教育にも応用し、検査で使用した価値と価値が対立するモラルジレンマ例話を教材にして葛藤課題をめぐって議論することによって生徒各々の発達段階を向上させる授業方法を開発し、全米に広めた。1980年代には、わが国の道徳教育にも導入された。

心の教育
Education for mind

　1997（平成9）年8月中央教育審議会に文部大臣（当時）が諮問した「幼児期からの心の教育の在り方について」より始まる学校教育の主要課題の1つのこと。1977（昭和52）年、1978（昭和53）年告示の学習指導要領は、それまでの「教育内容の現代化」をスローガンにして進められていた系統主義的教育課程を見直し、「ゆとりの時間」を設定し、授業時数削減や教育内容の精選を行って「ゆとりと充実」を目ざした。平成元年告示の学習指導要領は「新しい学力観」を掲げ、体験重視や個性尊重の教育を推進し、先の学習指導要領の方針を一層促進した。そして、1998（平成10）年告示

の学習指導要領で打ち出されたのが「ゆとり」の中で「生きる力」をはぐくむ教育の推進であったが、その基盤をなす教育の方針が「心の教育」であった。平成7年1月には阪神淡路大震災が発生し、多くの人命が犠牲となっていた。生徒指導上の諸問題の深刻化や中学生による残忍な児童の殺傷事件（神戸市連続児童殺傷事件）が起きるなど、「心の教育」は「命の大切さの教育」とともに学校教育が喫緊に取り組まなければならない重要課題とされた。

個人主義
Individualism

　個人主義とは、集団主義に対して、個人が集団や社会を構成する基本単位であり、集団や社会はその集合であると見る考え方のこと。個人主義という言葉が最初に使われたのは、19世紀はじめのフランスであり、個人の権利を主張するあまり、社会の混乱と危機的状況が生じたことから、批判的な意味で使用された。個人を基本とする考え方の潮流は、個々人が神と向かい合う万人司祭主義を主張した宗教改革や個性と個人の尊厳を主張したルネサンスにさかのぼるとする考え方もあるが、啓蒙思想や市民革命、その背景をなす工業的な生産活動の登場や産業革命は大きな要因となった。その後、ドイツを中心に個性、個人の独自性、自己実現を重要と考えたフンボルト（Humboldt, K. W. von 1767-1835）やシュレーゲル（Schlegel, F. von 1772-1829）による、普遍主義的で画一的な啓蒙主義的風潮に対する批判を行ったロマン主義の果たした役割は大きい。しかし、ロマン主義も

やがて個人を越える国家や民族の理念に重きを置くこととなった。このように個人主義は近代の宗教や社会、思想の様々な側面で基本をなすものであるが、教育においても道徳の自律性、人格の完成、個々人の自立、自己活動など基本的な考え方につながる。

コミュニケーションと道徳
Communication and moral

コミュニケーション（communication）は、複数の人の間で事実や考えや気持ちなどを言語やそれに類するもの（記号、身振り、表情等）によって伝え合う（交流する）こととされる。対話はその1つである。ハーバーマスは、言語による対話は一定の内容を相手に伝えるだけでなく、その内容の妥当性（事実の場合には真理性、道徳的言明の場合には正当性、相手の内面にかかわる内心の場合には誠実性）の確認を行うことでもあると考える。話者は一定の内容を伝えると同時にその妥当性の主張を行い、聞き手はそれを受容できるかどうかを答える。受容できれば、話者と聞き手の間にその内容とその妥当性が共有される。受容できなければ、改めて両者間で修正が行われ共有がめざされる。これを踏まえると、子どもが特に教えられていないのに良い悪いの区別を行ったり、正しい正しくないの判断を行うのは、子どもが多様な他者と対話を行っており、また他の人々の対話を聞いていることによると考えられる。

罪悪感
Sense of guilt

子どもに限らずだれもが悪いとされる行為を行った場合に感じる良心の呵責のこと。この事実は道徳について重要なことを教えてくれる。1つは、呵責を感じるということはすでに当人にその行為が悪いことだという認識があることである。道徳教育は1つ1つの道徳の内容や善悪の区別を教えることだとする考え方もあるが、しかし、子どもはそれをすでに知っているとすると、子どもにとっては説得力をもたないかもしれない。かつて、ルソー（Rousseuau, J. J. 1712-1778）が子ども時代の道徳教育に消極的な考え方をもち、良心の形成に専念すべきだと考えたこと、さらに道徳教育は青年時代になって行うべきだと述べているのは、このことにつながる。このルソーの考え方を踏まえると、道徳教育には、良心という感覚的、心情的な側面とルソーのいう青年時代の認識や理性的・論理的な側面があることに気づかされる。道徳の理性的・論理的な学びは、特に義務教育では不十分にしか取り組まれてこなかったのであるが、「特別の教科　道徳」（道徳科）という教科となって求められるのはこの側面の道徳の学びである。

3水準6段階
Three levels and six stages

コールバーグ（Kohlberg, L. 1927-1987）が提案した道徳性の発達段階の段階過程のこと。3水準とは、前慣習的水準、慣習的水準、脱慣習的水準であり、各水準は2つの段階が区別され、自己自身に生じる物理的な結果によって判断する罰回避の第1段階、自己の利益や結果の量的多少によって判断する道具的互恵主義の第2段階、集団

や社会への同調によって判断する対人関係の調和志向の第3段階、社会の規則の必然性とその保持によって判断する「法と秩序」志向の第4段階、社会の規則の背後にある根拠を思料する社会契約主義的遵法志向の第5段階、人間としての在り方の普遍性を熟考する普遍的な倫理的原理志向の第6段階が区別されている。この段階理論には批判も見られたが、その1つはコールバーグの共同研究者であったギリガン（Gilligan, C. 1937-）等による批判であり、「正義」を中心に置く道徳性は男性に固有のものであり、人間関係の調和を志向する女性は第3段階にとどまることとなり、男性中心の段階理論であり、女性には当てはまらないとする批判である。

自己統制
Self-control

　自己とは他者とのかかわりのなかで生じる自分自身についての意識のこと。新生児は自分の身の回りの物や人への志向性をもつが、自分の志向に応えてくれる親や家族との相互作用のなかで自分についての意識を獲得していく。つまり自己を形成していくと考えられる。その過程は他者との相互作用のなかでより豊かな自己の中身を獲得していく過程であるが、それと同時に他者の求めや期待に自己を合わせていく（他者による統制）過程でもある。その過程で子どもはがまんしたり、さらに相手を喜ばせようとしたりできるようになる。自分の欲求を制御し、統制することを学ぶのである。やがて多様な他者と交流を積み重ねるようになると社会生活において大人のあり方として基本となる行為や行動が可能になる。カギを握るのはこの多様な他者との交流であるが、この部分が不十分であったり、その交流のあり方が相互的なものではなく一方向的なものであれば自己統制が十分にできないこととなる。

しつけ
Discipline

　家庭や社会のなかで年長者が年少者に対して望ましい振る舞いやあり方を求めることをいう。特に子育ての過程で子どもに大人となるために必要な習慣や礼儀、きまりなどを身に着けさせること。普通しつけは計画的に行われる教育とは異なり、生活の様々な場面の中で子どもの行動や振る舞いが不適切であったときに必要に応じて行われるが、子どもの側では主体的な意思というよりも、叱られているという受動的な思いを伴うことが多いためその効果は不確かとなりやすい。また、近年では親による暴力を伴う虐待と疑われる場合に、しつけがいい逃れとして持ち出されることもあり、大人側の子どもへの権威を利用した恣意的なはたらきかけと混同されやすい。

社会化
Socialization

　社会に内在する規範や価値などを習得することによってその社会に適応し、さらにその社会の再生産を担うことができるようになること。デュルケームは教育を「若い世代の組織的な社会化」と定義したが、彼は社会化（教育）は2つの機能をもつと考えていた。1つは、社会にはその成員の分

業として様々な職業があり、1つの社会が成り立つ。その成員になるようにすることが教育の課題とされる。社会は常に同じではなく常に分化、発展していく。それを担う人になることが社会化、つまりそのように育てるのが教育というわけである。一方で、分化・発展と同時に社会はその民族や社会固有の構造をもち、個々人もその構造に対応する共通の特質をもつ。分化・発展を担うようにする教育は、教育の分化機能と呼ばれる。それに対して、この共通する部分をもつ個人となることが社会化、つまり他者と連帯することのできる個人を形成することが教育のもう1つの機能とされる。これを教育の統合機能と呼ぶ。教育、つまり社会化は分化機能と統合機能との2つの機能をもち、後者の統合機能を担うのが道徳教育であるとされる。

社会規範としての道徳
Moral as social norms

個人の行為や評価を規定する準則を規範というが、それが社会の側に存在するものを社会規範という。社会規範は社会を規則づけ、秩序づける機能をもつ。道徳において、その社会規範に従うことを道徳としてとらえると「社会規範としての道徳」となる。道徳のとらえ方には、個々人の主体的な在り方に重心を置いてとらえるか、それとも個々人が生きる社会に重心を置いてとらえるかの二つのとらえ方があるが、20世紀はじめ、社会に重心を置いてとらえる道徳を強調したのが、社会学者のデュルケームである。個人に重心を置いて道徳をとらえることを強調したのがピアジェであっ

た。両者の対立は、道徳教育においても考え方の基本的な違いとなって受け継がれている。ピアジェは、デュルケームが大人と子どもの関係のなかで考えており、子どもたちどうしの関係を考慮していないと批判するが、この点は重要な指摘であるといえる。

集団としてのアイデンティティ
Collective identity

アイデンティティは、同一性と訳されるが、変化の中で変わらないもののことだとされる。一般には個々人が変わらない自己自身についてもつ意識のことであり、集団としてのアイデンティティとは、集団や社会が変化の中で変わらぬものとしてもつもののことである。例えば、学級は時間の変化とともに取り組む課題も変化し、そこで生じる出来事も多様なものがありうる。それにもかかわらずその学級は同一性を持続させ、構成員に私たちの学級という意識を持続させる。それはどうしてか。ハーバーマスは、学級は単に箱のような個々人の入れ物なのではなく、個々の構成員が参加してその学級を作り出しているからだと考える。道徳教育においては、個々人の道徳学習が基本とされ、個々人が自己の生き方を深く考えることとされているが、集団としてのアイデンティティを確認したり、あるいはそれを強化しているという発想はそこにはみられない。いじめ問題という学級の諸問題の解決につながる道徳学習となるためにはむしろこのような発想が重要となる。

シュプランガー (1882-1963)
Spranger, Eduard

　ディルタイ（Dilthey, W. 1833-1911）が樹立した精神科学、解釈学を基盤に、「理解」という方法を駆使しながら人間科学や文化科学の独自性を主張したドイツの哲学者・心理学者・教育学者。主著には『生の諸形式』などがある。人間存在の在り方は多様であるが、その在り方はその営みとその営みが生み出したものを理解という方法によって類型化すると6種類に区分できるという。理論的人間、経済的人間、審美的人間、社会的人間、権力的人間、宗教的人間である。科学は人間を一元化してしまうが、シュプランガーは多様性のうちに人間であることをとらえようとした。教育学の著作には『文化と教育』（1919）や『教育学的展望』（1951）などがある。前者は文化という基盤においてこそ教育が成立しうること、両者は密接につながることを明らかにした。後者の著作では、教育を「発達の援助」、「文化の伝達」そして「良心の覚醒」の3つによって定義し、それによって文化と教育の関係性を論じた。心理学の分野では、『青年期の心理学』（1924）があり、人生の激動期である青年期の固有性をはじめて心理学的に明らかにしようとした。

正当性
Legitimacy

　ハーバーマスは彼の主著の1つである『コミュニケーション的行為の理論』（1981-）において、言語的コミュニケーションは単にあることを伝え合うことに尽きるものではなく、話者と聞き手の間で話題に関する妥当性（正しさのこと）の確認が行われていると説明しているが、その妥当性の1つが正当性である。妥当性の確認の内容には、真理性、正当性そして誠実性の3つがあるという。真理性というのは話題の事実としての妥当性を示し、正当性は価値や規範など、事実というより社会に存在するルールや約束事がもつ妥当性のことである。そして誠実性とは、話者が作為ではなく内心の思いを述べていることを示している。これは道徳科の授業において展開される児童生徒の議論が何をめぐって行われる必要があるのかを考える上で参考にできる。

善悪
Good and evil

　人間の行為や行動を道徳的、倫理的観点から価値づける区別のあり方のこと。もとは宗教的な観点から生じた区別である。神が完全であるのに対して人間は不完全であり、種々過ちに陥る。その際、判断の基準は神の完全性から離れている度合いであり、善悪が区別される。社会生活においては、法がその基準になるが、その場合、区別は法に依存し、法に触れなければ悪ではないということになり、これも相対的な性質のものであり、絶対的な区別からは程遠い。学校の道徳教育では、1998（平成10）年告示の学習指導要領から、特に低学年の1の視点において「よいことと悪いことの区別をし」（1-（3））という文言が追加された。これは児童生徒の問題行動の深刻化と低年齢化傾向に対応するものであるが、善悪の区別の基準が不明確であることから、指導に際しては、発達段階を考慮しながら、

具体的な状況とかかわらせながら、なぜよくて、なぜ悪いのかを子どもたちが深く考える学習が求められる。

全面主義
Moral education by whole school activities

　学校の教育課程における道徳教育の位置づけに関しては、多様な形があるが、科目や時間を設定しないで行う道徳教育の形を全面主義という。わが国の学校では、戦前には修身という科目があり、科目を設定して道徳教育を行っていたが、これは特設主義といわれる。戦後においては、新設の高等学校と1947（昭和22）年〜1958（昭和33）年の小学校と中学校における道徳教育は、科目を設定せず、全面主義を原則とした。しかし、1958（昭和33）年に、その方針が変更され、学校の教育活動全体で道徳教育を行う全面主義を原則としながら、「道徳の時間」を特設して、学校の教育活動全体を通じて行う道徳教育を補充し、深化し、統合するために「道徳の時間」の道徳教育を行うこととなった。このような形は全面特設主義といわれている。2018（平成30）年4月からは小学校で、2019（平成31）年4月からは中学校で「特別の教科　道徳」（道徳科）が設定され、全面主義を維持しつつ科目の特設が実施されことととなった。

総合単元的な道徳学習
Moral-learning by the comprehensive unit

　1989（平成元）年に学習指導要領が改訂されたが、その際に、教育課程調査官であった押谷由夫によって提唱され、「道徳の時間」を要<ruby>（かなめ）</ruby>として各教科、特別活動での道徳教育と「道徳の時間」での道徳教育を総合的に関連付けることによって道徳的実践力の一層の育成をめざそうとする構想である。平成元年は「心の教育」元年でもあったが、道徳学習においても特別活動において多様に展開されることになった体験活動とのかかわりを積極的に求めるなど、「道徳の時間」の道徳学習を他の領域へ積極的につなげることによってその学習をより活性化し、より深い学習にすることを企図していた。

相互行為・相互作用
Interaction

　刺激、呼びかけなどの働きかけに対して行われる反応であり、身体的な行動だけでなく、記号や言語などのシンボルを介しても行われる行為のこと。相互作用とも訳される。言語行為もこれに属し、対人的行為の場合、一定の規則や規範に則して行われることから、行為者間では互いに自分と同等の存在であることが認められ（承認され）ることが、相互行為成立の前提となる。一定の規則に則して行われることから、相互行為は社会的関係の存続を可能にし、さらに形成する機能を担う。interactionは、一般に「相互作用」と翻訳表現されるが、発話を通して社会的関係を作ることを考慮すると行為と訳す方が適切な場合がある。この概念を積極的に使ったのはデューイやミードであるが、彼らは教育や学習を人を含む環境との相互行為（作用）としてとらえている。ハーバーマスはそれを継承しながら、社会形成的言語行為としてコミュニケーションをとらえながら、「コミュニケー

ション的行為」と呼んでいる。

伝統的社会
Traditional society

　近代社会以前の社会のこと。自然に即して展開される農業を中心とする第1次産業を基盤にした社会であった。伝統的社会では宗教的な世界観と政治的社会的世界観とはいまだ区別されず、いわば固定化・一体化した状況にあった。それに対して近代社会は、16世紀前後に生じたルネッサンスや宗教改革が生み出した新たな世界観や人間観を背景に、科学技術の発展を基盤として、ほぼ18世紀頃に登場したが、そこでは宗教的な世界観の基盤が崩れることによって、その社会を規定していた統一的世界観が流動化することとなり、それまで個々人が依拠していた道徳的価値体系も崩れることとなる。このような事態をドイツの哲学者ベンナー（Benner, D. 1941-）は「実践的循環の崩壊」と特徴づけている。伝統的社会の世界観や価値観が不確かになったために、社会の再生産のサイクルが機能しなくなる。そのため子どもが大人になる過程も不明確なものになるとともに、それを可能にする教育や学校が必要となる。しかし、実践的循環の崩壊はそれを困難にする。この崩壊は近代の展開のなかで進行するが、はじめは徐々にやがて急激に進行するとすれば、教育の方略もそれを前提に構築されることが必要となる。

トゥールミン・モデル
Toulmin- model

　トゥールミン（Toulmin,S. 1942-2009）は、イギリスで生まれ、ロンドン大学卒業後、ケンブリッジ大学で学位を取得し、オックスフォード大学、リーズ大学の教員を経て、アメリカで活躍した哲学者であるが、彼が提案している議論のモデルのことである。ある事実をめぐってそれが真実であることを論証する議論が取るべき構造をモデルとして示した。その際、彼は事実だけでなく、道徳的内容もこのモデル（以下の図）を適用することができることを主張した。

$$
\text{データ（D）} \quad \rightarrow \quad \text{主張（C）}
$$
$$
\uparrow
$$
$$
\text{論拠（W）}
$$
$$
\uparrow
$$
$$
\text{裏付け・根拠（B）}
$$

　一般に話合いは取るべき道徳的行為についての考えを述べ合うことと考えられてきたが、その話合いが取るべき行為のあり方やその正当性を追求するものであるなら、単なる意見の出し合いではなく、そうすべき根拠を示して行為とその規範の正当性を論証するものでなければならない。道徳の学習が問題解決的な学習となるにはなおさらのことである。

討議倫理学
Diskursethik

　ハーバーマスが「コミュニケーション的行為の理論」を基盤に打ち立てた現代倫理学の学説の1つ。カントは理性と自由意志に基づく定言命法によって普遍的な道徳の確立に取り組んだ。しかし、そこには解決することが困難な課題もあった。定言命法は理性に対する命令であり、理性はそれに無条件に従うことが求められる。当然そこ

には理性による自由意志の余地はない。そこでカントは立法という発想を導入する。理性が自分で規則を決めるならそれはもはや強制ではなくなると考えた。自分が決めた規則が普遍的な規則と合致すれば行為は常に自分の意志によって正しいものとなる。しかし、立法がどのように成り立ちうるかは不明であり、理性に対する命令がどこから生じうるのかも明確ではない。道徳の普遍性そのものが、すでに存在していることが前提になっている。それは結局一人の人間の枠内で考えることの限界を示している。ハーバーマスは、この点を克服するために、ヘーゲルやデュルケームにならってカントの道徳原則を人々が生きる社会に引き戻す。それがコミュニケーション的行為の理論で示す規範の正当性の討議（ディスクルス）による調整である。これはカントの道徳の普遍性を放棄せず、それが成立する可能性をコミュニケーションに求めることである。

道徳教育推進教師
Promotive teacher of moral education

　小（中）学習指導要領総則の第6に規定されている、学校において道徳教育の推進を主に担当する教師のこと。学習指導要領では、学校の道徳教育を進めるに当たっては、道徳教育の特質を踏まえて、配慮事項の1つとして、道徳教育推進教師を中心に全教師が協力して道徳教育を展開することが求められている。また、学習指導要領第3章第3「指導計画の作成と内容の取扱い」では、校長や教頭などの参加、他の教師との協力的な指導などについて工夫し、道徳教育推進教師を中心とした指導体制を充実

することが求められている。道徳教育推進教師の役割には以下の内容がある。ア道徳教育の指導計画（全体計画、年間指導計画など）の作成に関すること、イ全教育活動における道徳教育の推進（別葉の作成など）、ウ道徳科の充実と指導体制に関すること、エ道徳科用教材の整備・充実・活用に関すること、オ道徳教育の情報提供や情報交換、カ授業の公開など家庭や地域社会との連携に関すること、キ道徳教育の研修の充実に関すること、ク道徳教育における評価に関すること等。

道徳性
Morality

　道徳性のとらえ方は多様であるが、日本の学習指導要領の解説では、「道徳性とは、人間としてよりよく生きようとする人格的特性」であると定義され、その道徳性の諸様相が、道徳的判断力、道徳的心情、道徳的実践意欲と態度であるとされている。2008（平成20）年告示の学習指導要領までは、道徳的価値によって構成されるととらえられていたが、平成27年告示の学習指導要領では、道徳科の道徳教育の目標が「道徳的諸価値についての理解を基に、自己を見つめ、物事を広い視野から多面的・多角的に考え、人間としての生き方についての考えを深める学習を通して、道徳的な判断力、心情、実践意欲と態度を育てる」（中学校）となったため、多少変更されている。一方、例えば、コールバーグは道徳的価値の相対性を踏まえて、人は道徳的課題に直面したときにどのように行動することが正しいのかという自分の考え方を踏まえて判

断を行うが、その判断を支える道徳的な思考を道徳性とみなしている。

道徳の評価

「道徳の時間」の場合、「児童（生徒）の道徳性については、常にその実態を把握して指導に生かすよう努める必要がある。ただし、道徳の時間に関して数値などによる評価は行わないものとする」とされていたが、「特別の教科　道徳」（道徳科）の評価は、「児童（生徒）の学習状況や道徳性に係る成長の様子を継続的に把握し、指導に生かすよう努める必要がある。ただし、数値による評価は行わないものとする」とされている。数値による評価はしないことは共通している。また、道徳性を評価の対象にすると、人格の評価になりかねない。それを避ける必要がある。しかし、道徳性の成長の様子は把握される必要があるが、指導に生かすことに限定されている（「指導と評価の一体化」という考え方）。道徳科では、学習指導要録と通知表に評価欄が設けられるから、児童生徒の学びの評価を行う必要がある。そこで、児童生徒の学習の状況を教師が見取り、人間性や個々の道徳的価値内容の理解ではなく、児童生徒個々の学習の在り方の成長を個人内評価（他の児童生徒との比較はしないこと）として長期の時間的スパンで大くくりに、数字等ではなく記述式で行うこととなっている。

道徳の普遍性
Universality of morality

普遍性とは、哲学や科学において真理をあらゆる事柄やあらゆる場や状況において

も通用（妥当）するという考え方のこと。反対は相対性。道徳教育では、道徳の普遍性を追求する立場と道徳の相対性を追求する立場の2つがあるが、カントやコールバーグは前者に属する。それに対して、コールバーグの道徳性の発達段階論を批判したギリガンは後者に属している。実際には、道徳には多様性があり、相対性を免れない。しかし、道徳は人間としてのあり方のことであるから、その観点で考えると人間としてという点では普遍性の側面をもつといえる。コールバーグは価値の相対性を認めながら、正義（正しさ）を追求するかぎりでは道徳的な思考は普遍性をもつと考えた。道徳教育においても社会のグローバル化が進展する今日の状況では、道徳の普遍性と相対性は、どちらかではなく両側面をもつものとしてとらえ、それにふさわしい学びや指導のあり方が求められる。

徳性
Virtueousness

徳を備えた品格や品性の望ましいあり方のこと。人間としての望ましい在り方、つまり人格をその内容の観点から見た時にこの徳性が語られる。徳は人としての善さのことであるが、それを備えたあり方が古くから人間であることにとってもっとも大切なものとされてきた。しかし、その徳が普遍的なものであると同時に時代や社会に固有の相対性をもつとすれば、徳性も普遍的な特性をもつと同時に時代や国や文化や社会、あるいは個人が置かれた状況によって異なる側面をもつこととなる。

徳目主義
Moral education for virtues

　徳とはものがもっている優秀さ、有用さをあらわし、人の場合も人間としてあるべき善さを意味する。徳目とは、その人間としての善さの具体的な内容のことであるが、節度・節制、正直、勤勉、礼儀、公正・公平・正義など、1つ1つの内容を指す。学習指導要領では、道徳的価値ともいわれる。道徳教育には様々なあり方がみられるが、1つ1つの道徳的内容を子どもたちに学ばせる、理解させる道徳教育を徳目主義として批判が行われてきた。戦前の修身という科目による道徳教育は、教育勅語に明記された14個の徳目を繰り返し様々な例話によって環状に（繰り返し）教えられていたことから、徳目主義として特徴づけられている。また、指導方法として、例話の主人公の生き方や人物に心情的に共感させながら徳目の受容（内面化）を図る指導のあり方は心情主義として批判されることもある。

トポス
Topos

　もともと場所を意味する言葉。議論が行われる際のその議論や論証が出発する場所、論点や命題を指す。道徳教育における学習は、ある人物の道徳的なあり方や生き方をその人物の文脈で描いた物語を教材として使いながら行われることが多い。その場合、児童生徒は家庭や地域社会、また、学校や学校の教室の中での日常生活の場において道徳的な思考や行為を行っており、道徳の学習のトポスと道徳の実践のトポスが異なることになる。この違いを考慮しないと道徳の学習は児童生徒の生活に生かされることは難しい。学校における道徳教育では以前から道徳的実践力の育成が課題とされていたが、その課題はトポスの違いとして説明することができる。この問題を解決するためには、少なくとも教室という生活の場としてのトポスと学習のトポスをつなげる工夫が教師の指導には必要となる。

ハーバーマス（1929-）
Habermas, Juergen

　現代ドイツの哲学者。批判理論を駆使した社会研究によって現代社会研究に取り組んだフランクフルト学派の第2世代に属す。アドルノ（Adorno, T. W. 1903-1969）やホルクハイマー（Horkheimer, M. 1895-1973）等の第1世代が展開した批判理論を継承しながらも、現代社会を批判的、否定的にとらえることで終始するのではなく、現代社会の諸問題の構造的な課題を探り出し、それを解決することによって諸問題を克服する新たな可能性を探ることに取り組んだ。1960年代の『イデオロギーとしての技術と科学』（1968）や『認識と関心』（1968）が批判理論を批判的に継承するものであったが、それに対して、1980年代の『コミュニケーション的行為の理論』（1981）は、言語論的転回を通して学校における教育実践においても大きな影響を与えた。言語論的転回は教育がコミュニケーションを基盤にする相互主体的な行為であることを明らかにし、学校における子どもたちの対話による協働的学びを進める教育活動の諸課題を解明する可能性を切り開いた。

フロイトの道徳性の発達段階

Developmental stages of morality by Freud

　精神分析を確立したフロイト（Freud, S. 1856-1939）は、神経症の原因を探るなかで、子どもの人格の発達を生み出す原理と発達の道筋を説明している。それによれば、道徳性は超自我の発達によって行われる本能による検閲と抑圧によって生じる道徳的傾向性である。その段階は4段階に区分される。第1段階は口唇期、第2段階は肛門期、第3段階は男根期そして第4段階は性器期である。第1段階は母親の授乳によって密接な信頼関係が形成される時期、第2段階は排泄のしつけの時期であり、それは排泄の快楽と母親による命令に従うことの葛藤の時期であり、現実世界への適応を学び自我が成立する。第3段階は性に気づき、性器に興味を持つ時期であり、男児は父親を、女児は母親を同一視することによって親の道徳性を受容し、超自我が形成される。第4段階は思春期であり、性衝動が増大し、本能と現実との間で葛藤し、自己衝動のコントロールを学ぶ。このフロイトの発達段階論はエリクソン（Erikson, E. H. 1902-1994）等のちの研究者によって発展的に継承されている。

モラルジレンマ

Moral dilemma

　コールバーグ（Kohlberg, L. 1927-1987）は、道徳性の発達段階を検証するために作成した例話において複数の道徳的価値が対立する場面を活用したが、その場面で人が道徳的判断を行う際に経験する葛藤をさす。たとえば、「ハインツのジレンマ」では、末期がんの妻を救うために、高額の薬代を要求する薬屋に盗みに入るべきか、それとも入るべきでないかという二者択一の判断の選択を被験者に迫ることによって被験者が陥る道徳的葛藤のことである。コールバーグがこれを発達段階の検証方法として採用したのは、われわれは普段即座に判断を行っているが、困難な課題に直面して判断を行う際ジレンマ状況に陥るとともに、この葛藤状態においてその人固有の道徳的な考え方が意識に浮上すると考えたからである。コールバーグは一時期このような例話を使って道徳性の発達段階の向上をめざす道徳授業を開発したが、それはモラルジレンマ資料による道徳授業と呼ばれ、アメリカだけでなくわが国を含む諸外国にも広がった。

15. 総合的な学習・探究の時間

PBL
Problem Based Learning / Project Based Learning

　PBL という略称は 2 つの学習法に用いられる。1 つは Problem Based Learning で、問題解決型学習と呼ばれる。これはもともとアメリカの医学・薬学教育の中から生まれた学習方法であり、ある解決すべき具体的な課題からはじまり、学習者はその課題を明瞭にするために情報を収集し、解決策を考える。2 つ目に Project Based Learning で、プロジェクト型学習と呼ばれる。これはジョン・デューイ（Dewey, J. 1859-1952）の流れをくむキルパトリック（Kilpatrick, W. H, 1871-1965）によって開発されたプロジェクト・メソッドのことを指し、あるテーマをもとにそこから学習者が課題を設定して解決策を考えるものである。総合的な学習における PBL は後者を指すことが多く、たとえば、「商店街の活性化」などのテーマに対して学習者が課題を設定し、探究的な学習を進めることがある。時には課題も教員が設定することがあり、前者と後者を区分けするものが難しい場面もあるが、基本的に両者の違いは発展した文脈の違いというのが大きく、それほど、厳密に区分けされることは少ない。

仮説生成と仮説検証
Hypothesis generating and hypothesis testing

　学術研究を、仮説を作り出す仮説生成と仮説を検証する仮説検証の 2 種類として考えることがある。例えば、中学生のストレス解消法というテーマで自由記述アンケートを行い、中学生が利用しているストレス解消法についての仮説を生成する。その後、その仮説を検証するために選択肢形式のアンケートを行い、集まったデータを統計処理し仮説を検証する。調べ学習をこの仮設生成のための情報収集作業と位置づけ、仮説検証へと導くことができる。探究的な学習を調べ学習に留まらせないためには、このように段階的なカリキュラム・指導が必要になってくる。

教育資源としての「地域」
Local community as a learning resource

　探究的な学習など体験的な学習を展開する上で地域資源を活用することが有効になる場合がある。例えば、地元の博物館や図書館の利用は地域についての調べ学習において有効であろう。このような地域資源の活用については、いくつかのアプローチが考えられる。1 つ目に「教材としての地域」である。これは地域にある様々な施設や自然、機関を学びに有効活用するものである。例えば、地域の川や山における生物の生態を観察し探究する。あるいは、地域の企業や非営利組織などと連携しながら、プロジェクト型の学習を展開する。2 つ目に（1 つ目のものと重なる部分が多いが）「教師としての地域」である。地域の人々がその人固有の体験を学習者に話し、生業などを

追体験させることで、学校だけでは得られない学びの機会が生まれる。このように「地域」を学びの資源として活用することでより良い学習体験が得られると考えられる。

研究ノート／フィールド・ノート
Research note / Field note

探究的な学習を進める中で実験や聴き取り調査などを行うことがある。その際、実験等を行う場合は研究ノートを、野外観察や聴き取り調査などを行う場合フィールド・ノートを利用することがある。これはA6サイズ程度のノートやメモ帳を用いるものであり、研究ノートの場合、日付、試料と器材、実験の条件や結果などを書き記す。フィールド・ノートも同じく、日付、フィールドとなった場所、そこで観察した出来事やインフォーマント（情報提供者）の名前や属性、聴き取った内容などを書き記す。ともに実際の研究場面で用いられるものであり、その方法については先行研究に準拠すると良い。学校現場では学習活動の進捗度を図るものであり、これをもとに形成的な評価、あるいはポートフォリオ評価の一環として成績評価物として利用しても良い。

コア・カリキュラムと総合学習
Core curriculum and integrated studies

1930年代にアメリカで展開された「コア・カリキュラム」が戦後直後、日本でも開発・研究された。これは生活における課題解決を目指すコアとなる課程（授業）を設定し、それを中心的に同心円的に編成されたカリキュラムモデルである。このカリキュラムを研究していた「コア・カリキュラム連盟」（後の日本生活教育連盟）の梅根悟らは玉川学園の流れをくむ和光学園を実験校として開発を行った。梅根は1970年代には総合学習の概念を提示しており、コア・カリキュラムと総合学習の連続性が見受けられる。他方、コア・カリキュラムとは別に、同時期「本郷プラン」「川口プラン」など、地域教育計画運動として地域ごとのカリキュラム開発が行われ、地域社会や実生活を基盤とした総合学習の先駆的な動きが起きた。

合科学習と木下竹次
Integrated learning and Kinoshita Takeji

大正自由教育においては、それまでの様々な教科がバラバラに教え込まれる学習のあり方から全人的な人間教育を目指して教科を横断あるいは統合し、具体的な生活経験から展開する学習アプローチが試みられた。このような教育運動はドイツのヘルバルト学派の「合科教授」などにも見られた。このヘルバルト学派流の「合科」を日本で行なったのが大正期の教育者木下竹次であった。彼は「生活即学習、学習即生活」の理念のもと、奈良女子高等師範学校附属小学校で「合科学習」に取り組みはじめ、教師中心の「教授」から学習者による自律的な「学習」に「合科」の軸足を移し、実践を行っていった。合科学習の運動は後の小学校教育に影響を与えたとされる。

高等学校における「総合的な探究の時間」

Period for inquiry-based cross-disciplinary study in high school

2017年度改訂の学習指導要領から高等学校でそれまでの「総合的な学習の時間」が「探究」を冠した「総合的な探究の時間」とへ名称変更された。この変更の背景には高校現場における「総合的な学習の時間」が問題視されたことがある。2016年8月26日中央教育審議会教育課程部会「次期学習指導要領等に向けたこれまでの審議のまとめについて」において、「高等学校における総合的な学習の時間のさらなる充実」が求められ「本来の趣旨を実現できていない学校もあり、小・中学校の取組の成果の上に高等学校にふさわしい実践が十分展開されているとは言えない状況にある」と総括されている。ここでは触れられていないが、「総合的な学習の時間」にクラスでの活動や進学補習などを包括的に「学習」として行なっている学校が散見される現状があった。学習指導要領改訂と並行して進められている高大接続改革（旧来の「センター試験」から「大学入学共通テスト」への移行など）を念頭に、高校でもアクティブラーニング（主体的対話的で深い学び）の徹底が求められる中、「探究」を軸にした授業改革が行われたと考えられる。

食育と命の授業

Food and nutrition education and lesson of life

総合的な学習の時間では「食育」が取り上げられることがある。2005年に食育基本法、2006年に食育推進基本計画が制定されたが、食育の視点は1980年代より「個食（孤食）」（塾や習い事、保護者の共働きなど、様々な理由で子どもが一人で食事をする）が問題視される中で形成されてきている。他の動物を人間は食べることから、命について考える授業としてもとらえられることがある。「食育」や「命の授業」の総合学習としては黒田恭史が1990年前半、大阪北部の小学校で行った豚を食べる目的で実際に飼育した実践が有名で、ドキュメンタリー番組で取り上げられ後に映画になった（『豚のPちゃんと32人の小学生』）。また、この種の「食育」・「命の授業」の源流をたどれば、学園内で野菜を栽培、家畜を飼育し、それらを実際に食べるという自由学園での学習活動など大正自由教育に行きつく。

調べ学習

Investigative learning

あるテーマに沿って関連する情報を収集し、整理しながら全体像を提示し、自身の考えを提示する学習方法。総合的な学習の時間における探究の過程とほとんど同じものである。課題を設定、仮説を生成し、その検証を行うという科学教育・理科教育的な探究の過程から考えると素朴なものに映ることがある。そのため、高等学校の現場などでは探究が調べ学習的になることを批判的にとらえる向きもある。ただ、課題を考える際には知識が必要であり、習得・活用・探究の道筋としても、知識の習得と整理に重点を置いた調べ学習には一定の意義が見受けられる。調べ学習においては図書館を活用することが多い。

生活科
Life environment studies

　1989 年に改訂された学習指導要領で、小学校低学年（1・2 年生）においてそれまであった社会科と理科を廃止し、新設された。生活単元学習を基本とし、具体的な活動・体験を通して、社会や自然とのかかわりや自分自身の生活について考え、生活上必要な習慣や技能を身に着けることを目標とする。日本の教育において脈々と伝わる、生活基盤型・総合型の学習形態であり総合的な学習の時間と一定の連続性のあるものである。

生活単元学習
Learning unit

　デューイに影響を受けた戦後直後の日本の教育では、子どもたちの生活を学習の基盤とする考えが広まった。とくに戦後直後は学問体系をもとにした教科単元ではなく、子どもたちの生活をもとにした単元の発想を採用した経験重視の教育が展開された。戦後に創設された社会科ではこの考えが顕著であった。ただし、系統性が重視される理数教育ではうまく馴染めず、基礎学力低下批判につながったとされる。占領政策の転換などもあり生活単元学習など「這い回る経験主義」として批判されることになった。

総合的な学習の時間の評価
Evaluation of period for integrated studies

　近年注目されている評価方法に「パフォーマンス評価」がある。これはウィギンズとマクタイが提唱している逆向き設計論に基づくものであり、個々の知識理解や技能というスキルではなく実際の文脈の中での課題となるパフォーマンス（作成されたレポートや探究成果の発表など）を、ルーブリックを用いて評価するものである。他方、ポートフォリオ評価というものもある。ポートフォリオはもともと「書類入れ」という意味であり、芸術家が自分の作品を入れて自分を売り込むときにも使われる。ポートフォリオ評価は様々な学習成果物を保存し、学習者や教員がともに活動を振り返り、評価を行うものである。総合的な学習の時間の評価が記述評価であることを考えると、パフォーマンスのレベルを一定水準に高め、さらに多様でエビデンスに基づいた評価を行うためには両者を組み合わせて実施すると良いと考えられる。

体験学習
Experiential learning

　総合的な学習の時間では、講義・座学中心の学習ではなく、様々な体験を通して学習を行うことが一般的である。体験を通した学習において重要になるのはその学習サイクルを教員が意識し、学習プログラムを構築することである。コルブ（Kolb, D. A. 1939-）は「体験」→「反省的観察」→「概念化」→「試行」→「体験」という体験学習の循環モデルを提示している。このモデルは体験の「振り返り」を通しながら、そこで得られた気づきを概念化＝言語化することを求めている。体験の振り返りが学習において重要であるというのは、デューイから思想的影響を受け、社会教育において専門家の知恵論を展開したドナルド・ショ

ーン（Schön, D.A、1930-1997）にも見られる。このように体験の後の「振り返り」が体験を通した学習では重要になってくる。

大正自由教育
Taisho liberal education

デューイの進歩主義教育などの世界的に展開されていた新教育運動が大正期の民主主義・自由主義の風潮の中、日本でも発展した。例えば、柳澤政太郎の成城小学校や小原國芳の玉川学園、羽仁もと子・吉一夫妻の自由学園などがあり、子どもたちの興味・関心や自主性・自発性を重視する総合学習や体験学習の先駆的な取り組みが行われた。また、明治期の理科教育者の棚橋源太郎や地理教育者の牧口常三郎による郷土教育も総合学習の先駆的な実践であった。

「探究」と「総合学習」
"Inquiry" and "Integrated studies"

探究的な学習・探究学習（Inquiry Based Learning）はもともとデューイの影響を受け発展してきた課題解決型の学習方法である。ただし、「探究」の名称で呼ばれる学習方法は（医療教育等で用いられる）学習プログラムとして定式化されたものからテーマや課題を設定して行う自由研究・課題研究的なものまで幅広い。日本ではこのような流れは大正期以降、子どもの生活から始まる生活基盤型で教科横断的総合的な学習として広まり、戦後はコア・カリキュラム、そして、総合学習として研究・開発が続いた。他方、科学教育・理科教育では、子どもたちの研究活動にも「探究」という名称が用いられた（探究活動）。総合

的な学習の時間が創設された際、学習指導要領において課題解決的側面と理科的な探究活動が統合されることになった。総合的な学習の時間が実践に移されて以後、高等学校での総合的な学習の時間の形骸化が批判され、2017年度改訂の学習指導要領から高等学校においては、探究を前面に押し出した総合的な探究の時間が発足することになった。

探究の過程
Process of inquiry

学習指導要領解説で採用されている探究的な学習の学習モデルのことを指す。このモデルは、「日常生活や社会に目を向け、生徒が自ら課題を設定する」という「課題の設定」から学習活動がはじまり、その課題に基づいて「情報の収集」が行われ、集められた情報を「整理・分析」し、結果を「まとめ・表現」するという1つの学習のユニットからなっている。このユニットを経験した学習者は「自らの考えや課題が新たに更新され」新しい「課題の設定」へと向かい、ユニットが螺旋状に繰り返される。これが「探究の過程」であり、日本で「探究的な学習」という時、この学習モデルが採用されることが多い。ただし、元来、「探究の過程」は問題の発見、予測、観察、実験など、科学研究の方法をモデル化したものであり、必ずしも生活を基盤とした課題から出発するものではなかった。

知の総合化
Integration of knowledge

総合的な学習の時間では各教科を横断し

た学習活動が求められることがある。もともと1998〜1999年告示の学習指導要領に総合的な学習の時間が登場した際、そこで取り扱う課題について「横断的・総合的な課題」として提示され、2003年の高等学校学習指導要領の一部改正において、各教科・科目及び特別活動で身につけた知識技能等が総合的に働くようにする知の総合化が記載された。2017〜2018年の学習指導要領改訂においても横断的・総合的な学習を行うことが求められている。2008年の中央教育審議会答申では「習得・活用・探究」という考え方が示されており、各教科で習得した知識や技能が総合的な学習の時間で「総合」されることが目論見として掲げられた。もともと、総合学習は1970年代、梅根悟が中心となってまとめられた日本教職員組合の提言によって現代の学校教育において注目されることになったが、この提言の時点で「諸教科を総合して、生活課題を学習する」とある。この提言では総合学習提案の背景として「明治以降、大正・昭和期を通じ、日本の民間教育運動の遺産を継承し、それを今日的に発展させようとする」とある。実際、大正〜昭和初期の「合科学習」（奈良女子高等師範附属小学校）はその代表であり、教科の総合、かつ生活に根ざした課題に定位づけられた総合学習という発想は歴史的に古いものである。

デューイとシュワブ
Dewey and Schwab

　教育学における「探究」という言葉自体はもともとデューイの思想に端を発する。デューイは日常の中で捉えられた問題状況（課題）によって生じた反省的思考によって探究がはじまると考えた。このような課題と紐付けられた探究という考えは日本ではとくに社会科の文脈で発展する。一方で理科教育におおける「探究」は教育の現代化運動に影響を与えたシュワブ（Schwab, J. 1939-1986）に強く影響を受け発展する。シュワブは探究を安定的探究（ある科学の原理に沿って行われる）と流動的探究（原理自体を疑う）に分けて、2つのモードが絶えず行き来しながら探究が進むと理解した。

問いの立て方
Making questions

　探究的な学習において学習者は自ら課題を設定することが求められる。しかし、課題を設定することは新しいアイデアを創発することであり、指導においても非常に難易度の高いものである。そこで課題設定のために「問い」を立てることに実践場面でフォーカスが当たるようになってきた。日本ではKJ法やマインドマッピング法など、アイデアを可視化し整理するための方法が提案され、ビジネスの場面などで利用されてきた。問いの立て方を学ぶ際にはこのような方法を利用することも多いが、最近ではアメリカ正問研究所（Right Question Institute）のダン・ロススタインとルース・サンタナにより開発された質問づくりメソッド「QFT（question formulation technique）」が利用される機会も増えてきている。

発想法・整理法
Mind map and KJ method

　社会人教育や企業研修の文脈で、様々な会議手法やアイデアの整理法などが開発されてきている。マインドマップはイギリスのトニー・ブザン（1942-2019）が開発した手法で、中心にキーワードを描き、そこから放射状に連想ゲームのようにキーワードを張り巡らせながらアイデアを生み出し整理する。川喜田二郎の開発したKJ法はブレインストーミングの手法と合わせて利用され、カードを用いてアイデアを整理しながら新しい仮説やモデル（包括的な理解）を発想する手法である。セブンクロス法はアメリカのカール・グレゴリーが開発した技法で、ブレインストーミングで出てきたアイデアを、表を用いて整理するものである。まず、横に7段階の重要度で分けて、さらにそれぞれの段階を縦に7段階に分ける。これらの技法を調べ学習や課題研究などでアイデアを出したり、情報を整理したりする際に用いると順を追った活動が可能になる。

フィールド・ワーク
Field work

　フィールド・ワークとはもともと理系文系を問わず、野外調査全般を指す用語であり、研究としての側面を強調する場合はフィールド・リサーチと呼ぶこともある。未知の領域への野外調査は探検ということもあり、グループでの現地巡検をエクスカーションともいう。理系分野ではフィールド・ワークは野外生物や地表、天候等の観察のために行われるものである。文社系分野では地誌や文化を書き留めるために行われる調査や、ある社会の特徴を記述するために行われる調査等がある。後者では調査現場において情報を提供してくれる人のことをインフォーマント（情報提供者）と呼ぶことがある。総合的な学習では、商店街などの地域の商業施設への見学や研修旅行先での歴史・文化調査などに用いられることがある。

フリーライダー
Free rider

　総合的な学習の時間では、グループでの活動を取り入れる場合がある。その際、活動に積極的に参加せず、グループの成果に「タダ乗り」するようなものが出てくる。この学習者を経済学の用語を用いて「フリーライダー」と呼ぶことがある。このフリーライダーが発生しないためにどのようにグループをマネジメントするのかがグループ学習における重要な指導ポイントとなる。個々人がグループの共通目標を達成するためにどのような役割を演じ、どのような成果を上げるのかを明確にし、それを管理するなどのマネジメントとリーダーシップが学習者自身にも必要となる。

16. 特別活動

異質集団
Heterogeneous group

　学力や社会性の異なる児童生徒が混在している集団のこと。一般的に年齢主義の制度のもとでは、学級内に学力が違う生徒が所属し、学力的には異質集団となる。社会性については、社会体験が似通っているので等質集団に近いというとらえ方と社会性も学力と相関して発達するために異質集団となるというとらえ方がある。

異年齢集団交流
Different age groups exchange

　『小学校（中学校）学習指導要領（平成29年告示）解説 特別活動編』（以下、新学習指導要領解説）には、児童会活動・生徒会活動の異年齢交流が人間関係を形成する力を養うことに大きく寄与することが述べられており、特に中学校では、リーダー研修会や各種委員会、生徒総会や地域の福祉施設や社会教育施設等でのボランティア活動などが例示されている。近年、集団として人間関係を学ぶ場が学校だけになりつつあるだけに、児童会活動・生徒会活動における異年齢集団交流の役割は以前にもまして大きいといえる。

学級活動
Classroom activities

　新学習指導要領では学級活動（小・中学校）の内容は、（1）学級や学校における生活づくりへの参画、（2）日常の生活や学習への適応と自己の成長及び健康安全、（3）一人一人のキャリア形成と自己実現で構成されており、（3）の内容が新設された。内容構成は、小学校から高等学校まで基本的に同じであり、学校段階に応じてその内容を発展的に取り扱っていく形になっている。担任教師には児童一人ひとりが意思決定するとともに、集団として合意形成を図ることができるように指導することが求められる。

学級文化・学校文化
Class culture, School culture

　学級文化・学校文化は、独自の教育課程や教員文化・児童生徒文化等が融合して創られたものであり、伝統や校風と呼ばれることもある。特別活動は、学級文化・学校文化の形成に直接関わる活動であるが、それらを継承することに意味をもたせるのではなく、学級文化・学校文化の特徴を理解した上で、それらを通して児童生徒にどのような資質・能力を育むのかという視点を大切にして、児童生徒が発展的に新しいものを生み出していくことができるようにすることが大切である。

学級や学校での生活づくりへの参画

　新学習指導要領では、学級活動の「内容」において、（1）学級や学校における生活をよりよくするための課題を見いだし、解決するために話し合い、合意形成を図り、実

践すること。(2) 学級生活の充実や向上の
ため、児童生徒が主体的に組織をつくり、
役割を自覚しながら仕事を分担して、協力
し合い実践すること。(3) 生徒会など学級
の枠を超えた多様な集団における活動や学
校行事を通して学校生活の向上を図るため、
学級としての提案や取組を話し合って決め
ること、と記されている。課題の発見、話
し合い、合意形成、提案そして実践に至る
民主的手順が明記された。

学校行事
School events

特別活動の内容の1つであり、(1) 儀式
的行事、(2) 文化的行事、(3) 健康安全・
体育的行事、(4) 旅行・集団宿泊的行事（小
学校は遠足・集団宿泊的行事）、(5) 勤労
生産・奉仕的行事に分かれる。よりよい学
校生活を築くための体験的な活動を通して、
集団への所属感や連帯感を深め、公共の精
神を養う。文化祭や体育祭、修学旅行など
が学校生活のよき思い出となることが多い。

教科以外の活動
Extracurricular activities

特別活動の以前の呼び名である。1951(昭
和26)年版学習指導要領で、小学校では「教
科以外の活動」、中学校・高等学校では「特
別教育活動」という名称で教科とともに教
育課程の中に位置づけられた。集団活動と
体験的な活動を特徴として人格形成を目指す
特別活動は、わが国の教育課程の特徴であ
る。

クラブ活動
Club activities

特別活動の中に、小学校だけに設置され
ている教育活動である。学年や学級の所属
を離れた同好の児童が異年齢集団のよさを
生かしながら望ましい人間関係を形成し、
個性を伸長していく教育的意義をもつ。共
通の興味・関心を追求する集団であること
が、児童による計画立案、役割分担、相互
協力、楽しい活動等を実現する好条件とな
っている点を最大限に活用すべきである。

様々な集団活動・望ましい集団活動

平成20年告示中学校学習指導要領の目
標の「望ましい集団活動を通して、心身の
調和のとれた発達と個性の伸長を図り、…
自己を生かす能力を養う。」を、2017(平
成29)年新学習指導要領では、「様々な集
団活動に自主的、実践的に取り組み、…集
団や自己の生活上の課題を解決することを
通して」資質・能力の育成をめざすことと
した。目的や構成が異なる様々な集団での
活動を通して、自分や他者のよさに気づい
たり、それを発揮したりできるようになる
ことを、より明確に示した。

自主的・実践的な取組

特別活動は「なすことによって学ぶ」活
動であり、一人ひとりの児童生徒が学級や学
校における諸問題への対応や課題解決の仕
方などを自主的、実践的に実感を伴って理
解することが大切である。例えば災害等か
ら身を守る訓練では、表面的・形式的ではなく、
より具体的な場面を想定した訓練を自分ご
ととして体験することが必要である。

自発的・自治的な活動

　学級活動や生徒会活動においては、特に「自発的・自治的な活動」であることが求められる。しかし、通常、生徒が最初から自発的・自治的な活動を行うことは難しく、生徒を活動の中心に置きながら、不足した情報や資料を補ったり、配慮が必要な内容を示唆したりするなど、教師が側面から援助することが必要である。また、「自治的」であることは「自治」とは違い、学校における活動の最終的な責任者は校長であることを理解させることも大切である。また、学校における自発的・自治的な活動は、特別活動の目標の達成のために必要な学習活動の形態の１つであり、その活動には一定の制限や範囲があることについても生徒に理解させ、必要な場合には的確な助言や指示を行うなど適切に指導していくことが大切である。

社会参画
Social participation

　中学校および高等学校新学習指導要領では、特別活動における「人間関係形成」、「社会参画」、「自己実現」の３つの視点のうちの１つに挙げられている。学校は１つの小さな社会であると同時に、様々な集団から構成されている。学校内の様々な集団における活動に主体的に関わることが、地域や社会に対する参画、持続可能な社会の担い手となっていくことにもつながっていく。また、主権者としての自覚の醸成にも結びつくものである。

自由研究
Independent research

　自由研究は、現在では「夏休みの自由研究」などのように使用されることが多いが、もとは1947（昭和22）年に学習指導要領（試案）で設置された「自由研究」という教科であり、特別活動の前身であった。当時は、「個人の興味と能力に応じた教科の発展としての自由な学習」を主体として「教科外活動」の内容を含むものであった。やがてこれが廃止され、「教科以外の活動」ないし「特別教育活動」を経て「特別活動」に発展した。

集団宿泊活動
Group lodging activities

　校外の豊かな自然や文化に触れ、非日常の中で、集団活動を通して、教師と児童、児童相互の人間的な触れ合いを深め、楽しい思い出をつくる教育活動である。基本的な生活習慣や公衆道徳などについての体験を積み、互いを思いやり、ともに協力し合ってよりよい人間関係を形成しようとする態度を養うことをねらいとする。実施にあたっては、食物アレルギーなど個々の児童の健康状態を把握しておくなど、万全の準備が必要である。

集団や自己の生活上の課題の解決

　2017（平成29）年学習指導要領に見える文言で、様々な集団活動を通して集団や個人の課題を見いだし、解決するための方法や内容を話し合って、合意形成や意思決定をするとともに、それを協働して成し遂げたり強い意志をもって実現したりする児童生徒の活動内容や学習過程を示したもの

である。

職場体験
Work experience

　勤労生産・奉仕的行事の中の重要な体験活動で、勤労の価値や必要性を体得することをねらいとする。職場体験は、学校教育全体として行うキャリア教育の一環として位置づけられている。中学校段階においては、卒業後の主体的な進路選択等を踏まえ、職場体験を一定期間（例えば1週間程度）にわたって行うなど、重点的に推進することが望まれる。

生活集団と学習集団
Living group, Learning group

　全国的に少人数教育の取組が進む中、2005（平成17）年、中央教育審議会の「教職員配置等の在り方に関する調査研究協力者会議」は「今後の学級編成及び教職員配置について（最終報告）」で、小学校低学年においては、生活集団と学習集団の一体化を基礎とする少人数学級の有効性を指摘した。一方、現時点で全国一律の30人学級編成は財政的に現実的ではなく、生活集団としての学級を維持しながら、ティーム・ティーチング、習熟度別授業など少人数の学習集団をつくる少人数指導が有効であるとした。

生徒会活動・児童会活動
Student council activities, children's council activities

　児童会活動・生徒会活動は、全校の児童生徒をもって組織する生徒会において、学校における自分たちの生活の充実・発展や学校生活の改善・向上を目指すために、児童生徒の立場から自発的、自治的に行われる活動である。教師は、児童生徒の自主性、自発性をできるだけ尊重し、児童生徒が自ら活動の計画を立て、それぞれの役割を分担し、協力し合って望ましい集団活動を進めることになる。

男女相互の理解と協力

　男女相互について理解するということは、互いに相手のよさを認め合うことである。独立した一個の人格として相手に敬意を払うという点において、異性間における相互のあり方は、基本的に同性間におけるものと変わるところがない。しかし、中学生の時期は、身体的な変化が現れるとともに、異性への関心の高まりや性衝動が生じるなど心理面の変化も顕著となることから、男女における身体面・精神面の違いの理解や、異性を尊重し人間関係を築くにあたってのマナーについて理解することが大切である。

読書活動の推進

　小学校新学習指導要領には、学校図書館の計画的利用、児童の自主的、自発的な学習活動や読書活動の推進について記されている。また、学級活動の内容においてもキャリア形成と自己実現に結びつけて学校図書館の有効活用を推奨している。

特別活動の特質に応じた見方・考え方

　特別活動の特質に応じた見方・考え方については、中学校新学習指導要領解説で「各教科等の見方・考え方を総合的に働か

せながら、自己及び集団や社会の問題を捉え、よりよい人間関係の形成、よりよい集団生活の構築や社会への参画及び自己の実現に向けた実践に結び付けることである。」と説明されている。

特別活動の内容
Contents of extracurricular activities

特別活動の内容は、「学級活動（高等学校はホームルーム活動）」「生徒会活動（小学校は児童会活動）」「クラブ活動」（小学校のみ）「学校行事」で構成されている。これらの内容は、集団の単位、活動の形態や方法、時間の設定などにおいて異なる特質をもっており、それぞれが固有の意義をもつものである。しかし、これらは、最終的に特別活動の目標をめざして行われ、相互に関連し合っていることを理解し、生徒の資質・能力を育成する活動を効果的に展開できるようにすることが大切である。

特別活動の目標
Goals of extracurricular activities

中学校新学習指導要領には以下のように記されている。「集団や社会の形成者としての見方・考え方を働かせ、様々な集団活動に自主的、実践的に取り組み、互いのよさや可能性を発揮しながら集団や自己の生活上の課題を解決することを通して、次のような資質・能力を育成することを目指す。（1）多様な他者と協働する様々な集団活動の意義や活動を行う上で必要となることについて理解し、行動の仕方を身に付けるようにする。（2）集団や自己の生活、人間関係の課題を見いだし、解決するために話し合い、合意形成を図ったり、意思決定したりすることができるようにする。（3）自主的、実践的な集団活動を通して身に付けたことを生かして、集団や社会における生活及び人間関係をよりよく形成するとともに、人間としての生き方についての考えを深め、自己実現を図ろうとする態度を養う。」平成20年告示の学習指導要領に比べて、字数にして3倍以上になり、資質・能力について具体的に細かく記載された。しかしながら、特別活動の目標が集団活動を通して自己実現を図ること、つまり、理想とする自分に近づくことであることに変わりはない。

人間関係形成
Relationship formation

中学校及び高等学校新学習指導要領では、「社会参画」、「自己実現」とともに、特別活動における3つの視点の1つにあげられている。集団の中で、人間関係を自主的、実践的によりよいものにしていくという視点である。人間関係形成に必要な資質・能力は、個人と個人あるいは個人と集団という関係性の中で育まれると考えられる。年齢や性別といった属性、考え方や関心、意見の違い等を理解した上で認め合い、互いのよさを生かすような関係をつくることが大切である。

話合い活動
Discussion activities

話合い活動は、民主主義の根幹を支える基本的な活動である。近年、「話す」ことはできても「話合い」が成り立ちにくいと

いわれるが、次の点に留意した指導が必要である。（1）児童生徒が自分ごととして切実さを持つテーマを選ぶこと。（2）日常的に「あなたの考えはどうなのか」を問いかけていくこと。（3）他人の意見を一旦受け入れる習慣をつくり、自分の意見が言える雰囲気を整えること。（4）教師が話し合いに介入し過ぎないようにすること。（5）少数意見を大切にすること。

ホームルーム活動
Homeroom activities

　小・中学校では学級活動と呼び、高等学校ではホームルーム活動と呼んで区別しているが、両者に本質的な差異はない。新学習指導要領の3つの内容構成も同じであるが、「（3）一人一人のキャリア形成と自己実現」の指導に当たっては、中学校が「将来の在り方生き方を考えたり活動を行うこと。」とされており、ホームルーム活動が人間としての「在り方」に資するような活動になるよう計画されることが求められている。

ボランティア活動
Volunteer activities

　ボランティア活動については、小学校から高等学校まですべての学習指導要領に記載されており、自己有用感や自尊感情の高まりなどの人間形成への教育的効果が期待されている。学校におけるボランティア活動は、児童生徒がボランティア活動について学んだり、体験したりして、ボランティア精神を養い、自己の生き方を見つめ、将来社会人としてボランティア活動に積極的に参加していく意欲や態度を養うことに意義がある。学校外におけるボランティア活動の実施に当たっては、家庭や地域の人々、事業所や企業、ボランティア関係団体等との連携を密にして活動を効果的なものにするとともに、児童生徒の安全に対する配慮を十分に行うようにする。

17. 情報教育

BYOD/BYAD
Bring Your Own Device/Bring Your Assigned Device

　BYOD は「個人が所有する端末を持ってくる」ことを指し、BYAD は「指定された端末を持ってくる」ことを指す。GIGA スクール構想では、一人１台の端末を用意することとしており、小中学校では公費で一括購入する BYAD が基本となっている。高校ではすでに所有する端末を学校に持ち込む BYOD と、学校が指定した端末を保護者が購入して学校に持ち込む BYAD の両方が存在する。BYOD では、すでに端末を持っている場合は新たに購入する負担がない一方、アプリケーションやログインも一元管理することが難しく、端末ごとの対応が必要になる。

CAI
Computer assisted instruct

　コンピュータ支援教育として 1980 年代から学校等で導入されるようになった。生徒はディスプレイに表示される教材で学習し、教師はそれぞれの生徒の学習状況を集中的に把握できる機能を持つ。理解度によって一人ひとりの学習を支援するプログラム学習のしくみが取り入れられ、その教材の研究も盛んに行なわれた。情報通信技術（ICT）の進展に伴い、WBT（Web Based Training）や e ラーニングなど、映像やインターネットを利用し双方向性を高めた教育へと発展した。これに伴い、CAI という言葉はあまり用いられなくなったが、その発展形として受け継がれている。ICT を活用した教育（ICT 活用教育）として ICT 環境や教育技法に含まれる。

CMI
Computer Managed Instruction

　コンピュータを利用して学習結果を評価・分析し、教材や学習内容に生かす取り組みを指す。CAI の導入によって生徒一人ひとりの理解度などの把握が可能になったことを受け、教師の教育方法の改善に役立てようとした。CAI と同様に、ICT 活用教育に含まれる。

EdTech
Education and Technology

　教育（Education）とテクノロジー（Technology）を組み合わせた造語。教材・コンテンツや、児童生徒の学習支援、教師や学校運営を支援するシステム、各種のアプリケーション・ソフト、それらを利用するためのタブレットやスマートフォンなど、情報通信技術を利用した教育を幅広く捉える言葉である。教育の情報化と GIGA スクール構想の推進に向けて、学校現場での利用が増えるとともに、システムやサービスを利用する教職員には、ICT 活用力が一層求められるようになっている。

eラーニング
e-learning

　インターネットなどICT（情報通信技術）を利用した教育や学習。eラーニングの利点は、学習者にとって学習の場所や時間を問わず、一人ひとりのペースで学習を進めることができるほか、学習の履歴が残るなどを挙げることができる。eラーニングによる授業は、全てをICTを介した遠隔から行う方法のほか、対面授業と併用するブレンディッド・ラーニングがある。また、時間を決めて教師のライブ映像により学習する形態（同期型）、学習者がそれぞれ異なる時間に教材にアクセスして学ぶ形態（非同期型）など様々な形態がある。学習の目標や内容によって、これらを組み合わせて効果的な学習に生かすことが重要である。

eポートフォリオ
e-portfolio

　作品などの「紙ばさみ」を意味するPortfolio（ポートフォリオ）に対して、電子化された成果集を指す言葉である。教育では、一人ひとりが学習成果をまとめて記録するファイルとして用いられる。eポートフォリオは、利用者や利用方法によって様々なタイプがある。学習者が利用する学習ポートフォリオが代表的であり、記録した学習成果を振り返ることによる学習の深化や、それをもとにした新たな学習の目標を考えるなど、自律的な学習に様々な効果が得られている。このほか、学習の評価を目的としたアセスメントポートフォリオ（Assessment Portfolio）や、教師が教育の改善に役立てるティーチングポートフォリオ（Teaching Portfolio）などがある。

GIGAスクール
GIGA (Global and Innovation Gateway for All) school

　2019年に文部科学省が発表した学校教育の新しい推進構想で、「児童生徒向けの一人一台端末と、高速大容量の通信ネットワークを一体的に整備し、多様な児童生徒を誰一人取り残すことなく、後世に個別最適化された創造生を育む教育を、全国の学校現場で持続的に実威厳させる構想」である。GIGAスクール構想は、児童生徒が一人1台の端末を持つなどのハード面、教科書のデジタル化や人一人の理解度などに応じて学習を進めることができる教材の整備などのソフト面、デジタル化の特質をいたした授業に関するアドバイザー・ICT支援員など指導体制の3つの面で推進することとしている。GIGAスクールは、校務支援システムの活用によって時間外の低減など、働き方改革の面でも期待されている。

ICT環境
System environment for education using ICT

　ICTを利用した教育に必要な様々な設備・環境を指す。GIGAスクールの取り組みとしても整備が進められている。ICTの急速な進展の中で、新学習指導要領では初等中等教育の中で情報活用能力を学習の基盤となる資質・能力の1つとして位置づけている。情報活用能力の育成を図るため、コンピュータや情報通信ネットワークなどの情報手段を活用するために必要な環境を整え、これらを適切に活用した学習活動の

充実を図ることとしている。近年はタブレット端末を持って移動しながら学習する形態も増えている。また、一人ひとりのタブレット端末が電子黒板に接続され、授業の中で効果的に活用される形態も出ている。これらの形態によって効果的な教育を行うには、ICT環境に対応した教材（デジタル教科書）やソフトウェアの検討と、教師のICT活用力の向上が求められる。また、校務の情報化のためのICT環境も目を向け、校務の効率化による教師の負担軽減や、教育活動の質の改善のためのICT環境の検討も重要である。

ICT支援員
ICT assistant

　授業などにおけるICT活用を円滑に進めるため、教師のICT活用を支援する役割として学校に配置される。ICT支援員の役割には、ICTを活用した授業の支援、教員のICT活用研修における支援、校務のICT活用における支援がある。これらの具体的な活動として、機器・ソフトウェアに関する設定や操作、授業に向けた教師への説明、関連する情報の収集・紹介と導入・活用の助言、デジタル教材作成の支援、機器のメンテナンス等が挙げられる。また、インターネット上の有害情報等の情報を調査し、児童生徒が被害に遭わないよう学校として対策を講じるための指導案づくりなどの支援も重要な役割である。

IoT
Internet of Things

　モノのインターネット化と訳される。自動車や家電、工場の機器、地域の様々な設備等がインターネットに接続され、情報技術によって新しい機能をもつようになった。自動運転車の開発やGPS（位置情報システム）と連携したドローンによる災害調査など、身近な生活にも関わるようになっている。また、これらのモノからの情報通信によって多種多様なデータが爆発的に多く生まれ、人工知能（AI）によって生産技術の考え方を大きく変えてしまう、第4次産業革命をもたらしたとされている。児童生徒には、このような社会の大きな変革の中で、情報通信技術（ICT）への関心と情報活用能力の育成が求められている。

IPアドレス
IP address

　パソコンやスマートフォンなどをインターネットに接続する際に割り当てられる住所のような役割をもつ符号。インターネットに接続するあらゆるものには、国際的な規約によって固有のIPアドレスが付与され、通信の相手と正しく接続されるために使われている。中学校技術・家庭科の中でインターネットによる通信の原理・法則を理解する際に必要となる用語である。インターネットに接続される機器は、IoTの普及によって爆発的に広範囲に及ぶ時代を迎えており、IPアドレスに関する知識も不可欠となっている。

MOOC/MOOCs
Massive Open Online Course

　大規模オープン・オンライン・コースの略語。先進的な教育・研究を行なっている

大学が、授業の一部を学生や社会人に公開するもの。大学の中に限定して行なっていた授業から、その一部を大学外に公開するオープン・コース・ウェア（Open Course Ware:OCW）が現れ、さらにその発展形としてMOOCが生まれた。マサチューセッツ工科大学（MIT）やハーバード大学、スタンフォード大学など、海外の大学がMOOCの取り組みを行なっている。国を超えて授業を受けている例も多く、大学生だけでなく高校生も履修していると言われる。日本でも東京大学などによるJMOOCが設立され、授業の配信が始まった。在籍する大学や高校での授業と合わせて、これらに受講登録して専門的な学習機会が得られることが期待されている。

RPA
Robotic Process Automation

人間が行っていた定型業務（ルーティン業務）などを自動化する取り組みを指す。パソコンとアプリケーションを使ったデータの登録や業務処理などを、RPAのソフトウェアが学習し、決められた作業を自動的に行う。異なる間隔で行う複数の業務も、関連する手順を学習させる事で自動的に処理させることができる。比較的安価なコストで導入できることから、企業の事務部門だけでなく、金融機関などでも導入が広がっている。ただし、その都度判断基準が変わる業務には適さない。学校現場でも出席・成績管理や指導歴に利用することで、教職員の時間外の提言に役立てることが期待できる。

SNS
Social Networking Service

インターネットを介して個人間の情報の共有や関係性を構築することに着目したサービス。2006年に開発されたフェイスブック（Facebook）や、2007年にサービスをはじめたツイッター（Twitter）などによって利用者が爆発的に増加した。誰でも容易に情報を発信し、その共有を通して人間関係を形成するもの。一方、個人のプライバシーに関わる情報が不特定多数に公開され、多くの人が見える場で個人攻撃されるなどの問題も発生している。

STEM/STEAM
Science, Technology, Engineering, (Art), Mathematics

科学、技術、工学、芸術、数学に重点をおく教育を指す。アメリカで導入が進み、日本でも注目されている。それぞれの分野を横断的に学ぶことが特徴で、プログラミングはSTEM/STEAM教育の1つとして位置づけることができる。プログラミングによって、日常生活や社会の中でのテーマをもとに理論的に考えるプロセスでこれらを関連づけて学ぶことがSTEM/STEAM教育に役立つといわれる。

Web
World Wide Web

インターネット上で広く用いられている情報を公開するネットワーク。情報のページの所在を表すURL（uniform Resource locator）を指定することで世界中のWebサーバにアクセスし情報を得ることができる。ハイパーテキストとして情報の文字や

画像に URL を埋め込むことができ、これ
を参照することで簡単に情報のページをア
クセスすることができる。また、URL で
示された情報のページを収録した Web サー
バへのアクセスを容易にする Web ブラウ
ザが広く利用されている。

アクセシビリティ
Accessibility

　製品や建物、サービスなどに容易に到達
し利用できる度合いを指す。障がい者がこ
れらを利用する際のバリアフリーもアクセ
シビリティの度合いを左右する１つである。
Web ページについてもアクセシビリティ
は重要である。日本工業規格（JIS）では、
高齢者や障がい者が Web ページを参照す
る際に、視力などの機能の低下が障壁とな
らないよう可能な限りの配慮を行うよう定
めている。

アルゴリズム
Algorithm

　問題を解決する手順や処理方法。生活や
社会の様々な場面で、意図する結果を得る
ための準備・段取り、行動の順序、状況の
判断と状況に応じた行動の修正などを理論
的に考える方法を指す。パソコンやスマー
トフォンなどの情報機器の発達にともな
い、意図した情報や結果を得るための手順
や処理の過程を知らずにこれらを利用する
ことが多い。プログラミング教育は、アル
ゴリズムを学ぶ重要な機会であり、理論的
思考を学ぶ際に不可欠な考え方である。ア
ルゴリズムは、準備・段取り、手順などを
図形によって視覚的に表す。これをフロー

チャート（流れ図）といい、プログラミン
グはフローチャートに沿って命令を構成す
る。アルゴリズムを学ぶ際は、準備・段取
り、手順は１つではなく、いくつもの方法
があること、物事を実行する前にその方法
は最適か考える態度を身につけることに留
意する必要がある。

インターネット
Internet

　インターネットプロトコル（IP）と呼ば
れる情報通信の共通規格に基づいて接続さ
れた、国際規模の情報ネットワーク。当初
はアメリカ国防省が軍事目的で構築したが、
大学の研究者に解放され、さらに民間によ
る商用利用にも解放されたことで世界規模
に広がった。また、デジタル化の発展とイ
ンターネットの利用が個人に広がったこと
で、誰もが情報の発信者、利用者になり得
るようになった。同時に、それまで一部の
組織・機関が情報を集中管理していた時代
から、情報の分散・交換・共有という新し
い考え方が広まった。これにより、SNS（ソー
シャルネットワーキングサービス）やイン
ターネットショッピングなどの新しいサー
ビスも生まれ、第４次産業革命を起こし
たといわれている。

遠隔教育
Distance learning (teaching)

　離れた場所にいる学習者を対象に、教材
の郵送やインターネットなどの情報通信を
用いて行われる教育。本来は、通学が困難
な学習者を対象とした教育を指すものであ
るが、現在は距離的な条件だけでなく、働

きながら学ぶなど時間的な条件、障がいを持つ子どもや不登校などの児童生徒への教育にも用いられる。インターネットを利用したeラーニングは遠隔教育の1つとして広がった。遠隔教育にも様々な方式があり、教材による自学自習という方式や、インターネットを介して教師・講師と対面して学習するものもある。一般的に一人で学習する方式が多いが、インターネットを介して離れた場所にある教室に参加して集団で学ぶ方式も遠隔教育の1つである。

オペレーティングシステム
Operating system

　コンピュータを動作させるために不可欠な基本ソフトウェア。一般的にOSと呼ばれる。コンピュータのメモリやディスク装置、通信装置などのハードウェアを管理するとともに、利用者（ユーザ）が様々な作業を行うことができるように、プログラムの管理、ファイルの管理、アカウントの管理、セキュリティの管理などを行う。パソコン用として代表的なOSは、Windows、Mac OS 、Linuxなどがある。スマートフォンやタブレット端末では、AndroidやiOSがある。また、教育用に開発されたラズベリーパイ（Raspberry Pi）には、OSとしてRaspbianなどが使われており、プログラミング教育で利用されるScratchなど様々な教育用ソフトウェアを動作させることができる。

学習コンテンツ
Learning contents

　学習に役立てる情報や教材を指す言葉で

あるが、狭義にはデジタル化された教材を指す。教師が自ら学習コンテンツを開発するほか、インターネットを介して様々な教材を活用できるようになっている。全国の小学校・中学校・高校等の教員や教育研究者が開発した学習コンテンツを、データベース化して提供する全国学習情報データベースなどがある。これらのデータベース等からダウンロードして活用する方法のほか、インターネットを通してサーバ上の教材プログラムを活用する方式がある。ICT活用教育として様々な形で授業に活用されるが、授業設計に基づく学習コンテンツの選択や開発が求められる。

画像認識（技術）
Image recognition technology

　画像に写っている対象物を認識する技術を指す。これまでのデジタル化と情報処理は文字や数値情報が中心であったが、画像認識技術の発展によって画像情報も情報処理の対象とすることができるようになった。カメラの高精細化と人工知能（AI）の発達によって、個人のを判別する顔認証や自動車のナンバーを読み取る高度な利用も広がり、犯罪捜査などにも使われている。また、チャットボット（別記）の中には、人工知能（AI）を使って膨大な画像を画像認識し、学習した情報をもとに作品を創作するものもある。

記憶装置
Memory unit

　コンピュータを動作させるためのプログラムやデータを記憶しておく装置。コンピ

ユータの内部に組み込まれているメモリは内部記憶装置と呼ばれる。一方、ハードディスクやUSBメモリ、DVDディスクなどは外部記憶装置に分類される。パーソナルコンピュータだけでなく、タブレットPCやスマートフォンもコンピュータと同様に、メモリが記憶装置として利用されているが、CPUが直接管理して高速で作業を行う内部記憶装置と、プログラムやデータを記憶している補助記憶装置のそれぞれに応じたメモリが使われている。

機械学習
Machin learning

　人工知能（AI）を活用した自動運転やロボットの開発、一人ひとりに応じたサービスを開発するために、コンピュータ自身に学ばせることを指す。機械学習では「分析」「認識」「制御」「生成」の機能の実現に用いられている。これらの機械学習の元となるデータ源は、IoTの普及に伴って様々な方法によって収集されている。例えば、車に装備したセンサーやカメラ、コンピュータによって道路状況と人の運転状況を連続的に収集することや、ものづくり熟練者の動作をモニタリングして収集するなど、様々な方法が用いられている。あらかじめ学習するデータを収集するだけでなく、製品自体が利用されるごとに学習するしくみを搭載しているものもある。

教育DX
Digital transformation to education

　デジタル技術を活用して、教育のあり方や方法を変革（Transformation）し、これまでできなかった新しい教育を実現しようとするもの。また、校務のプロセスの変革によって教職員の働き方改革を実現し、学校運営、学校文化の改革をも含む幅広い取り組みを指す。GIGAスクール構想によってデジタル技術を活用する環境が整備されていく中で、STEAM教育などによって新たな学び方が生まれている。RPAの導入によって校務の見直しが行われるなども取り組みの1つである。

教育の情報化
Informatization of education

　情報通信技術（ICT）の急速な進展と、社会や個人の生活に様々な変化をもたらしていることなどを踏まえ、文部科学省は教育の質向上を目指した3つの取り組みを示している。
（1）情報教育：プログラミング教育などを通し、情報化社会を生きるために必要な力を養う教育。
（2）教科指導におけるICT活用：デジタル化された教科書やインターネットを利用して授業の目的に適した教材を用意するなど、授業の準備の段階からICTを活用する。また、タブレット型PCを活用し、児童生徒それぞれの学習の状況に応じた授業、分かりやすい授業が行われている。
（3）校務の情報化：成績管理をはじめ様々な校務を効率的に進めることができるよう、情報ネットワークによる校務支援システムの導入など。

　これらの実施に向けて、学校のICT環境の整備やプログラミング教育の編成など

の準備が求められている。

教師のICT活用指導力
Skills of teachers to use ICT for effective education

　情報社会の進展の中で、一人ひとりの児童生徒に情報活用能力を身につけさせることが重要となっている。このため、概ね全ての教員のICT活用能力を向上させることを目標とし、その能力の基準が文部科学省から示されている。平成19年に文部科学省から示された教員のICT活用指導力チェックリストでは、5つの大項目と計18のチェック項目から構成され、小学校版と中学校・高等学校版の2種類が作成されている。大項目は、A: 教材研究・指導の準備・評価などにICTを活用する能力、B: 授業中にICTを活用して指導する能力、C: 児童生徒のICT活用を指導する能力、D: 情報モラルなどを指導する能力、公務にICTを活用する能力から構成されている。

クラウド／クラウド・サービス
Cloud / Cloud service

　ハードウェアやソフトウェア、データの記録・管理を、必要な時に必要なものを、利用者がネットワークを通じて利用するサービスを指す。クラウド・サービスには、ネットワークを通じてソフトウェアを提供するサービスや、業務システムを構築するプラットフォーム、ハードウェア環境を提供するサービスなどがある。オンラインストレージや文書管理などの部分的なものから、組織のグループウェア、生産管理・経営管理など組織全体が利用するものなど幅広く提供されている。教育では、オンライン学習などの目的別のサービスから、児童生徒の学習や教職員の校務など総合的なICT環境を構築する教育クラウド・サービスがある。

校務支援システム
School affairs management system

　児童生徒への教育や学校運営などの情報をデジタル化し一元的に管理するシステムを指す。校務支援システムは3つの機能に分けることができる。学籍・出欠管理や入試管理、学校徴収金管理などの学校事務を支援する機能、成績管理や進路などの生徒カルテを支援する教務支援機能、オンライン授業や学習ポートフォリオ管理、理解度評価などの教育支援機能である。学校事務の支援や教務支援では、これまで教職員が個別に行っていた学校事務や教員の事務処理を一元管理し、校務を標準化・効率化することで時間外の低減や児童生徒と向き合う時間を確保することが期待される。

コンピュータ
Computer

　データの入力・蓄積・加工・出力を基本的な機能とするものを広く指す。情報技術の発展により記憶容量や処理速度の向上、小型・高性能化が進み、パーソナルコンピュータとして個人が活用するようになった。さらに携帯電話の普及とインターネットの普及に伴い、情報通信とコンピュータが一体になったスマートフォンが開発され一人1台もつ時代になった。また、工作機械やエアコン、照明器具、家電製品などがインターネットに接続されるようになり、組み

込まれたコンピュータが計測データを休みなく伝送し、情報システムの一部として機能するIoTの発展をもたらしている。

コンピュータ・ウィルス
Computer virus

悪意をもってコンピュータに不正にプログラムを侵入させ、プログラムの書き換えやデータの破壊を行い、外部にデータを送信するなどを行うプログラム。自身を複製し拡散（伝染）する機能をもつ「ワーム」、潜伏機能をもつ「トロイの木馬」、発病機能をもつ「ロジックボム」などがある。最近は、感染した端末を勝手に暗号化することによって使用できなくしたのち、元に戻すことと引き換えに「身代金」を要求する「ランサムウェア（身代金要求型ウイルス）」が急増している。

サイバー空間
Cyber space

情報通信ネットワーク上で、情報を発信したり情報を活用したりすることができる仮想的な空間を指す。ネットショップやインターネットバンキング、仮想通貨、SNSなど、これまでの店舗や施設に相当する、あるいはそれらの物理的な制約を超えるサービスが多く生まれ、社会的空間の１つとなっている。実質的な仕事や生活を仮想空間の中で可能にするメタバースも実現している。サイバー空間は、施設や設備などの物理的な制約を超えて形成されることから、サービスや経済活動が国を超えて行われるようになっている。

サイバーセキュリティ／サイバー犯罪
Cyber security / Cyber crime

サイバー空間に形成される様々なサービスやコミュニティ、経済活動等が安全に行われるためのリスクへの対策をサイバーセキュリティと呼ぶ。また、サイバー空間で発生する犯罪をサイバー犯罪と呼び次の3つに類型される。（1）金融機関などのオンライン端末を不正に操作し、無断で他人の預金を引き出すことや、ホームページを無断で書き換えて不正な行為を行うなど。(2)インターネットなどを利用して違法な販売を行うことや、代金をだまし取る詐欺、わいせつ物頒布、出会い系サイトを介した児童買春、脅迫、ストーカーなどの犯罪。(3) 他人のID・パスワードを不正に取得し、無断で使用して様々なサービスを不正に利用することや、インターネットを介して不正にデータにアクセスすること。

視聴覚教育
Audiovisual education

文字を主とした教育ではなく、視覚や聴覚に訴える教材・教具を用いて行う教育。実物、模型、オーバーヘッドプロジェクター、スライド、ラジオ、テレビ等の手段を用い、直感や感覚を通して学習を深めるもの。学校教育の現場では教室へのテレビの設置や視聴覚センターとして設備を整備することが進められてきた。視聴覚教育に必要な機器の開発・製造も盛んに行われてきたが、情報通信技術（ICT）の発達に伴って映像などのメディアの形が大きく変わるとともに、コンピュータの活用と教材のデジタル化が広がっている。

シミュレーション（教材）
Simulation teaching (text)

　現実には体験しにくい（体験できない）ことを擬似的に体験するもの。また、現実に起こり得る結果を予測・分析するもの。気象、生産、経済、生産など様々な分野で用いられる。教育では、各教科の中で社会や自然などにおける事象をモデル化し、擬似的に学ぶことが取り入れられてきたが、近年はコンピュータを利用したシミュレーションが多く利用されるようになった。コンピュータを活用したシミュレーションは、モデルの構成や条件を柔軟に設定することが可能であり、繰り返し学ぶことに適している。試行錯誤を通して主体的で深い学びに結びつけることが期待でき、自然現象や環境、経済、身近な事象を数式やグラフで表すなど、様々なシミュレーション教材が開発されている。

情報活用能力
Information utilization skills

　インターネットの発達やスマートフォン等の普及によって、個人を対象とした情報や、IoT によって様々なモノから多種多様で膨大な情報が発生している。それらの情報の中には、問題解決に役立つものとそうでないもの、誤りのある情報、悪意を持って発信された情報なども含まれる。このような情報の中から必要な情報を効果的に収集し、その情報が適切か判断し、目的に合わせて活用する力が情報活用能力である。

情報（通信）技術
Information and Communication Technology

　コンピュータや通信ネットワークなどを活用した情報・通信に関する技術の総称。IT と ICT はほぼ同義。国際的には ICT の表記が多い。現在、インターネットバンキングやネットショップ、ソーシャル・ネットワーク・サービス（SNS）など個人を対象とした様々なサービスが利用されている。このような社会の大きな変化は情報技術の発展によってもたらされている。コンピュータの小型化・軽量化・高速化によって一人ひとりがスマートフォンをもつようになった。インターネットが普及し、画像処理や人工知能（AI）技術によって大量のデータを処理することにも生かされている。

情報教育
Information education

　文部科学省による教育の情報化の取り組みの１つ。情報教育は、情報社会を生きるために必要な力を養う教育と位置づけられ、社会の様々な場面で接する情報について、情報の正しさを見抜く力や伝える力、情報モラルなど情報活用能力を身につけることを学ぶ。小学校から高等学校の 12 年間の中で、(1) 情報活用の実践力、(2) 情報の科学的な理解、(3) 情報社会に参画する態度の育成を目標として挙げている。

情報システム
Information system

　ある目的をもって情報を組織的に収集・蓄積・加工・伝達するために構築される仕

組み。狭義には、コンピュータや情報通信ネットワーク、プログラミングされたソフトウェアなどを組み合わせたシステムを指す。プログラミング教育は、児童生徒が自ら目的を決め、必要な情報や処理の手順、判断、判断に基づく処理の構築と、その結果の評価・改善などを探究的に行うもので、情報システムの構築を体験することに結びつく。

情報スキル
IT skills

情報および情報システムを活用して課題を解決する実践力を指す。社会人を対象としてIT スキルレベルを定めたITSS（IT スキル標準）は、経済産業省が個人のIT 関連能力を職種や専門分野ごとに体系化したもので、IT 人材に求められるスキルの指標を示している。ITSS ではIT アーキテクト、アプリケーションスペシャリストなどのIT 人材のほか、マーケティング、セールス、コンサルティングなど11 職種と35 の専門分野について7 つのレベルでスキル標準が示されている。それぞれはコンピュータ等を操作する能力ではなく、IT を活用して事業の目的達成や課題解決する能力が問われる。

情報セキュリティ
Information security guard

情報の機密性、完全性、可用性を確保すること。機密性は、情報へのアクセスを認められた以外の人が、情報にアクセスで来ないよう防護することを指す。完全性は、情報の改ざん、破壊、消去されないよう防護

することを指す。可用性は、情報へのアクセスを認められた人が、必要な時に情報にアクセスできる状態を保証することをいう。

情報デザイン
Information design

情報の収集、整理、構造化、伝達やコミュニケーションのための表現などの一連の手順を指す。今日の情報社会では誰もが情報の利用者であり発信者になっている。造形や色彩が人間の心理に与える影響などをふまえ、適切な情報伝達やコミュニケーションの実現に必要な情報デザインの知識と技術を身につけることが求められている。

情報の暗号化
Information encryption

電子メールなどの情報を安全に交換するために用いられる方法で、第三者が読み取ることができないよう特殊な方法でデータを変換するもの。暗号化されたデータを元のデータに戻すことを復号化という。今日では様々な情報が電子的に伝達されるようになっている。特に個人情報の保護は慎重さが求められている。これらの情報が漏洩することを防止するため、Web ページのアクセスや電子メールなどのソフトウェアに暗号化の機能が組み込まれるようになった。また、電子メールにデータを添付して送信する際に、zip 形式に圧縮してパスワードをかけることも暗号化の1 つである。

情報メディア
Information media

情報の送り手と受け手を媒介するものを

指す CD や DVD の記録ディスク、USB メモリなどはコンピュータとの情報の媒介に使われる媒体を指すほか、テレビ、新聞、ラジオ、SNS なども情報メディアとしてとらえることができる。

情報モラル
Information morals

　学習指導要領では、情報社会で適正な活動を行うための基になる考え方と態度を情報モラルと定め、各教科の指導の中で身につけさせることとしている。その目標は、社会生活の中で情報や情報技術が果たしている役割や及ぼしている影響を理解し、情報モラルの必要性や情報に対する責任について考え、望ましい情報社会の創造に参画しようとする態度を育てることにある。文部科学省が示すガイドラインでは情報モラル教育として、「発信する情報に責任を持つ」「情報社会での行動に責任を持つ」など11の指導項目が示されている。

情報リテラシー
Information literacy

　文字を読み書きする能力を意味するリテラシー Literacy から派生した言葉である。情報通信技術（ICT）を使いこなす能力と、情報を読み解き活用する能力の2つの意味をもつ。(1) 情報通信技術を使いこなす能力とは、コンピュータや各種のアプリケーション・ソフト、コンピュータ・ネットワークなどの情報通信技術(ICT)を利用して、データを作成、整理したり、インターネットで様々な情報を検索したり、プログラムを組むことのできる能力をさす。(2) 情報を読み解き活用する能力は、広義の情報リテラシーと位置づけられる。テレビ、ラジオ、新聞、雑誌など様々なメディアから発信される情報の役割や特性、影響力などを理解する力、および自ら情報を収集、評価、整理し、表現、発信する能力など、情報の取扱いに関する様々な知識と能力のことをさす。

人工知能
AI: Artificial Intelligence

　人間の行う認識、推論、判断などのふるまいの一部を、ソフトウェアを用いて人工的に再現するもの。経験から学び新たな入力に順応することで、人間のように柔軟にふるまいを行う。人工知能（AI）がもつ機能は次の4つに分けることができる。

学習	大量のデータを入力し、その性質による結果を分類し、自動運転などの制御を繰り返し行い、より良い評価が得られた時の入力情報を蓄積すること
認識	コンピュータの入力用にデジタル化された数値データや文字データだけでなく、空間の識別や人の顔、指紋などの識別を行うこと
推論	学習したことをもとに新たな結論を導き出すこと
判断と対応	学習（蓄積した知識）、認識（状況を把握）、推論（結果を予測）をもとに、必要な行動を人に提示する、あるいは自動的に行動させること

深層学習
Deep learning

　様々な専門家の知識・思考を学習させ、一人ひとりを上回る能力を得ることをディープラーニングと呼ぶ。人間が識別困難な画像の解析を基にした医学診断などの応用

が期待されている。社会の様々な場所に人工知能（AI）を活用した製品やサービスが見られるようになった。これらの中に機械学習やディープラーニングが使われていることに気づくとともに、そのデータ源や学習の方法についても関心をもつことで、社会の新たな課題解決に役立てていこうとする態度を身につけることが求められる。

双方向コンテンツ
Interactive content

一方的に情報を伝えるコンテンツではなく、お互いに情報の送り手であり受け手になりながら、目的に向けて内容が形成されることを指す。2017年に改定された中学校の新学習指導要領「技術」では、それまでの「デジタル作品の設計と制作」は「ネットワークを利用した双方向性のあるコンテンツのプログラミング」を通して学ぶことに改められた。

ソサエティ5.0
Society5.0

「狩猟社会」、「農耕社会」、「工業社会」、「情報社会」に次ぐ5番目の新しい社会を指す言葉として、日本の第5期科学技術基本計画で初めて提唱された。情報通信技術（ICT）の発展によって全ての人とモノがつながるIoTやロボット、人工知能が普及し、これまで難しかった社会課題の解決や新たな価値が生まれる社会の実現をイメージしている。具体的には、遠隔医療を充実させ健康寿命を延ばすことや、高齢化と就農者不足の中でもAIやロボット技術を生かした超省力・高品質生産を実現するスマート農業、店舗販売や輸送、介護などのサービス業にロボットや自動走行車などを活用して人手不足と高品質サービスを両立させるなどが期待されている。

ソフトウェア
Software

コンピュータを効率的に活用するためのプログラムの総称である。WindowsやMacOS、UNIXなどのオペレーティングシステム（OS）、表計算や映像編集などのアプリケーション・ソフト、C言語やJAVAなどのプログラミング言語もソフトウェアに含まれる。また、コンピュータの利用技術を総称して用いられることもある。

タブレット端末
Tablet computer

タッチパネルの液晶画面を操作してインターネットやメール、専用アプリケーションを利用できる電子機器を指す。ノートパソコンに比べて軽くスマートフォンに比べて画面表示が大きいことから、GIGAスクールの取り組みにも多く利用されている。タブレットはもち運びが容易なことから、家庭での予習・復習と学校での重点的指導を行う例や、教科を超えた活用することにも適している。さらに時間割や計算、日記など児童生徒が日常的に活用する「文房具」として位置づける例もある。

知的財産権
Intellectual property

商標や特許など、その権利を守ることで

技術や産業を発展させることを目的とした権利。知的財産権には、特許権、商標権、実用新案権、意匠権、著作権、著作者人格権、著作隣接権などがある。知的財産権の1つである著作権は、情報技術の発展により誰もが創作者になり、高品質のまま複製することも容易となっている。また、インターネットを介して他者に伝達し広く公開することも容易となっている。一方、特許権、実用新案権、意匠権、商標権等は工業所有権とも呼ばれ、近年は情報技術の発展をもとにした革新的な開発やサービスにも財産価値が認められるようになった。

チャットボット／対話型AI／生成AI
Chatbot / Conversational AI / Generative AI

インターネットを介して対話するチャットと、人の代わりに決められた処理を自動的に行うロボットを組み合わせた自動対話プログラムをチャットボットと呼ぶ。文字で対話するもののほか、スマートフォンを利用して声で対話するサービスも利用されている。人工知能（AI）を利用して高度な対話を行うものを対話型AIという。2022年11月に公開されたChatGPTは、人間のように柔軟な対話ができ、意思疎通を感じることもある。質問に対して情報を調べて答えるだけではなく、アートや音楽、小説など創造的な回答もできる。このようなコンテンツを生み出すものを生成AIと呼んでいる。これらはインターネット上の膨大な情報を機械学習して生み出している。一方で、機械学習している情報そのものに誤りがあるために、回答が事実と異なることもあり得る。教育利用についても様々な議論がある。

データサイエンス
Data science

データを用いて科学的および社会に有益な新たな知見を引き出そうとするアプローチである。近年の情報通信技術（ICT）の発展によって、多くの場所で大量のデジタル化されたデータが発生するようになり、いっそう注目されるようになった。大量のデータを分析することで人の行動と経済活動の関連性や、人の嗜好分析、作物の収量予測など、見えなかった情報が可視化されることにより、新たな情報価値を生み出すことが可能となってきた。

データベース
Database

大量のデータを収集、整理し、効率よく検索できる様に統合されたデータの集合体を指す。IoTの普及により大量のデータが存在するに従って、これらのデータを収容するデータベースの役割が一層高まっている。データベースは、データの分類規則をあらかじめ決めておくとともに、データの関係性を構造化し検索・追加・削除・並べ替えなどを高速で効率的に行うように作られ、その知識・技術をもつ専門家はデータベース技術者として情報システムの構築に必要な人材となっている。また、それぞれの企業等に代わって、データベースの構築や管理・運転を代行するサービス提供者や、多数の利用者が共同で利用するクラウド型サービスも提供されている。

テクノストレス

Techno stress

アメリカのカウンセラーのクレイグ・ブロードが名づけたもので、職場への急速なコンピュータの普及により、「テクノ恐怖症」、「テクノ依存症」、「心身的疲労」などが発症するとされるもの。

デジタル化の精度と情報量

Digitization density to data volume

音や光、人の声、自然の現象などをコンピュータで処理するために、必ず用いられているのが、これらのアナログ情報のデジタル化である。情報のデジタル化では、精度と情報量が関係する。例えば、デジカメではより精彩に撮影するために画素数（単位面積当たりの点の数、ピクセルやドットで表記される）を大きくすると、記録するデータが大きくなる。データが大きくなることで、コンピュータの処理に時間がかかり、記憶装置に必要な容量も多く必要とする。また、データの転送にかかる通信時間も長くなる。

デジタル教科書

Digital textbook

ICT 活用教育の重要な取り組みとして、小学校・中学校・高等学校で用いられている教科書の一部を、デジタル化された教科書に代えて行うことが決められた。2020年度より採用されている。デジタル教科書は、教師のコンピュータや電子黒板に表示して授業を行う教員向けと、児童生徒一人ひとりがタブレット端末などを使って学ぶものに大別される。文章を切り取って試行

錯誤することで国語の学習に役立てることや、図形を立体的に回転させて算数の理解をしやすくすること、発音の自動チェック機能により英語を学ぶこと、社会や理科では動画を使って変化や自然現象をわかりやすく理解すること、これらを繰り返して学習するなどが可能となる。記述文字の拡大や音声での読み上げは、障害をもつ児童生徒等の学習を支援することが期待できる。また、教師と生徒間や生徒同士が相互に情報を伝達し、双方向性のある学習を促進することにも役立つとされている。

デジタル著作権

Digital copyright

デジタル化された著作物の権利の全般を指す。パソコンやインターネットなどの技術の発達と普及によって、著作権に関する次の3つの変化を挙げることができる。

(1) スマートフォンやデジカメ等の発達、普及によって誰もがデジタル化された著作物（コンテンツ）を制作できるようになった。

(2) 著作物がデジタル化されることで、原本と同質のレベルで容易に複製でき、またインターネットを介して不特定多数がアクセスできる状態で公開することも容易となった。

(3) 仕事や生活の場、教育の場においても著作権が他人の権利が及んでいるコンテンツに接している状況が多くなった。

誰もが著作者となり得る中では、創作物を利用する立場だけでなく、権利を持つ立場についても学ぶことで、情報社会の新たな役割を考える態度を育むことが期待される。

デジタルデバイド
Digital divide

インターネットやスマートフォン、タブレット、PC（パソコン）等の情報通信技術を利用できる者とできない者の間に生じる情報格差を指す。以前はブロードバンド環境の整備に地域間格差がある事が、デジタルデバイドの大きな要因であったが、現在はほぼ解消された。一方、総務省情報通信白書（令和4年版）によれば、65歳以上の高齢者や低所得世帯でインターネットの利用率が低いことがデジタルデバイドに影響するとされている。また、20代までの若者の多くはスマートフォンを利用する一方でPC離れが見られる。就業現場ではPCを利用できるかどうかが格差の1つになる可能性がある。さらに、学校ではタブレットを利用した教育が導入される以前と以後の間にも格差が懸念される。

デバッグ
Debug

プログラムの誤りを発見して修正することを指す。プログラミング教育では、問題解決のための一連の処理が意図した通りにならない場合に、正しく処理するための試行錯誤としてデバッグが行われる。

電子掲示板
Electronic bulletin board

コンピュータ・ネットワークを利用した情報交換・共有システムの1つである。電子メールが、発信者と受信者が通常1対1で情報をやり取りするのに対して、電子掲示板に書き込まれた（掲示された）情報は、掲示板をアクセスすることができる者全員が情報を得ることができる。また、一旦書き込まれた情報は、消去しない限り継続的に参照できる。電子掲示板には、公開型と非公開型・利用者限定型がある。また、情報の書き込み（掲示）に実名を求めるか匿名かなど、利用目的によって電子掲示板システムで設定される。

電子黒板
Electric blackboard

インタラクティブ・ホワイトボードとも呼ばれる。コンピュータの画面を大画面で投影するとともに、画面上に専用のペンを使って直接文字や図形を加えることができる。学校では、これらの特徴を生かした教材の活用やデジタル教科書を使った授業で活用するために導入が進められている。教師や児童生徒が電子黒板への書き込みを通して双方向の学習に取り組むことや、それぞれのタブレット端末の情報が電子黒板にまとめて表示され、協力して問題解決を行うなども容易となる。また、授業中に教師が書き込んだ内容を記録保存することができ、復習や欠席した児童生徒に役立てることもできる。この様な電子黒板の特徴を生かした授業を行うには、デジタル化された教材を使いながら効果的な授業を行う授業設計が重要となる。また、授業中に記録した電子黒板の内容をもとに振り返り、授業改善に結びつけるなど、教師にとっても有効な活用が望まれる。

なりすまし
Impersonation

　実在のサーバや利用者に偽装して不正なアクセスを行う行為。公開されていない個人情報や企業の内部情報などが不正にアクセスされ、情報が漏洩する犯罪が起こることがある。インターネットバンキングの不正な引き出しや、インターネットショッピングで他人になりすまして商品を注文するなどの被害が発生している。また、ソーシャルネットワーキングサービス（SNS）の中で実在の人物の名前やニックネームを語り、あたかも当事者のように振る舞う行為によってトラブルも発生している。

ネット依存／インターネット依存
Internet addiction

　オンラインゲームやソーシャル・ネットワーキング・サービス（SNS）の過度な利用によって、人間関係や健康に問題が生じ、自力でやめられない状態に陥る状態をインターネット依存（ネット依存）という。厚生労働省の研究班（2018）の発表では、インターネット依存が疑われる中高生は全国に約93万人いると推計されている。ネット依存による問題として、学校での「成績低下」、「居眠り」や、食事もとらずに熱中して健康を害したり、スマートフォンを取り上げようとした親に暴力をふるったりするなどの問題行動につながることがある。不登校や引きこもりなどと重なることが多い。

発信者責任
Responsibility of the source of information

　スマートフォンなどの普及によりいつでもどこからでもインターネット上に情報を発信できるようになり、不特定多数の利用者の目に触れることが多くなった。このため、情報を発信する際には発信した情報について責任をもつことが求められる。情報教育では、情報の収集、編集、Webページへの発信など様々な機会に、情報の発信者と受信者の両方に立って発信者の責任を自ら考える機会を設けることが重要である。

ビッグデータ
Big data

　情報通信技術（ICT）の発達により、自動車や工場の機械、街中のセンサー、ICチップが付いている交通系カードなど、様々なモノから直接コンピュータに情報を取り込めるようになってきた。データの形式も画像や音声、指紋、顔の識別、地理情報など多種にわたり、途切れなくコンピュータに取り込まれるものもある。このように、様々な形式や場所で収集された大量のデータをビッグデータと呼ぶ。検索サイトで入力される検索キーワードや、インターネットショッピングでの商品検索や購入記録などが、マーケティングや利用者の購買志向の分析などに利用されている。

フィルタリング
Filtering

　インターネットのWebページや電子メールなどを一定の基準で評価し、情報へのアクセスや配信を許可あるいは遮断すること。フィルタリングには、迷惑メールやスパムを隔離する電子メールのフィルタリング機能、有害サイトへのアクセスを制限

するコンテンツ・フィルタリング、ネットワークへの不正侵入を防止するパケット・フィルタリングなどがある。地域ぐるみで有害サイトの情報を登録し、学校等でのアクセスの制限に直接的に関与している例や、条例によりフィルタリングソフトウェアの利用を義務化している地域、ネットワーク事業者によるフィルタリングサービスなど様々な形で取り組みがある。

不正アクセス
Violation access

アクセス権限をもたない者が、コンピュータやサーバに侵入し情報にアクセスすること。不正アクセスによる被害は、機密情報が外部に漏洩するなどのほか、インターネットバンキングからの不正引き出しを誘発する、コンピュータそのものを停止させるなど、広範囲に影響する。近年は、高度な手口を使って大手企業や国の重要なネットワークへの不正侵入を行うサイバーテロも報告されている。また、企業のサーバを踏み台にしてほかのコンピュータへの不正アクセスやネットワークシステムへの攻撃を行うものも発生しており、不正アクセスを受けた企業への影響にとどまらず、社会的な問題に広がることもあり得る。

フローチャート
Flow chart

図を用いて処理の流れを視覚的に表現するもの。長方形（処理）やひし形（条件分岐）など図とその意味は JIS 規格で定められている。プログラミング教育では、問題解決のために1つひとつの動きをどのように組み合わせたら良いかを論理的に考えるプログラミング的思考を学ぶ。その際に動きに対応した処理をあらかじめフローチャートとして図示し、意図した動きが得られるかを図上で確かめることに役立つ。

プログラミング教育
Programming education

コンピュータに意図した処理を行うように指示（命令）することを体験し、身近な生活や社会の問題解決にコンピュータをどのように活用するかを学ぶもの。また、コンピュータを活用してより良い社会を築いていこうとする態度を身につけるもの。新学習指導要領で小学校から導入され、中学校・高等学校でのプログラミング教育もこれまで以上に充実させることが求められている。人工知能（AI）や IoT が社会の様々な場面で活用される時代になり、これらに携わる専門人材のみならず、将来どのような職業に就いてもデータとコンピュータを活用して業務にあたることが一般的になるなど、社会の大きな変化への対応を求められていることが背景にある。

プログラミング言語
Programming language

コンピュータに意図した作業を指示（命令）するために作られた記述形式。コンピュータが曖昧さなく解析できるよう、記述の構文上の間違いは許されず、プログラミング言語の文法にしたがって記述する。プログラミング言語は、その目的によって事務処理や科学技術計算、ホームページ制作、スマートフォン用アプリなど、それぞ

れに適したものが多種普及している。例えば、HTML はホームページ制作で多く使われている。PHP は多くの Web サービスの構築に使われており、Facebook にも使われている。Java は Android スマートフォンの多くのモバイルアプリに、Swift は iPhone のアプリに使われている。また、急速に広がっている人工知能（AI）の構築に適するプログラミング言語として Python が使われている。

プログラミング的思考

プログラミング教育を通して論理的思考力を身につけるために重要とされている力。プログラミング的思考は、コンピュータを利用して問題解決を行なうプログラミング体験を通して、問題解決のための一連の動き（手順・プロセス）を考え、動きに対応した命令（記号）を組み合わせ、意図した動きと問題解決により近づけるよう試行錯誤しながら論理的に考えていく力を指す。実社会においては、様々な職業や生活で問題の発見や問題解決の方法・手順を考える力が問われる。このためプログラミング的思考は、将来どのような職業に就くとしても普遍的に求められるものとされる。問題解決の方法も1つとは限らず、様々な方法を比較検討し状況にあった最良の方法を選択することが求められる。したがって、プログラミング教育の中でも意図した結果が得られたことで終わるのではなく、児童生徒の考えた異なる方法の問題解決にも着目し、比較して考える機会をもつことが望ましい。

マルチメディア学習
Multimedia learning

文字情報だけでなく、音声や写真、動画などの情報を複合的に活用した学習を指す。映像フィルムやテレビ放送などを組み合わせて行う視聴覚教育もマルチメディア学習の1つとして捉えることができるが、近年はコンピュータとデジタル化された教材で教育を行う形を指すことが多い。デジタル化された教材の文字情報には関連するインターネット情報や動画などをリンクして表示することができ、紙の教材に比べて学習の理解を促進することに役立つ。

メタバース
Metaverse

インターネットを介して利用する仮想空間を指す。VR（Virtual Reality）技術や情報通信ネットワークの高度化によって急速に発展している。これまでの VR やオンライン会議、オンライン学習などと異なる点は、仮想空間に自身が存在し、同じ時間と場所（仮想的な場所）にいる他者と一緒に存在する「共存感覚」を持てることである。今後、現存の施設や企業なども新しい形でメタバース空間を設け、生活や就業、教育に関わる様々な人との関わりや活動が、場所の概念を超えて実現するとされている。

モデリング言語
Modeling language

ルールの一貫したセットで定義された構造によって情報、知識あるいはシステムを表現するため使われるあらゆる人工言語を指す。ルールは、その構造における構成要

素の意味を解釈するため使われる。コンピュータ科学、情報管理、事業プロセス・モデリング、ソフトウェア工学、及びシステム工学を含む異なる専門分野に適用される。モデリング言語は、利害関係者（例えば、顧客、運用者、分析者、設計者）がモデル化されたシステムをより良く理解するため、またシステムを正確に規定するために使われることを意図している。具体的には、システムの全体像を俯瞰するための図や、ステークホルダーの利害関係をうまく引き出し、可視化し、トレードオフを検討するための図示、課題やあるべき姿を図示する。モデリング言語には IDEF や統一モデリング言語 UML（Unified Modeling Language）などがある。

18. 特別支援教育

異常姿勢反射
Abnormal postural reflex

　通常は、脳の機能により、正常な姿勢反射がコントロールされている。例えば、体が傾いたときは、重心を移動してバランスをとるが、脳が損傷されると、動作の流れや目的に関係なく異常な姿勢反射が出現することになる。

インクルーシブ教育システム
Inclusive education system

　「障害者の権利に関する条約」第24条によれば「インクルーシブ教育システム」とは、人間の多様性の尊重等の強化、障害者が精神的及び身体的な能力等を可能な最大限度まで発達させ、自由な社会に効果的に参加するとする目的の下、障害のある者と障害のないも者が共に学ぶ仕組みであり、障害のある者が教育制度一般から排除されないこと、自己の生活する地域において初等中等教育の機会が与えられること、個人に必要な「合理的配慮」が提供される等が必要とされている。

インターベンション
Intervention

　「介入」という意味である。特別支援教育の分野では、子どもの活動に対して、望ましい行動様式の獲得を目的に、指導者が関わっていくことを意味する。乳幼児期に早期に介入する場合は、早期介入（Early Intervention）といわれる。

インリアル
INREAL (Inter Reactive Learning and communication)

　1974年にアメリカ・コロラド大学コミュニケーション学科で、言語発達遅滞幼児に対する言語指導の1つとして開発されたコミュニケーション・アプローチで、相互に反応しあうことで、学習とコミュニケーションを促進する。インリアルでは大人の基本姿勢としてSOULがある。それはSilence（子どもを静かに見守る）・Observation（子どもの興味や遊びを観察する）・Understanding（子どもの気持ちや発達レベルを理解する）・Listening（子どもがいおうとしていることに心から耳を傾ける）である。

音訳法
Transliteration

　音訳とは、墨字の出版物を読むことが困難な視覚障害者のために、印刷されている情報を適切に音声に置き換えることで、視覚障害者への音声による情報提供においてなくてはならない技術である。視覚障害者のための録音資料は、著作権を尊重しながら、録音資料としての一定の品質と機能を定めた製作基準に則って製作される。例えば、読みなどを調査する技術・きれいに録音する技術・目で見ればわかるが音に変えるとわからなくなる言葉（同音異義語など）を意味が理解できるように読む技術・原本

の内容を正しく伝えているか校正する技術などがある。

外国籍の幼児（外国人幼児）
Foreign child

日本国内において日本以外の国籍を有する幼児のことである。保護者は、日本の学校に初めて触れる可能性があり、外国人幼児等や保護者の母文化等との違いがあること、日本語による意思疎通が困難であることなどから、入園の相談等では、温かな雰囲気づくりが大切である。外国人の幼児については、日本語が理解できないため、障害があるかどうかの見分けが難しいケースがある。

外傷性脳損傷
Traumatic brain injury

交通事故などで頭に強い衝撃が加わると、脳が傷ついたり、出血などを起こしたりする。これを外傷性脳損傷（または脳外傷、頭部外傷）という。脳の損傷によって、脳のはたらきが障害され、半身の麻痺や感覚障害などの症状が起こる。

学習障害
Learning disabilities

学習障害（LD）は、基本的には全般的な知的発達に遅れはないが、聞く、話す、読む、書く、計算する又は推論する能力のうち特定のものの習得に著しい困難を示す様々な状態を指す。学習障害は、その原因として、中枢神経系に何らかの機能障害があると推定されるが、視覚障害、聴覚障害、知的障害、情緒障害などの障害や、環境的な要因が直接の原因になるものではない。

緘黙児（緘黙症）
Mutism

話す能力には問題がないにも関わらず、話ができなくなってしまう児童のことである。家族とは話ができるのに、学校のように特定の社会的状況で話せないこと（場面緘黙・選択性緘黙：Selective mutism）が続く状態がある。緘黙は、はっきりとした問題行動として表れるため気づかれやすいが、原因や背景は理解されにくい場合が少なくない。

吃音
Stuttering

吃音（きつおん）は、話し言葉が滑らかに話せない発話障害の1つである。吃音の特徴的な非流暢には、音のくりかえし（連発）、引き延ばし（伸発）、言葉を話せずに間が空いてしまう（難発、ブロック）があり、このような発話の流暢性（滑らかさ・リズミカルな流れ）を乱す話し方を吃音という。

限局性学習症／限局性学習障害（SLD）
Specific Learning Disorder /
Specific Learning Disability

文部科学省が特別支援教育の制度改正を行った2007年（平成19）当時は、「学習障害」という用語が使われていたが、その後アメリカ精神医学会作成のDSM-5「精神疾患の診断・統計マニュアル 第5版」（2013）で、学習障害は限局性学習症と名称が変更され

た。全体的には理解力などに遅れはないが、「読み」、「書き」、「算数（計算）」など特定の課題の学習に大きな困難がある状態である。

健康障害
Health impairment

健康障害は、肥満、気管支喘息、赤面、緘黙、血友病、コミュニケーション障害など、多種多様である。慢性的な健康障害（chronic health condition：慢性的な疾患および身体障害の両方を指す）は、12カ月以上継続し、通常の活動に何らかの制約が生じる重症度の障害と一般的に定義される。慢性的疾患の例としては、喘息、嚢胞性線維症、先天性心疾患、糖尿病、注意欠如・多動症、うつ病などが挙げられる。

言語指導法
Teaching method of language

聾教育（聴覚障害教育）の言語（language）指導で行われてきた指導法のことで、自然法（母親法）と構成法がある。言語（speech）の指導の場合は、発音指導（構音指導）として言語指導とは区別される。

言語障害
Speech impediment

言語障害とは、発音が不明瞭であったり、話し言葉のリズムがスムーズでなかったりするため、話し言葉によるコミュニケーションが円滑に進まない状況であること、また、そのため本人が引け目を感じるなど社会生活上不都合な状態であることをいう。器質的又は機能的障害（口蓋裂によるもの、

発音の誤り）話し言葉の流暢性に関わる障害（吃音）、などがある。

高機能自閉症
High functioning autism

自閉症のうち、知的発達の遅れを伴わないものを高機能自閉症という。他人との社会的関係の形成の困難さ、言葉の発達の遅れ、興味や関心が狭く特定のものにこだわることを特徴とする行動の3歳くらいまでに現れる障害である。中枢神経系に何らかの要因による機能不全があると推定されている。

構成法的アプローチ
Programmable approach

聴覚障害教育の中で行われてきた言語指導法の1つで、分析法といわれていた。その国のことばを分析し、要素的なもの、単純なものから難しいものへと順に指導し、要素の組み合わせによって、徐々に複雑な文や文章の習得を図る指導法のこと。

行動のメカニズム
Behavior mechanism

人が行動を起こす仕組みのこと。特別支援教育では、「なぜ行動が生じるのか」を考えながら、障害の状態や子どもの成長発達段階、子どもの心理面や生理学的側面などを踏まえて、より望ましい方向で指導・支援を行っていくことになる。

交流教育
Joint activity

特殊教育の対象となっている障害のある

子どもたちと障害のない子どもたちが学校教育の一環として活動を共にすることを交流教育と呼んでいたが、2003（平成16）年の「障害者基本法」の一部改正により「交流教育」の用語は「交流及び共同学習」と呼称されるようになった。なお、「特殊教育」は2007（平成19）に「特別支援教育」へと進展している。

合理的配慮
Reasonable accommodation

　「障害者の権利に関する条約」第24条においては、教育についての障害者の権利を認め、この権利を差別なしに、かつ、機会の均等を基礎として実現するために、障害者を包容する教育制度等を確保することとし、その権利の実現に当たり確保するものの1つとして、「個人に必要とされる合理的配慮が提供されること。」を位置づけている。同条約第2条の定義においては「合理的配慮」とは、「障害者が他の者と平等にすべての人権及び基本的自由を享有し、又は行使することを確保するための必要かつ適当な変更調整であって、特定の場合において必要とされるものであり、かつ、均衡を失した又は過度の負担を課さないものをいう。」と定義されている。文部科学省では、教育分野の合理的配慮について、3観点11項目の合理的配慮の考え方と8つの基礎的環境整備を示している。

口話法
Oral method

　ドイツのハイニッケ（1727-1790）によって実践された指導法で、口で話し、読唇（聴覚障害教育では「読話：どくわ」）で意味を読み取るコミュニケーション方法で教育を行う方法である。現在は、補聴器や人工内耳、集団補聴器等で聴覚活用しながら、音声を聞き取り、母国語（日本語）を獲得させる教育する方法として、聴覚口話法（auditory/oral method）が使われる。

個別の指導計画（自立活動）
Individualized teaching plan for independent activity

　特別支援学校の学習指導要領では、自立活動の指導に当たって、児童又は生徒の障害の状態や発達の段階等の的確な把握に基づき、指導の目標及び指導内容を明確にし、個別の指導計画を作成することが明記されている。その際、健康の保持・心理的な安定・人間関係の形成・環境の把握・身体の動き・コミュニケーションに示す内容の中からそれぞれに必要とする項目を選定し、それらを相互に関連づけ、具体的に指導内容を設定する。

視覚障害
Visual impairments

　視覚障害とは、視力や視野などの視機能が十分でないために、全く見えなかったり、見えにくかったりする状態をいう。特別支援学校（視覚障害）の対象となる児童生徒の障害の程度は、両眼の矯正視力がおおむね0.3未満のもの又は視力以外の視機能障害が高度のもののうち、拡大鏡等の使用によっても通常の文字、図形等の視覚による認識が不可能又は著しく困難な程度のものとなっている。

肢体不自由
Physically handicapped cripple

　肢体不自由とは、身体の動きに関する器官が、病気やけがで損なわれ、歩行や筆記などの日常動作が困難な状態をいう。特別支援学校（肢体不自由）の対象となる児童生徒の障害の程度は、①肢体不自由の状態が補装具の使用によっても歩行、食事、衣服の着脱、排せつ等の動作や描画等の学習活動のための基本的な動作が不可能又は困難な程度のもの、②肢体不自由の状態が①の程度に達しないもののうち、常時の医学的観察指導（特定の期間内に常に医学的な観察が必要で、起床から就寝までの日常生活の1つひとつの運動・動作についての指導・訓練を受けること）を必要とする程度のものとなっている。

児童相談所
Child consultation center

　児童相談所は、市町村と適切な役割分担・連携を図りつつ、子どもに関する家庭その他からの相談に応じ、子どもが有する問題又は子どもの真のニーズ、子どもの置かれた環境の状況等を的確に捉え、個々の子どもや家庭に最も効果的な援助を行い、子どもの福祉を図るとともに、その権利を擁護することを主たる目的として都道府県、指定都市に設置される行政機関である。相談援助活動は、すべての子どもが心身ともに健やかに育ち、その持てる力を最大限に発揮することができるよう子ども及びその家庭等を援助することを目的としており、児童福祉の理念及び児童育成の責任の原理に基づき行われ、常に子どもの最善

の利益を考慮し、援助活動を展開していくことが必要である。児童相談所は、この目的を達成するために、基本的に次の3つの条件、① 児童福祉に関する高い専門性を有していること、② 地域住民に浸透した機関であること、③ 児童福祉に関する機関・施設等との連携が十分に図られていることを満たしている必要がある。

自然法的アプローチ
Natural approach (natural method)

　ペスタロッチの母親法（Mother Method）の原理を聴覚障害児の言語指導に取り入れたもので、健聴児が日常の生活を通じて自然に言語を覚えていくのと同じように聴覚障害児に言語を獲得させようとする言語指導法のことである。

自閉症
Autistic Disorder

　自閉症は発達障害の1つであり、3歳くらいまでに現れ、①他人との社会的関係の困難さ、②言葉の発達の遅れ、③興味や関心が狭く特定のものにこだわることを特徴とする行動の障害であり、中枢神経系に何らかの要因による機能不全があると推定される。知的発達の遅れが伴わないものは、高機能自閉症（High-Functioning Autism）という。

重度・重複障害児
Children with profound and multiple disabilities

　多くの障害が重複して、著しく障害が重度である児のことを呼称する際に用いられる。わが国では、「重複障害」に関する明

確な定義はなく、重複障害の語句は、法令や制度によって使われ方が異なっている。一般的には、重複障害の語句だけが用いられるのではなく、重度・重複障害や重症心身障害などの語句と関連して用いられる。重複障害は、「学校教育法」第75条で定める特別支援学校対象者である視覚障害者・聴覚障害者・知的障害者・肢体不自由者・病弱者の5障害のうち2つ以上を併せ有する場合のことを意味するが、指導上では、これに該当しない言語障害・自閉症・情緒障害等を併せ有する場合も含めて重複障害といい、その際には「重度」の用語は重複障害と重ねて使わない。

手話法
Sign language method

フランスのド・レペ（1712-1789）が考案した手話と指文字を用いて、教育を行う方法である。手や指の動き、身振りや表情を使って、コミュニケーションを行う。

障害者基本法
Basic act for persons with disabilities

障害者基本法は、障害のある人に関係する一番大切な法律で、障害のある人の法律や制度について基本的な考え方を示している。昭和45年に成立したが、平成23年に改訂され、8月から施行された。目的が見直され、理念はすべての国民が障害の有無に関わらず、等しく基本的人権を享有するかけがえのない個人として尊重されなければならないとした。第4条では、障害者に対する差別の禁止が加えられた。

障害者権利条約
Convention on the rights of persons with disabilities

「障害者権利条約」は、障害者の人権や基本的自由の享有を確保し、障害者の固有の尊厳の尊重を促進するため、障害者の権利を実現するための措置等を規定している条約である。主な内容は、①障害に基づくあらゆる差別（合理的配慮の否定を含む。）を禁止、②障害者が社会に参加し、包容されることを促進、③条約の実施を監視する枠組みを設置、等がある。わが国は2014年に条約を批准し効力が発生した。

情緒障害
Emotional disorder

情緒障害とは、情緒の現れ方が偏っていたり、その現れ方が激しかったりする状態を自分の意志ではコントロールできないことが継続し、学校生活や社会生活に支障となる状態をいう。情緒障害教育では、発達障害である自閉症などと心因性の選択性緘黙などのある子どもを対象としており、自閉症などの子どもについては、言語の理解と使用や、場に応じた適切な行動などができるようにするための指導を行う。また、主として心理的な要因による選択性緘黙などがある子どもについては、安心できる雰囲気の中で情緒の安定のための指導を行う。

自立活動
Independent activities

障害のある児童生徒が、自立を目指して、障害による学習上又は生活上の困難を改善・克服するために必要な知識・技能・態度及び習慣を養う教育活動である。内容は、

①健康の保持、②心理的安定、③人間関係の形成、④環境の把握、⑤身体の動き、⑥コミュニケーションがある。自立活動の指導は、発達段階を把握し、指導の目標と内容を明確にして、個別の指導計画を作成して行う。

精神遅滞
Mental retardation

知的能力の発達が遅滞し、学習や知的な作業、身辺の管理、社会的な生活が困難なものをいい精神発達遅滞ともいう。現在は、知的障害という。

早期教育
Early education

脳の発達の吸収力や柔軟性の高い乳幼児期に教育を開始することである。教育機関が行う場合は、「早期からの教育的対応」と呼ばれる。また、医療機関では、「療育」と呼ばれる。例えば、聴覚障害教育では、出生後〜6歳ぐらいまでの言語発達の著しい時期に、補聴器・人工内耳・手話などを活用して、言語力を身に着ける早期教育が行われている。

ダウン症候群
Down's syndrome

染色体異常によって引き起こされる先天性疾患である。21番染色体が1本多いことが原因であることがわかり、21トリソミー症候群とも呼ばれる。一般に精神発達や発育が障害され、先天性の心疾患を伴うこともある。ダウン症の共通する特徴として、全体的に平坦な顔貌、厚い唇、大きな舌、つり上がった眼等がある。

知的障害
Intellectual disabilities

知的障害とは、同年齢の子どもと比べて、認知や言語に関わる知的機能が著しく劣っている状態をいう。そして、意思の交換・日常生活や社会生活・安全・仕事・余暇利用などについての適応能力が不十分なため、支援や配慮が必要な状態である。特別支援学校（知的障害）の児童生徒の障害の程度は、①知的発達の遅滞があり、他人との意思疎通が困難で日常生活を営むのに頻繁に援助を必要とする程度のもの、②知的発達の遅滞の程度が①の程度に達しないもののうち、社会生活への適応が著しく困難なものとなっている。

注意欠陥多動症／注意欠陥多動性障害（ADHD）
Attention-Deficit / Hyperactivity Disorder

注意欠陥多動性障害（ADHD）とは、年齢あるいは発達に不釣り合いな注意力、衝動性、多動性を特徴とする行動の障害で、社会的な活動や学業の機能に支障をきたすものである。また、7歳以前に現れ、その状態が継続し、中枢神経系に何らかの要因による機能不全があると推定される。

聴覚障害
Hearing disability

聴覚障害とは、身の回りの音や話し言葉が聞こえにくかったり、ほとんど聞こえなかったりする状態で、聴覚機能の永続的低下を総称したことばである。特別支援学

校（聴覚障害）の対象となる児童生徒の障害の程度は、両耳の聴力レベルがおおむね60デシベル以上のもののうち、補聴器や人工内耳等の使用によっても通常の話声を解することが不可能又は著しく困難な程度のものとなっている。聴覚障害の発生した時期やきこえの程度、あるいは医療や教育における対応により、状態像も様々であるが、言語発達やコミュニケーション、社会性や情緒などの知的・精神的な発達の面に種々の課題が生じる可能性がある。

治療教育
Educational treatment

医学などの知見に基づき、教育的手段を用いて、精神機能の障害や行動の異常を改善するように働きかけたり、精神発達や適応行動を促進したりする方法である。知的障害児、盲・聾啞児、肢体不自由児、自閉症児などにも同じ原理を適用することで、療育が行われている。情緒発達に課題のある非行児も対象とされる。

通級による指導（通級指導）
Tukyu / Resource rooms

通級による指導とは、大部分の授業を小学校・中学校・高等学校の通常の学級で受けながら、一部、障害に応じた特別の指導を通級指導教室で受ける指導形態のことで、障害による学習上又は生活上の困難を改善し、または克服するため、特別支援学校で行われている「自立活動」に相当する指導を行う。実施形態には、①自校通級：児童生徒の在籍する学校で指導を受ける、②他校通級：他の学校に通級して指導を受ける、③巡回指導：担当教諭が巡回して行うという3つがある。

デシベル（dB）
Decibel (dB)

特別支援教育では、幼児児童生徒の聞こえの実態・程度を示す単位として、デシベルが使用される。例えば「右耳の平均聴力レベルは60dB以上」という表し方である。数値が多くなるほど、聞こえにくくなる。デシベルは、レベルの単位として、一般的に使われ、ベル（B）の1/10である。

点字指導
Braille guidance

点字を常用して学習する児童生徒に対して、点字の表記方法を踏まえた系統的な指導が必要となる。先天盲の幼児児童生徒は点字を学習しながら日本語も習得していくことになるので、国語教育の一環として点字を扱う。点字の触読では、触圧、触運動、読書スピードに留意して指導を行う。点字の初期指導の詳細については、文部科学省から「点字学習指導の手引」（2003）が出されている。

統合教育（インテグレーション）
Integration

障害のある児童生徒と、障害のない児童生徒が同じ教育の場所で、一緒に教育を行うことである。教育の場は同じであるが、必ずしもカリキュラムは同じとは限らない。

特別支援学校の目的
Educational purpose of Special needs school

特別支援学校とは、視覚障害者、聴覚障害者、知的障害者、肢体不自由者、または病弱者（身体虚弱者を含む）に対して、幼稚園、小学校、中学校または高等学校に準ずる教育を施すとともに、障害による学習上または生活上の困難を克服し自立を図るために必要な知識技能を授けることを目的としている。

特別支援教育コーディネーター
Special educational needs coordinator

特別支援学校や小・中学校における特別支援教育を推進する役割を中心的に担う教員である。学校内の関係者や外部の関係機関との連絡調整役、保護者に対する相談窓口、担任への支援、校内委員会の運営や推進役という役割を担っている。校内では、校内委員会のための情報収集・準備、担任への支援、校内研修の企画・運営などがある。外部の関係機関の連絡調整では、関係機関の情報収集・整理、専門家等に相談する際の情報収集と連絡調整、専門家チームや巡回相談員との連携などの役割がある。

取り出し指導
Fetch-teaching

児童生徒の一人ひとりに応じて、在籍している学級以外で指導を行うことを「取り出し指導」という。発達障害などの子どもに対して通常の授業の一部を別教室で行う場合である。在籍学級の授業中に日本語担当教員などが支援に入って対象児童生徒を支援する場合は「入り込み指導」という。

特別な教育課程のもとに通級指導教室で指導を受ける場合は、指導形態は取り出し指導と似ているが「通級による指導」となる。

二次障害
Secondary disability

二次障害という用語の表記は、「障害」を含んでいるが、この場合の「障害」は教育・福祉・法律などでつかわれる「障害（disability）」や医学で用いられる「障害（disorder）」など、一般的に用いられる「障害」とは意味が異なっている。もともとの「障害（一次障害）」に伴って様々な生活機能が低下した状態という意味で用いられている。例えば、発達障害などの一次障害を原因として、何度も注意され、不安な経験を繰り返し、自己肯定感がもてず、うつ症状や不安障害が発生しているようなケースなどが二次障害である。

放課後等デイサービス
After school day service

放課後等デイサービスは、児童福祉法に基づき、学校（幼稚園及び大学を除く。以下同じ。）に就学している障害児に、授業の終了後又は休業日に、生活能力の向上のために必要な訓練、社会との交流の促進その他の便宜を供与することとされている。放課後等デイサービスは、支援を必要とする障害のある子どもに対して、学校や家庭とは異なる時間、空間、人、体験等を通じて、個々の子どもの状況に応じた発達支援を行うことにより、子どもの最善の利益の保障と健全な育成を図るものである。

療育手帳
Special education record book

　療育手帳は知的障害児（者）に対して一貫した指導・相談を行うとともに、これらの者に対する各種の援助措置を受け易くするため、知的障害児（者）に交付した手帳で、知的障害児（者）の福祉の増進に資することを目的とする。また、知的障害者に対する援助措置を受け易くすることも療育手帳のねらいである。療育手帳の提示があった時は、療育手帳により資格の確認等を行い援助措置がとられる。障害の程度は重度とその他に区分するものとし、療育手帳の障害の程度の記載欄には、重度の場合は「A」と、その他の場合は「B」と表示する。手帳の法的な名称は「療育手帳」であるが、地方自治体によっては別名「愛の手帳」（東京都・横浜市など）が併記される場合がある。障害者福祉に関する手帳では、この他に「身体障害者手帳」「精神障害者手帳」などがある。

19. 生徒指導

LGBT / LGBTQ

　人の性を構成する要素には、1. 身体（生物学）的（Sex）、2. 性自認（Gender Identity）、3. 性的指向（Sexual Orientation）、4. 性表現（Gender Expression）の4つがある。身体的性（Sex）と社会的性（Gender）が一致し異性を性的指向の対象とすることを典型的な性的発達としたとき、同性を性的対象とする人（Lesbian：レズビアン＝女性同性愛者、Gay：ゲイ＝男性同性愛者）や両性を性的指向の対象とする人（Bisexual：バイセクシャル＝両性愛者）、自身の性別に違和や不一致を感じる人（Trans-gender：トランスジェンダー＝心と体の性に違和感を持っている人、性別違和）の総称。LGBTに「Q」（Questioning、Queer）や「Q＋（プラス）」を加え表現もある。

TALKの原則

　自殺対策では、自殺の危険に気づき、悩んでいる人に寄り添い、関わりを通して「孤独・孤立」を防ぎ、支援することが求められる。TALKは、自殺の危険に気づいたときの対応のキーポイントをコンパクトに示したもの。TはTell：心配していることを言葉にして伝える、AはAsk：死にたいと思うほど辛い気持ちについて率直に尋ねる、LはListen：話をそらさず絶望的な気持ちを傾聴し叱責・励まし・助言をせず訴えに真剣に耳を傾ける、KはKeep safe：安全を確保し一人で抱え込まず信頼できる大人・専門機関につないで連携して適切な援助を行うことをそれぞれの頭文字で表している。

アセスメント
Assessment

　「評価」「査定」「判定」などと訳されている。環境・産業はじめ医療・福祉等多くの分野で使われ、教育分野においても「心理アセスメント」「学力アセスメント」など様々な場面で用いられる。「アセスメント」には、評価や判定だけでなく、問題・課題の明確化やその解決に向けた目標の設定、状況に応じた方策の選択・判断、見通し（仮説）の構築という過程が含まれる。生徒指導における「アセスメント」では、各種検査をはじめ面談・行動観察など様々な方法による測定・評価だけでなく、それらにより得た情報に基づく的確な児童生徒理解にもとづく、より適切な指導・援助とその見通し、実践の検証の過程を含む。

いじめ―重大事態―

　いじめ防止対策推進法（2013）第28条において、①いじめにより当該学校に在籍する児童等の生命、心身又は財産に重大な被害が生じた疑いがあると認めるとき。（生命・心身財産重大事態）②いじめにより当該学校に在籍する児童等が相当の期間学校を欠席することを余儀なくされている疑いがあると認めるとき。（不登校重大事

態）があげられている。これらの原因として、いじめ（疑いも含む）が確認されれば、適切な方法により事実関係を明らかにするための調査を実施し、不登校重大事態では、一定期間連続して欠席している場合は、不登校の基準（年間30日以上の欠席）によらず迅速な調査を実施することとされている。調査は、公平性・中立性を確保し、被害児童生徒・保護者の切実な思いを理解した上で、いじめの事実の全容解明と、学校・教育委員会等の対応の検証を行い、同様の事案の再発防止を目的とする。

いじめ—定義—

いじめ防止対策推進法（2013）第2条において、「この法律において『いじめ』とは、児童等に対して、当該児童等が在籍する学校に在籍している等当該児童等と一定の人的関係にある他の児童等が行う心理的又は物理的な影響を与える行為（インターネットを通じて行われるものを含む。）であって、当該行為の対象となった児童等が心身の苦痛を感じているものをいう。」と定義されている。平成17年度までは「自分より弱い者に対して一方的に、身体的・心理的な攻撃を継続的に加え、相手が深刻な苦痛を感じているもの」、平成18年度から平成25年度までは、「当該児童生徒が、一定の人間関係のある者から、心理的、物理的な攻撃を受けたことにより、精神的な苦痛を感じているもの」とされていた。

いじめの構造

いじめが生じる集団には「加害者」「被害者」のほか、いじめを煽る「観衆」、い

じめを認識していても見て見ぬふりをする「傍観者」の四層構造があるとされている（森田・清水、1994）。児童生徒の多くが被害者・加害者両方の立場を経験している調査結果（国立教育政策研究所、2016）からも、互いを思いやる人間関係・集団づくり、いじめを許さない・見逃さない学校・学級風土の醸成など、開発的・予防的取組の重要性が明らかになっている。

いじめ防止対策基本法

いじめの認知件数増加傾向やいじめ自殺など問題が深刻化する中、社会総がかりでいじめ防止に取り組むとともに重大事態への対処（いじめの重大事態調査を含む）における公平性・中立性を確保するべく、平成25年に成立・施行された法律。いじめは、相手の人間性とその尊厳を踏みにじる「人権侵害行為」であるとの共通認識のもと人権を社会の基軸理念に据えて社会の成熟を目指す決意とともに、社会総がかりでいじめ防止に取り組むこと・重大事態への対処（いじめの重大事態調査を含む）において公平性・中立性を確保することなど基本的な方向性が示されている。これらを踏まえ、各学校は、①いじめ防止のための基本方針の策定と見直し②いじめ防止のための実効性のある組織の構築③未然防止・早期発見・事案対処における適切な対応を行うことが義務づけられている。

インターネット環境整備法

青少年が安全に安心してインターネットを利用できるようにし、青少年の権利の擁護に資することを目的として平成20年に

成立した法律（正式名称は、「青少年が安全に安心してインターネットを利用できる環境の整備等に関する法律」）である。本法において、保護者には、子どものインターネットの利用を適切に管理することなどが求められているほか、18歳未満の青少年が携帯電話を利用する場合は、保護者と携帯電話インターネット接続事業者は、フィルタリング利用を条件としなければならないことが定められている。

エコマップ
Ecomap

ある個人と、その個人を取り巻く外界（環境）との関係性とその質（特徴）についての情報を図式化（一定の図形・記号・線等）したもの。1975年にハートマンが生態学的観点を基に考案し、以降、福祉領域をはじめ諸領域において個人をよりよく理解するための有効な視覚ツールの1つとして広く用いられている。個人のネットワーク内にいる人々や、その個人とその人々との関係、その他多くのことを示すことが特徴である。学校教育においても、児童生徒理解（個人・集団）や問題行動のアセスメント、チーム支援の方針・方法の検討と実践において、家庭・コミュニティ等における人間関係の理解とその共有に活用される。

ガイダンス＆カウンセリング
Guidance and counseling

ガイダンスは、集団（全ての児童生徒）を対象として学校生活への適応やよりよい人間関係の形成、学習・進路等における主体的な取組や選択及び自己の生き方などに関して組織的・計画的な情報提供や説明のほか、社会性の発達を支援するプログラム（SST：ソーシャルスキル、SEL：ソーシャルエモーショナルラーニング等）の実施などを行う。一方、カウンセリングは、個人を対象として一人ひとりの悩みや不安を受けとめ、自己理解を深める働きかけや解決に向けた情報を提供するなど児童生徒が主体的に自己選択・自己決定する過程に寄り添い相談・助言等を行う。ガイダンスとカウンセリングは、生徒指導において、教員と専門家（SC：スクールカウンセラー、SSW：スクールソーシャルワーカー等）が協働で児童生徒の意識・行動の変容を促進し、発達を支えるための重要な働きかけである。

課題予防的生徒指導

課題未然防止教育と課題早期発見対応から成る。課題未然防止教育は、全ての児童生徒を対象に、生徒指導の諸課題の未然防止をねらいとして、意図的・組織的・系統的な教育プログラムの実施である。生徒指導部を中心にSC等の専門家等の協力も得ながら年間指導計画に位置付けて実践する、いじめ防止教育、SOSの出し方教育を含む自殺予防教育、薬物乱用防止教育、情報モラル教育、非行防止教室等が該当する。一方、課題早期発見対応は、予兆行動や問題行動のリスクが高まっているなど気になる一部の児童生徒を対象とする、初期段階での諸課題発見や対応である。いじめや不登校、自殺などの深刻な事態に至らないように、早期の教育相談や家庭訪問、実態に応じた迅速な対応、いじめアンケートなど

スクリーニングテスト、SC・SSW を含めたスクリーニング会議などチーム支援による気になる児童生徒の早期発見や指導・援助などである。

危機管理
Risk management / Crisis management

　様々な危機の想定と予防（事前予防）と、危機が発生した場合の対応と危機からの脱出・回復（事後対応）があり、前者は「リスクマネジメント」、後者は「クライシスマネジメント」と呼ばれている。学校の危機には、教育活動・登下校中の事故・事件、災害、生活指導上の問題、教職員の服務事故、学校の不祥事、感染症の発生などがあげられる。学校保健安全法では、事前予防・事後対応についての危機管理マニュアルの作成と、教職員への周知と訓練を義務づけている。文部科学省は、「学校の『危機管理マニュアル』等の評価・見直しガイドライン」（2021 年 6 月公表）において危機管理マニュアルに含まれるべき視点・項目等を「チェックリスト編」で具体的にリストアップしている。

ゲートキーパー
Gatekeeper

　自殺の危険を示すサインに気づき、適切な対応（悩んでいる人に気づき、声をかけ、話を聞いて、必要な支援につなげ、見守る）を図ることができる人のことで、言わば「命の門番」とも位置づけられる人のことをいう。その役割は、自殺の危機に気づき適切にかかわることであり、一人でも多くの人がゲートキーパーとしての意識をも

ち、それぞれの立場でできることから進んで行動を起こすことが求められる。「自殺総合対策大綱」（平成 19 年）では、当面の重点施策の 1 つとしてゲートキーパーの養成を掲げ、かかりつけの医師をはじめ、教職員、保健師、看護師、ケアマネージャー、民生委員、児童委員、各種相談窓口担当者など、関連するあらゆる分野の人がゲートキーパーとなれるよう研修等を行うことを求めている。

校則

　校則は、学校が教育目的を実現していく過程において、児童生徒が遵守すべき学習上、生活上の規律として定められるものである。校則について定める法令の規定は特にないが、判例では、学校が教育目的を達成するために必要かつ合理的範囲内において校則を制定し、児童生徒の行動などに一定の制限を課することができ、校則を制定する権限は、学校運営の責任者である校長にあるとされている。判例によると、社会通念上合理的と認められる範囲で、校長は、校則などにより児童生徒を規律する包括的な権能を持つと解されており、校則の内容については、学校の専門的、技術的な判断が尊重され、幅広い裁量が認められるとされている。校則には、学業時刻や児童会・生徒会活動などに関する規則だけでなく、服装、頭髪、校内外の生活に関する事項など、様々なものが含まれている。

困難課題対応的生徒指導

　いじめ、不登校、少年非行、児童虐待など特別な指導・援助を必要とする特定の

児童生徒を対象に、校内の教職員（教員、SC、SSW 等）ほか、校外の関係機関（教育委員会、警察、病院、児童相談所、NPO 等）との連携・協働による個別的・専門的な対応（指導・支援）をさす。困難課題対応的生徒指導には、学級・ホームルーム担任による個別の支援をはじめ、生徒指導主事や教育相談コーディネーターを中心にした校内連携型支援チームや、校外の専門家を有する関係機関と連携・協働したネットワーク型支援チームによる対応などがある。

サポートチーム

　問題行動を起こす個々の児童生徒について、学校や教育委員会と児童相談所、保護司、児童委員、警察などの関係機関等が情報を共有し、共通理解の下、各機関の権限等に基づいて多様な指導・支援を行うために形成される。文部科学省では、平成 14 年度から「サポートチーム等地域支援システムづくり推進事業」を実施し、サポートチームの取組を進めている。サポートチームの形成により、児童生徒の問題行動等に対して、複眼的な対応が可能になった、家庭への支援など柔軟な対応が可能となった、関係者の間で役割分担がなされ、対応が効果的になり充実したなどの成果があがっている。文部科学省では、平成 16 年度からは「問題行動に対する地域における行動連携推進事業」を実施し、サポートチームの形成など地域における支援システムづくりの一層の充実を図っている。

ジェノグラム
Genogram

　アメリカのソーシャルワーカーであるアン・ハートマンによって考案された、社会福祉の支援においてアセスメントや支援計画に用いた家族関係図（少なくとも 3 世代以上）の呼称。家族構成や構成メンバーの年齢・職業・関係性等を数字・記号・線などで図式化したもので、家系図と違い、血縁以外のメンバーも含めて記載することで実際の家族全体の状況を客観的に効率よく把握することができる。援助が必要な個人の問題には、本人を取り巻く家庭環境や家族の関係性が影響しており、その援助においては本人（個人）だけでなく家族全体を視野に入れたアプローチが必要かつ有効であることから、福祉分野以外にも広く用いられ、生徒指導における児童生徒（個人）理解と支援においても活用されている。

自己指導能力

　「生徒指導提要」（文部科学省，2022）において、生徒指導の目的を達成するために、児童生徒一人一人が身につけるべき力。児童生徒が、自己理解に基づき、「何をしたいのか」、「何をするべきか」、主体的に問題や課題を発見し、自己の目標を選択・設定して、この目標の達成のため、自発的、自律的、かつ、他者の主体性を尊重しながら、自らの行動を決断し、実行する力であるとされている。自己指導能力の獲得には、児童生徒が多様な教育活動を通して主体的に課題に挑戦し、多様な他者と協働して創意工夫することの重要性等を実感することが大切であり、生徒指導の実践において留

意すべき視点として、（1）自己存在感の感受、（2）共感的な人間関係の育成、（3）自己決定の場の提供、（4）安全・安心な風土の醸成）が挙げられている。

自殺対策

「予防活動」（プリベンション）・「危機介入」（インターベンション）・「事後対応」（ポストベンション）の3段階に大別される。学校における自殺対策として、予防の活動では、全ての児童生徒に対する自殺を未然に防ぐための日常の相談活動や自殺予防教育（授業の実施（SOSの出し方に関する教育を含む）・自殺予防につながる教科等での学習、危機介入では、自殺リスクの発見・リスク軽減・安全確保などの緊急対応や自殺企図後の未遂者並びに影響を受ける児童生徒への心のケアや緊急支援、事後対応（自殺既遂後）では、遺族と影響を受ける児童生徒・教職員に対する危機対応・危機管理と遺された者への心のケアがあげられる。

自傷行為
Self-harmy / Self-injuly

自殺以外の意図により、非致死的な手段・方法を用いて非致死的な予測（この程度であれば死ぬことはないだろう）に基づいて、自らの身体を傷つける行為である。広い世代に見られるが、思春期に特徴的な問題の1つとして理解されている。自傷行為の理由に、不快感情（激しい怒り・教諭・不安等）への対処があげられ、解離（受け入れがたい不快情動を切り離す）や、痛みによって心の苦痛が緩和する体験を繰り返し、不快感情をコントロールするための自傷行為がエスカレートして自殺企図に至る場合もある。10代に自傷行為・過剰服薬を経験した者がその後自殺により死亡するケースもあり、初発年齢の学齢期に適切な支援につなげることが肝要である。

児童生徒の問題行動・不登校等生徒指導上の諸課題に関する調査

様々な社会変化に伴い多様化・深刻化の傾向が見られる児童生徒の問題行動等の解決を図ることは喫緊の教育課題となっていることに鑑み、児童生徒の問題行動等について事態をより正確に把握し、これらの問題に対する指導の一層の充実を図るため、暴力行為・いじめ・不登校・自殺等の状況等について毎年度文部科学省が行っている調査。調査結果は、効果的な施策を講じるための基礎的データであることから、1982（昭和57）年に中・高の校内暴力に関する調査を開始して以降、調査項目や調査対象については随時追加・見直しを行っている。令和3年度調査項目は、暴力行為・いじめ・出席停止の措置・長期欠席（小・中学校の不登校等）・長期欠席（高等学校の不登校等）・中途退学者数等・自殺・教育相談の各状況となっている。

社会性と情動の学習
Social Emotional Learning (SEL)

心理学の知見を活かして、情動（感情）の理解とコントロール、目標設定と達成、向社会的（思いやりの）行動、良好な人間関係づくりと維持、責任ある意思決定などのための知識・情報・態度・スキル・価値観を身につける学習を意味する。目的・方

法は教育・医療・福祉・司法など各分野により異なるが、この学習で身につける力は、読み書き・計算などのための認知的能力に対して非認知的能力と呼ばれる能力で、社会性を高めるために有効な取組の1つである。学校での実施者は、学級担任等の教員のほかスクールカウンセラー・外部講師（他の教育関連機関の職員・専門家）などである。

出席停止（制度）

懲戒行為ではなく、学校の秩序を維持し、他の児童生徒の教育を受ける権利を保障するために採られる措置。学校教育法第35条において、出席停止にあたっては二つの基本的要件（性行不良であること、他の児童生徒の教育に妨げがあること）をあげている。性行不良については、「他の児童に障害、心身の苦痛又は財産の損失を与える行為」「職員に傷害又は心身の苦痛を与える行為」「施設又は設備を損壊する行為」「授業その他の教育活動を妨げる行為」の4つの行為を類型としてあげ、「その一又は二以上を繰り返し行う」ことを出席停止の要件として規定している。

生活指導

学級づくり・集団づくりに向けた指導、ガイダンスなどの意味で用いられている。その発展は、第二次世界大戦前（前期・後期）と戦後の3つに区分され、戦前・前期の生活指導は、子どものものの見方・考え方・感じ方が自由に表現されることを通して人間形成を図ることに重点が置かれた。戦前・後期（1930年以降）の生活指導は、生活綴方教育運動の発展と相まって子ども

の目的的・能動的な生き方のなかで形成されるとし前期の生活指導とは区別されている。1947年の『学習指導要領』では生活指導を領域概念であるとされたが、1958年の「学校教育法施行規則」一部改正によって機能概念として規定されるに至った。学級・集団づくりの立場の指導を「生活指導」、ガイダンス的な立場の指導を「生徒指導」と呼ぶことが多い。

性的マイノリティ
Sexnal minority

LGBTと呼ばれる人々のほか、身体的性、性的指向、性自認等の要素の組合せによって多様な性的指向・性自認をもつ人々の総称。第二次性徴が始まる思春期（小学校高学年から中学生にかけて）は、性に対する関心が高まり違和感が明確になりやすい。他者からの非難や差別によって自尊心が傷つき自己否定や孤独感を募らせ、精神症状や疾患、自傷・自殺などにつながるリスクもあるため、性的マイノリティとみられる児童生徒には、個別の支援に加え学級・ホームルームにおいて集団を対象とする適切な生徒指導・人権教育等などを充実することが求められる。

性同一性障害（性的違和；性別不合）
Gender identity disoder (Gender dysphoria, Gender incongruence)

「性同一性障害者の性別の取り扱いに関する法律」第2条では、性同一性障害とは、「生物学的には性別が明らかであるにもかかわらず、心理的にはそれとは別の性別（以下「他の性別という。」）」であると持続的な

確信を持ち、かつ、自己を身体的及び社会的に他の性別に適合させようとする意思をもつ者であって、その診断を的確に行うために必要な知識及び経験を有する医師（二人以上）による診断が一致しているものとされている。このような児童生徒には、学校生活において特別の支援が必要な場合があり、ケースに応じて児童生徒の心情に配慮した対応が求められる。なお、生物学的な性と性別に関する自己意識（性自認）と性的指向（恋愛対象を示す概念）は異なる。

生徒指導提要

　生徒指導に関する学校・教職員向けの基本書。小学校段階から高等学校段階までの生徒指導の理論・考え方や実際の指導方法等について、時代の変化に即して網羅的にまとめ、生徒指導の実践に際し教職員間や学校間で共通理解を図り、組織的・体系的な取組を進められるように、平成22年にはじめて文部科学省が作成したもの。その後も生徒指導上の課題が深刻化し、関係法規の成立など学校・生徒指導を取り巻く環境が変化する状況をうけて令和4年12月に改訂版（デジタル版）が公表された。課題の早期発見・対応にとどまらず、すべての児童生徒を対象とする発達支持的取組を含む重層的・包括的生徒指導の理論と実践の基本が示されている。

生徒指導の機能

　生徒指導の機能には、自己指導能力の育成を図る働きかけとして、①自己存在感を与えること：子どもの存在をかけがえのないものと認め、子どもが「自分が大切にさ れている」と思えるような関わりを進める。②共感的人間関係を育成すること：互いに人間として尊重し合う態度で、自分を語り共感的に理解し合う人間関係を育てる。その中では教師も一人の人間として自己開示を求められる。③自己決定の場を与え自己の可能性の開発を援助すること：子どもに自分で考え選択する機会をできるだけ多く用意し、自らの決断と責任のある行動がとれるように働きかけ、自己の可能性に自ら気づき、その伸長を目指して努力するような態度形成を図る。などがある。

生徒指導の構造（重層的支援構造）

　従来、生徒指導の構造は、対象や対応の性質・特徴などから「一次的生徒指導（開発的）」「二次的生徒指導（予防的）」「三次的生徒指導（課題解決的・治療的）」の3分類で説明されてきた。近年、児童生徒に関わる問題が多様化・複雑化し適切な対応が求められる中、『生徒指導提要（改訂版）』では、時間・種類・対象の要素に基づいて「2軸3類4層」の重層的支援構造が示されている（文部科学省、2022）。2軸とは、時間軸による分類で「常態的・先行的（プロアクティブ）」「即応的・継続的（リアクティブ）」である。3類とは、課題性による分類で「発達支持的生徒指導」「課題予防的生徒指導」「困難課題対応的生徒指導」をいい、4層とは、対象の範囲による分類で「発達支持的生徒指導」「課題未然防止教育」「課題早期発見対応」「困難課題対応的生徒指導」を指している。

生徒指導の定義

『生徒指導提要（改訂版）』(2022)では、「生徒指導とは、児童生徒が、社会の中で自分らしく生きることができる存在へと、自発的・主体的に成長や発達する過程を支える教育活動のことである。」と定義している。生徒指導は、問題行動を呈する特定の児童生徒やその虞のある一部の児童生徒への対処・予防にとどまらず、あらゆる場面において、すべての児童生徒一人ひとりが個性を伸ばし（個性化）、社会的資質や行動力を高め（社会化）、自己実現を図るための自己指導力を身につける過程を支える教育活動である。

生徒指導の手引

高度経済成長を背景とする諸問題の増大を受けて文部省（現在：文部科学省）が1981年に公刊した生徒指導の基本書。戦後の混乱や貧困が残る状況下で生じた非行や問題行動への対応とする『生徒指導のてびき』(1965)改訂版ともいえる。『生徒指導の手引』(1981)では、生徒指導は、教育課程を構成する［領域］ではなく、学校が教育目標を達成するためのすべての教育活動における重要な「機能」としての意味付けを明確にしている。以降、不登校・いじめ・自殺など児童生徒をめぐる諸問題の多様化・深刻化が続く中、状況の改善に向けて『生徒指導提要』（文部科学省、2010)が刊行されるに至った。

生徒指導の目的

『生徒指導提要（改訂版）』(2022)は、生徒指導の目的を「児童生徒一人一人の個性の発見とよさや可能性の伸長と社会的資質・能力の発達を支えると同時に、自己の幸福追求と社会に受け入れられる自己実現を支えること」としている。あらゆる教育活動を通して、心理面（自信、自己肯定感等）、学習面（興味、関心、学習意欲等）、社会面（人間関係、集団適応等）、進路面（進路指導、招待展望等）、健康面（生活習慣、メンタルヘルス等）の発達を支え、児童生徒が自己存在感、自己肯定感、自己有用感の実感しながら、主体的に問題、課題の発見、目標の選択・設定、行動選択、実行の力を伸ばし、よりよく生きていけるよう支えることが生徒指導の目的である。

生徒指導の歴史

一般に、1910年代後半（大正期）の自由教育の流れの中で生まれた「生活指導」が現在の生徒指導の起源とされる。第二次世界大戦後、米国教育使節団報告書(1946)に示された教育改革の基本方針のもと、アメリカのガイダンス＆カウンセリングの理念・方法が導入され、民主主義に基づく教育が進められた。1960年代には少年非行の増加など諸課題に対応して『生徒指導の手引き』（当時：文部省、1965)が公刊され、このとき、「生徒指導」「生活指導」などの用語が「生徒指導」に統一され、現在に至っている。

ゼロ・トレランス
Zero tolerance

学校において規律違反行為に対するペナルティー適用を基準化し、寛容を排除してこれを厳格に適用することにより学校規律

の維持を図ろうとする教育理念及び教育実践のこと。アメリカで学校の荒廃への対応として1990年代（クリントン政権以降）に広がった、軽微な違反行為を放置すればより重大な行為に発展するという考え方で、心理学者ジョージ・ケリングの「破れ窓理論」による説明もある。わが国においても、根底にある「（処罰）基準の明確化とその公正な運用」との理念は、学校規律という身近で基本的な規範維持の指導・浸透を進める過程において参考とすべき点があると考えられているが、「令和の日本型教育」において児童生徒の「自己指導能力」の育ちを支える生徒指導が求められている中、日本型「ゼロトレランス」の在り方の検討が課題となる。

ソーシャルボンド
Social bond

　社会的絆と訳される。ボンド理論（Hirschi, 1969）では、全ての人が本来逸脱の可能性をもっていることを前提に、社会的絆の4要素（①愛着（Attachment）②投資（Commitment）③巻き込み（Involvement）④信念（Belief））が途切れた（もしくは弱まった）ときに犯罪・逸脱行動が生じるとする。全ての児童生徒に不適応行動が起きる可能性があるとの前提に立つことで、何があれば不適応行動が生じないのかという視点が提供され、開発的・予防的な取組や解決志向の対応の充実へとつながる。学校生活への適応を支える社会的絆の形成には、4要素、すなわち、教師・仲間に対する愛情・信頼や大切にされる安心感、自分を肯定的に評価される自信、自分に与えられる（期待される）役割への専念、社会のルール・規範を遵守すべきとする価値観や主体的に適応的な行動を選択する意志の醸成などが鍵となる。

体罰

　学校教育法第11条において禁止されている違法行為である。児童生徒の心身に深刻な悪影響を与え、学校教育への信頼を失墜させる行為であり、児童生徒への指導においていかなる場合も体罰を行ってはならないとされている。また、「体罰の禁止及び児童生徒理解に基づく指導の徹底について（通知）」（文部科学省、2013）において、体罰によって正常な倫理観を養うことはできないばかりか、児童生徒に力による解決への志向を助長させ、いじめや暴力行為などの連鎖を生む恐れがあること。児童生徒一人ひとりをよく理解し、適切な信頼関係を築くために自らの指導力の向上に取り組む必要があることが明記され、体罰によらない指導の徹底が図られている。

チーム学校

　平成27（2015）年12月に中央教育審議会答申「チームとしての学校の在り方と今後の改善方策について」において、新しい時代に求められる資質・能力を育む教育課程の実現、児童生徒の抱える複雑化・多様化した課題の解決、子供と向き合う時間の確保のため業務の適正化など、学校が抱える現代的課題に応えるためにチームとしての学校が求められることが示された。①社会に開かれた教育課程と適切なカリキュラムマネジメントのもとでの協働体制、②児

童生徒の最善の利益の保障や達成のための多様な専門職や専門職の枠組みにとらわれない地域の様々な思いやりある大人との協働体制、③児童生徒の人格の形成を助けるために必要不可欠な学校が担うべき生徒指導・進路指導の業務の充実に向けた体制整備（働き方改革）の３点をあげ、組織として成果を上げることができる「チームとしての学校」の体制実現が求められている。

中途退学

中途退学とは、校長の許可を受け、又は、懲戒処分を受けて退学することをいう。前者は、自主的な退学であるが、懲戒処分による退学は「学校教育法施行規則」第26条に規定される懲戒の１つとして校長が行う処分である。その条件として、①性行不良で改善の見込みがない者、②学力劣等で成業の見込みがない、③正当の理由がなくて出席常でない者、④学校の秩序を乱しその他の学生又は生徒としての本分に反した者の４項目が挙げられている。自主的な退学、懲戒による退学にかかわらず、退学についての必要事項は文部科学大臣が定め、懲戒による退学処分の手続きについては校長が定める。

懲戒

生徒指導上、生徒の問題行動を反省させて立ち直りを図り、正常な生活を送るために行なわれるもので、「法的効果を伴わない懲戒」と「法的効果を伴う懲戒」とがある。前者は、「事実行為としての懲戒」ともいわれ、教育上必要があるときに、校長や教員が児童生徒を叱責する行為である。

後者は、児童生徒の、教育を受ける地位や権利、在学関係や身分に法的な影響を与える「懲戒処分」（退学、停学、訓告など）をいう。懲戒権は、学校教育法第11条において認められているが、体罰は禁止されている。また、学校教育法施行規則26条において「校長及び教員が児童等に懲戒を加えるにあたっては、児童等の心身の発達に応ずる等教育上必要な配慮をしなければならない。」と規定している。

ネットいじめ

文部科学省（2008）では、「ネット上のいじめ」を「携帯電話やパソコンを通じて、インターネット上のウェブサイトの掲示版などに、特定の子どもの悪口や誹謗・中傷を書き込んだり、メールを送ったりするなどの方法により、いじめを行うもの」と定義している。その特徴として、不特定多数からの誹謗中傷により短期間で深刻化する、匿名性のため安易に書込みが行われ簡単に被害者にも加害者にもなる、情報や画像の加工の容易さから悪用されやすい、一度流出した情報は回収困難で不特定多数からアクセスされる危険性がある、身近な大人による携帯電話等の利用状況（掲示板など）の確認が難しく「いじめ」把握が難しいなどを挙げている。また、掲示板・ブログ（ウェブログ）、プロフ（プロフィールサイト）でのいじめと、メールでのいじめに分類され、それぞれに適した対応の充実が図られている。

発達支持的生徒指導

『生徒指導提要（改訂版）』（文部科学省、

2022）に示されている生徒指導の重層的支援構造の基盤である。全ての児童生徒を対象に、学校の教育目標の実現に向けて、教育課程内外の全ての教育活動において進められる。児童生徒が自発的・主体的に自らを発達させていくことを尊重し、その過程を学校や教職員がいかに支えるかという視点に立って行う働きかけや取組をさす。具体的には、社会的資質・能力の育成や、自己の将来をデザインするキャリア教育、スクールカウンセラー等専門家との連携・協働による市民性教育・人権教育等、日々の教職員の児童生徒への肯定的なコミュニケーションや授業、行事等、教育課程内外を通した個と集団への働きかけによって全ての児童生徒の発達を支える取組である。

非行少年

　「少年法」（1948）第3条において、非行少年（満20歳未満の者）は、①14歳以上で犯罪を行った少年（犯罪少年）、②14歳に未満で刑罰法令に触れる行為をした少年（触法少年）、③保護者の正当な監督に服しないなどの事由が認められ、将来、犯罪少年や触法少年になる虞（おそれ）のある18歳未満の少年（ぐ犯少年）の3つに分類されている。犯罪少年は、家庭裁判所に送致され保護処分となるが、検察庁送致となり逆送された場合は原則として刑事裁判所に起訴され刑罰が科される。改正少年法（2022施行）では、18・19歳も「特定少年」として家庭裁判所に送られ家庭裁判所が処分を決定するが、重大事件の場合で検察官送致（逆送）決定後は、20歳以上の者と原則同様に取り扱われる。触法少年・ぐ犯少年は、児童相談所が対応し児童福祉法上の措置がとられるが、重大事件の場合は家庭裁判所に送致され処分を受けこともある。

不登校

　「何らかの心理的、情緒的、身体的あるいは社会的要因・背景により、登校しない、あるいはしたくともできない状況にあるため年間30日以上欠席した者のうち、病気や経済的な理由による者を除いたもの」と定義されている（文部科学省）。昭和30年代半ばに注目されはじめ、当初は「学校恐怖症」と呼んでいたが「登校拒否」へと変化し、昭和60年代頃からは「不登校」という呼称が使われるようになった。数の増加と背景要因の多様化・複雑化への対応として2016（平成28）年に「義務教育の段階における普通教育に相当する教育の機会の確保等に関する法律」（以下、確保法）が成立し、学校・教育関係者による支援の充実や家庭への働きかけ、学校への支援体制の整備、関係機関との連携協力等ネットワークによる支援の充実が図られている。

不登校特例校

　不登校児童生徒の実態に配慮した特別の教育課程を編成して教育を実施する必要があると認められる場合、特定の学校において教育課程の基準によらずに特別の教育課程を編成することができるとする特例措置によって文部科学大臣から指定された学校。不登校児童生徒の多様で適切な教育機会の確保のために設けられた学びの場所の1つ。ほかに、教育支援センター、NPO法人やフリースクール、夜間中学等があり、そこ

での学びを、一定の要件の下、校長の判断により指導要録上の出席扱いとすることで、児童生徒個々の状況に応じた学びを保障するような支援の実現が目指されている。

包括的性教育
Comprehensive Sexuality Education (CSE)

ユネスコ（2009）の性教育についての指針「国際セクシュアリティ教育ガイダンス」で用いられた言葉の邦語訳。人権尊重を基本として、幅広い内容（①人間関係、②価値観・人権・文化・セクシュアリティ、③ジェンダーの理解、④暴力と安全確保、⑤健康とウェルビーイングのためのスキル、⑥人間の体と発達、⑦セクシュアリティと性的行動、⑧性と生殖に関する健康）が含まれている。発達（年齢）に即したカリキュラムに則り、科学的根拠に基づいて系統的・段階的に進める性教育を意味し、わが国では、学習指導要領に基づく性に関する指導とともに、「性同一性障害者の性別の取扱いの特例に関する法律（2011）に基づく「性同一性障害に係る児童生徒へのきめ細かな対応の実施」（文部科学省、2015）や「性犯罪・性暴力対策の強化の方針」（2020）を踏まえた「生命の安全教育指導」等を通してその充実が図られている。

包括的生徒指導

「開発」「予防」「治療（課題解決）」を包括的に行う生徒指導のこと。安定した成長を支え促すことを原則として、問題が起こる前に全体に対して予防的・開発的にアプローチし、問題が起こった場合は治療（課題解決）的に関わるというもの。1960年代にアメリカで生まれ世界各国に広がったCSGCA（Comprehensive School Guidance & Coun Selling Approach）では、ニーズに応じて支援対象を3層に分け、全ての児童生徒を対象とする1次的生徒指導、一部の児童生徒を対象とする2次的生徒指導、特定の児童生徒を対象とする3次的生徒指導としている。わが国で開発された日本版の包括的生徒指導MLAは、CSGCA同様の考え方に依拠しつつ、指導行動によって3層に分け、全体に対して「自分でできる力」を育てる1次的生徒指導、子どもたち同士のつながりや支え合いで子どもたちを育てる2次的生徒指導、大人が集中的に関わる3次的生徒指導としているところが特徴である。

暴力行為

文部科学省では、暴力行為を「自校の児童生徒が故意に有形力（目に見える物理的な力）を加える行為」と定義し、暴力の対象により「対教師暴力」「生徒間暴力」「対人暴力」「器物破損」の四つに分類している。文部科学省（2011）は、「暴力行為のない学校づくりについて（報告書）」において、暴力行為を起こした個々の児童生徒応じた指導や家庭・関係機関との連携の重要性や、指導体制の在り方、生徒指導主事や学級・ホームルーム担任の役割を整理するとともに、暴力行為に関する生徒指導の留意点を「未然防止」「早期発見・早期対応」「課題解決」の3観点から具体的に示し、事後対応にとどまらず開発的（発達支持的）取組や予防的（課題予防的）取組の充実を図っている。

メディア・リテラシー
Media literacy

　放送番組やインターネット等各種メディアを主体的・批判的に読み解く能力、メディアの特性を理解する能力、新たに普及するICT機器にアクセスし活用する能力、メディアを通じコミュニケーションを創造する能力等の複合的な力の総体をいう。スマートフォン・タブレットの普及に伴い、匿名性・拡散性などの特徴から生じるリスク（犯罪・ネットいじめ・長時間利用等）をふまえたインターネットリテラシー教育の充実が重要な教育課題となっている。

問題行動

　文部科学省が実施している「児童生徒の問題行動・不登校等生徒指導上の諸課題に関する調査」はじめとする各種調査において、調査対象となっている反社会的行動（暴力行為・いじめ・非行・薬物乱用など社会におけるルールや規範に反する行動）と、非社会的行動（長期欠席（不登校を含む）・中途退学・自殺など他者と関わる社会的な活動や場面を避ける行動）などの不適応行動を指す。これらの行動には、児童生徒個人の課題だけでなく、環境（学校・家庭・地域・社会など）が抱える課題から生じる多様で複雑な要因が隠れている可能性がある。行動の表面的な理解に基づく全否定的評価や画一的対応（懲罰・叱責など）を避け、問題行動を児童生徒の困り感・生きづらさを表すサインと捉え、行動の意味を十分理解する必要がある。

20. 教育相談・カウンセリング

愛着
Attachment

　養育者と子どもの間に形成される緊密な結びつき。乳幼児は、養育者に対して泣き・微笑・注視・後追い・接近・抱きつきなどの愛着行動を示す。生後半年あたりまでは、親以外の大人にも愛着行動を示すが、それ以降は特定の身近な人たちに限定されるようになる。これらの安心できる関係を基盤として、子どもは自分の行動範囲を広げていく。愛着の関係は、その後の対人関係の構築に大きな影響を与える。

アイデンティティ
Identity

　自我同一性。青年期の心理的葛藤の中核として、エリクソン（Erikson,E.H. 1902-1994)によって提唱された。「自分が自分である」という明確な自分意識を維持している状態をアイデンティティ達成と呼ぶ。その要素として、自己の一貫性、自己の独自性を有していることが挙げられる。思春期・青年前期には、自己意識の混乱や拡散などが生じやすく、アイデンティティが問われることが多い。

アサーション・トレーニング
Assertion training

　自他ともに大事にすることができる自己表現を学ぶトレーニング。自分の気持ちや考えを表現しない非主張的な表現（ノン・アサーティブ）や、自分のいい分だけを主張する攻撃的な表現（アグレッシブ）ではなく、自分の意見を率直に伝えつつ、相手の権利をも大切にできる表現（アサーティブ）を身につけることをめざす。

アセスメント
Assessment

　事例について様々な情報をもとにして総合的・多面的に判断し事前に見立てること。対象者や機関、地域などとの信頼関係の上に成り立つものであり、常に新しい情報を得ながら修正する柔軟な姿勢で進めることが重要である。その方法には、観察法・面接法・査定法がある。

アドボカシー
Advocacy

　権利擁護のために説明し伝えること。当事者に代わって十分に当事者が伝えられないでいる思いや状況について、当事者の代わりに、あるいは当事者と一緒に伝えることにより、当事者がより適応できる関係性の構築に貢献する。学校では、いじめや不登校などの学校不適応状態にある児童生徒の思いなどを他の児童生徒に伝えることなどがアドボカシーにあたる。当事者を大切にした説明になるようにすることが肝要である。

アドラー心理学
Individual psychology

アドラー（Adler,A. 1870-1937）は、人間の感情や行動は、何らかの過去に起こった原因によって起因する（原因論）のではなく、何らかの目的を達成するために生まれる（目的論）と考えた。神経症は劣等コンプレックスによって生じると考え、上下関係を持たない対等な関係性の構築を重視して、相手をほめたりすることよりも感謝を伝えたり認めたりする関係づくりを進めた。

アンガーマネジメント
Anger management

怒りを適切にコントロールし、より適応的な対人関係をつくるための心理教育。怒りのメカニズムを知り、怒りではないより適応的な形で自分の思いを伝えることができるよう自分自身の感情を整理して、より適応的な形で他者に伝える練習を重ねる。

開発的カウンセリング
Developmental counseling

一次的教育支援のためのカウンセリング教育活動。学校における教育相談の対象はすべての児童生徒であるが、その対象は、(1)すべての児童生徒（一次支援）、(2)一部の児童生徒（二次支援）、(3)特定の児童生徒に区分される。開発的カウンセリングでは、すべての児童生徒にとって課題となりうる問題への予防的援助として、心理的発達の促進、ライフスキルの獲得、困難な問題への対処・ストレス耐性の向上などにつながる教育活動を行う。

カウンセリング
Counseling

相談者が考えたい課題や問題に、心理学の専門的な知識・技能をもって相談援助を行う関係。狭義には、治療的役割を担う心理臨床と区別されるものの、両者の重複は大きい。

カウンセリング技法
Counseling skills

教育相談を進めるうえで必要な相談過程における諸技法。受容、共感的理解、自己一致の基本的態度を重要視しながら、関係づくり、積極的傾聴、共感的理解の反映、質問（閉ざされた質問、開かれた質問）、要約、明確化、自己解決への援助を行う。なお、相談内容については、基本的に守秘義務を守る。

カウンセリング・マインド
Counseling mind

対人援助に際して、専門的でなくてもカウンセリングの考えを用いるという考え方。受容・共感的理解など関係性促進のための基本的姿勢は、教員の専門性の1つとして位置づけられ、様々な学校教育活動において用いられる必要がある。特に、不登校など学校不適応に関わる諸課題への対応にあたっては、教師のカウンセリング・マインドの姿勢は極めて重要である。

学校コンサルテーション
School consultation

教師など学校教育の当事者が、教育の専門家のみならず心理、福祉、医療など近接

領域の専門家と連携して、様々な視点から助言を受けたり、共同で考えたりしながら、学校教育の課題に取り組む活動。様々な異なる視点から課題解決を探ることによって、視野が広まったり、それまで考えつかなかったような具体的な解決策を見いだしたりすることが期待できる。

関係づくり
Relationship building

　教育相談の開始時においては、問題の核心にふれる前に相談に来たことを歓迎するなど、この場で話すことへの安心感をもてるよう関係づくり（ラポート形成）に注意を払う。同時に、相談者に対して話すことをより促すような積極的傾聴を心がけるようにする。また、自分自身の価値観から一旦離れ、相談者を理解しようとする受容的な姿勢で接することも大切である。相談者の言葉を繰り返すことは、相談者が自分自身をふりかえることを促す。特に相談者の気持ちを理解するよう努め、感情に関わる表現に対しては共感的に伝え返すようにする。相談者が感じ取っていても、まだはっきりと表現できていないような感情や思いまで明確化できるよう援助できるとよい。

教育相談
Educational counseling

　学校生活全般において当事者である児童生徒、保護者などの相談に応じること。個人や三者（児童生徒と保護者など）など少人数へのアプローチに重点が置かれる場合が多い。教育相談への対応は、教師の基本的な資質として望まれるものである。基本

的には、相談者が自分自身で決断や今後のありようを見いだすことができるよう、傾聴・受容を心がけながら援助する関係が望まれるものの、進路に関する相談や児童生徒が反省しなければならない部分を含んだ相談などでは、教師からの意見が重要になる場合もある。いずれの場合であっても、相談者が納得できる結論を見いだせるよう援助することが重要である。

教育相談教諭
Counseling teacher

　学校において教育相談の中心的役割を果たす教諭。その役割は、(1) 児童生徒や保護者との教育相談、(2) 児童生徒理解に関する情報収集、(3) 事例研究会や情報連絡会の開催、(4) 校内研修の計画・実施、(5) 養護教諭や学校医、スクールカウンセラーなどとの協働、(6) 教育委員会をはじめとする校外の関係機関などとの連携などがある。

共感的理解
Empathic understanding

　相談者がもつ感覚や考えを、あたかも自分自身のものであるかのように感じ取りつつ、同時に自分のものではないと自覚することができるような理解のしかた。同情や同感ではなく共感されることによって、相談者はカウンセラーに理解されたという実感を持ちつつ、自分自身で課題と向き合う姿勢を育てることができる。

ケース会議
Case conference

　解決すべき問題や課題のある事例を個別

に検討する会議。「事例検討会」、「ケースカンファレンス」とも呼ばれる。一般的な解決の方法をあてはめることなく、そのケースがもつ独自の課題について深く検討する。適切なアセスメント（見立て）に基づいて、ケースに応じたより適切な目標や計画を見いだすことが求められる。ケースの状況を参加者が共有しながら、児童生徒の現状に対して共感的に理解するよう努め、今後の対応を考える必要がある。

構成的グループ・エンカウンター
Structured group encounter

開発的カウンセリングの1つの方法として用いられるグループ活動。エンカウンターは出会いという意味。エンカウンター・グループは、本来構造のない自由な話し合いを重ねるものであるが、学校教育においては、一次支援に応用できるよう、主に1時限の中で完結できる〈エクササイズ＋自由な話し合い〉の形式を用いる構成的グループ・エンカウンターが活用されている。

行動療法
Behavior therapy

心理学における行動に関する理論（学習理論）を応用した行動変容のための心理援助。相談者の行動上の問題に焦点を当て、合理的・科学的な理論に基づいてその行動の学習過程を明確化し、行動変容を支援する。問題行動・症状、不適応行動の変容・消去、新しい適応行動の獲得に適用される。

公認心理師
Certified public psychologists

保健医療・福祉・教育・産業・司法の諸領域において、心理に関わる業務に携わることができることを認定する国家資格。心理に関する相談助言や心理査定に加えて、心理教育にも関わることがその業務に求められている。医師免許のような業務独占の資格ではなく、名称独占の国家資格である。学校教育においても、今後スクールカウンセラーとして、心理教育への支援者として関わる機会が増えることが予測される。

交流分析
Transactional analysis

バーン（Berne, E. 1910-1970）が精神分析の理論をもとにして構築した心理療法の理論。精神分析の心の構造（イド・自我・超自我）をP（親）、A（大人）、C（子ども）としてわかりやすく説明しなおした。さらに対人関係をPACの相互関係から分析したり、生き方を人生脚本という概念によりとらえなおしたりすることによって、生き方を見直し、新たな生き方の選択肢を見いだすための理論が提案されている。

コーピング
Coping

ストレス反応を低減させ、増幅させないことを目的とした対処の方法。ストレスの要因を軽減させることと、ストレスによって生じた否定的感情を提言させることの2つの方法が示されている。

自己一致
Self-congruence

人が実際に感じ取っている感覚的意味を自分自身で意識化している度合い。個人が経験している感覚には、まだ本人が自覚化・概念化できていない本音が含まれており、その人が本当に感じ取っている思いが素直に表現されている。経験に正直であり、それを表現（自己概念化）することは自分自身を見いだすのに役立つ。

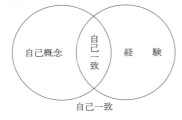

自己一致

質問・要約・明確化
Question, summarizing, clarification

教育相談の過程において、より理解するために質問を加えることがある。質問には回答が明確な「閉ざされた質問」と、相談者が自分の思いをより話すことを促す「開かれた質問」がある。相談内容や相談者自身をより理解するための質問を心がけ、相談者が自分をふりかえることに役立つような質問を心がける。相談の進行に伴って、相談者が話してきた内容やそれへの思いを要約して伝え返すようにし、適宜相談内容・相談過程が正しく共有されているかを確認する。また、相談者の気持ち、現状理解、選択などを明確化することにも配慮する。相談の終期には、相談者の自己解決力を信用し、自分自身で問題への対処を見いだせたり、行動を決断できたりすることが

できるよう援助する。

守秘義務
Confidentiality

職務上知った個人情報に関する秘密を守ること。また、個人情報を開示しないこと。教育相談、ケース会議を含めた学校教育諸活動においては、児童生徒に関わる個人情報を知ることになるが、そこで知り得た情報を当事者・保護者の許可なく第三者に伝えてはならない。但し、「児童虐待の防止等に関する法律」により、児童虐待のおそれがある場合には通報義務が生じる。

受容
Acceptance

相手に対して無条件に肯定的な理解を示すこと。相談者の発言に対して勝手な判断や自分の価値観を押しつけず、評価や判断を加えないようにしっかりと聴く態度をいう。相談者は、カウンセラーから受容されることによって、自己概念を問い直し、自分自身と向き合っていくことができるようになる。

条件づけ
Conditioning

行動の学習に際して、別の刺激を与えることにより目的の行動を導くようにすること。行動を自主的に行うか否かによって2つに大別される。レスポンデント条件づけ（古典的条件づけ）は、刺激によって生活体が受け身的、応答的に反応が誘発される条件づけであり、パブロフ（Pavlov, I. 1849-1936）などにより示された。不安反

応と拮抗する筋弛緩反応などを段階的に条件づけることによって不安を徐々に権限させる統的脱感作などの方法を用いた新行動SR仲介理論モデルとして応用される。一方、オペラント条件づけ（道具的条件づけ）は、生活体が自発的に反応する条件づけであり、スキナー（Skinner,B.F. 1904-1990）などにより示された。望ましい行動を徐々に強化することを学ぶシェーピングや望ましい行動に対して報酬を与えるトークンエコノミーなどの応用行動分析モデルとして応用される。

心理検査
Psychological test

人間の心理的な特性に関する検査。心理検査には、知能検査・適性検査・性格検査などがある。手法に習熟しており、定められた一定の手続きに即して実施を実施する必要がある。また、複数の検査を実施して多角的に査定するテスト・バッテリーを組むことが望ましい。心理検査は、発達検査、知能検査、適性検査、性格検査に細分される。発達検査は、主に乳幼児や小学生の発達状態を調べ、養育に応用する検査である。子ども本人が検査を受ける形式（K式など）と保護者などが子どもの発達に関する質問に答える形式（津森式など）がある。知能検査は、学習指導や就学指導、障害の認定のために用いられる心理検査である。WISC・ビネー式・K-ABCなどがある。適性検査は、修学・就業など特定目的に対する適正適性を測定する心理検査であり、職業適性検査などがある。また、性格検査は、質問・図版など特定の刺激に対す

る答えや態度などをもとに性格を判定する心理検査である。質問紙法（MMPIなど）、投影法（ロールシャッハテスト・バウムテストなど）、作業検査法（クレペリン検査）がある。

心理的虐待
Psychological abuse

保護者・教師などの監護する立場にある者が、児童等の監護される立場にある者に対して心理的な傷を負わせる行為。言葉による脅し、無視、拒否、差別的取り扱い、配偶者間暴力（面前DV）を見せることなどが心理的虐待にあたる。脳の発達への変化などの影響が指摘されている。

スクールカウンセラー
School counselor

広義には、教育機関において心理相談業務を担当する心理専門職。狭義には、平成7年度より始まった公立中学校に配置されてきた学校カウンセラー。いじめや不登校の増加など児童生徒の心の課題に対する学校におけるカウンセリング機能の充実を図るため、臨床心理に専門的な知識・経験を有する学校外の専門家が配置された。個別対応のみならず、学校教育における教師以外の児童生徒・保護者へのかかわりにとって重要な役割を果たしている。

スクールソーシャルワーカー
School social worker

学校における諸問題を個人と環境の双方に働きかけるプロセスからとらえ、連携、仲介、調整などを行う福祉専門職。平

成20年の「スクールソーシャルワーカー活用事業」により、全国の自治体・教育委員会に配置された。児童虐待、修学困難などへの課題に対してコーディネーター的役割を果たしている。また、子どもの問題行動の未然防止、早期発見、早期対応の支援活動も行う。

相談記録
Consultation record

アセスメントの内容、教育相談過程、所見などをまとめた記録。学校生活の状況や健康状態、キャリアに関する情報、関係者（保護者・家族等）に関する記載も加えられる。集団守秘義務への配慮を前提として、関係教員、スクールカウンセラーの情報共有資料として活用することもある。個人情報の扱いに配慮し、プライバシー侵害がないよう厳重に管理される。

チーム学校
School as a team

多様な専門性をもつ職員の配置を進め、教員と多様な専門性をもつ職員が1つのチームとして連携・協働する学校像。学校が今後、多様な課題を解決していくためには、学校の組織としての在り方や、学校の組織文化に基づく業務の在り方などを見直し、「チームとしての学校」を作り上げていくことが重要であり、管理職のリーダーシップや校務の在り方、教職員の働き方の見直しが必要であるとされる。必要な教職員の配置、学校や教職員のマネジメント、組織文化等の改革に一体的に取り組むことが求められている。

適応指導教室
Specially designated guidance classroom

長期欠席をしている児童生徒のために、市町村の教育委員会が設置している本籍校への復帰を目指す学校外の施設。教育支援センター等の名称を用いる場合もある。学習指導、集団活動などのプログラムの実施を通して、学校・社会への適応を目指す。適応指導教室への出席は、本籍校での出席として扱われる。

ナラティブ・セラピー
Narrative therapy

物語・語り（ナラティブ）への治療的なはたらきを活かす心理療法や対人援助。理論的背景に社会構成主義がある。個人の物語は、複数の出来事が「筋（plot）」によってつながれ、その意味が語られてきたものであり、新たな語りのありかたや会話のもち方を加えることによって、自己物語はそのストーリーを変えていくことができるという考えに基づく。①個人を支配してきたドミナント・ストーリーを、傾聴することによって外在化させ、②対話を通じてそのナラティブを見直し、③別の角度からの新たなオルタナティブ・ストーリーを構築しなおすという過程を辿る。

認知行動療法
Cognitive behavioral therapy

認知機能の修正に焦点づけられた心理療法。認知、感情、行動は相互に関連しあっており、不適切な思考（ものの考え方）を見直し、是正することによって、これらを適応的に修正しようとする。論理療法（エ

リス（Ellis, A. 1913-2007））、認知療法（ベック（Beck, A. T. 1921-））などがある。

ネグレクト
Neglect

　子どもを遺棄したり、健康を損なうほど不適切な養育をしていたり、子どもの危険について重大な不注意を犯していたりするなど、保護者が被養育者に対して重大な責務怠慢にある状態（育児放棄）。具体的には、家に閉じ込める、食事を与えない、ひどく不潔にする、自動車内に放置する、適切な医療を受けさせない（医療ネグレクト）などの行為がある。子育てができない理由がないのにも関わらず育児放棄する「積極的ネグレクト」と、経済力の不足、疾患等の理由を伴う「消極的ネグレクト」が指摘されている。

ピア・サポート
Peer support

　同じ立場にいる人たちの間で行われる相互サポート。学校においては、生徒が他の生徒の相談役になったり、援助者になったりして援助すること。相手の立場に立って傾聴し、共感的に話を聴く姿勢により、相互援助が進められる。

ひきこもり
Social withdrawal

　社会参加から離れて、家族以外との人間関係がもてないでいる状態。厚生労働省（2010）は、このような状態が6ヶ月以上続いた場合を「ひきこもり」としている（「ひきこもりの評価・支援に関するガイドライン」）。概ね家庭に留まり続ける場合、自室からは出るが家からは出ない場合、近隣や趣味に関する外出程度はできる場合など人によって状況は様々である。本人、家族ともに生きづらさや孤独感を感じつつ日々を過ごしている場合が多い。

防衛機制
Defense mechanism

　内外からの刺激によって、心のバランスが脅かされたとき、イド（エス）・自我・超自我のバランスを保つためにはたらく自我の機能。イドは原始的な生きる活力であり、快楽原則によって自らの本能的欲望を満たそうとする。超自我は良心・道徳的禁止機能であり、本能的欲動を検閲・抑圧する。自我は両者の調整役となり、バランスを回復する役割を担う。抑圧・反動形成・投影・退行・同一視・合理化・昇華などの防衛機制が考えられている。

メンタルヘルス
Mental health

　心の健康。厚生労働省（2015）による「労働者の心の健康保持増進のための指針」では、精神障害や自殺といった深刻な心の健康に関わる状態のみならず、ストレスや強い悩み、不安など、心身の健康、及び生活の質（QOL）に影響を与える可能性のある精神的及び行動上の問題を含めた心の課題への対応が求められている。学校においては、心の不調に気づき相談できるよう児童生徒が学ぶこと、それらに適切に学校関係者が対処できる学びが求められる。

モデリング
Modeling

モデルの行動を真似ることによって学習する過程。バンデューラ（Bandura, A. 1925-2021）が示した社会的学習の理論に基づく観察学習による行動変容の理論である。個人と環境が相互に影響しあっていると考え、認知過程が重要視された。

ヤングケアラー
Young caregiver

本来大人が担うと想定されている家事や家族の世話などを日常的に行っている子ども。年齢等に見合わない重い責任や負担を負うことにより、本来なら享受できたはずの「子どもとしての時間」を犠牲にして家族の世話をしている状況にあり、自分の時間がもてない、勉強時間が取れない、相談相手がなく孤独やストレスを感じるなどの状態につながる恐れがある。

遊戯療法
Play therapy

3〜12歳程度を対象とした、遊びを表現手段として進められる心理療法。子どもの自由な表現を保障することによって、子どもの内的世界への理解を進める。不安の解消・軽減、感情発達の促進、自我機能の向上、対人関係の形成などの効果が期待される。基本的には、子どもが自分らしくこの場にいられることが保障されるが、子どもの危険な行為は制限される場合もあり、時間枠については原則として遵守される。

来談者中心療法
Client-centered therapy

ロジャーズ（Rogers, C. R. 1902-1987）による心理療法の考え方。人間は成長する可能性を秘めた存在であると考え、相談者が自分自身で答えや生き方を見いだすことを支援する相談の在り方を提唱した。人間の成長を信じ、それを促すことを重要視したロジャーズの考え方は、学校教育相談における育てるカウンセリングの考え方において重要であると考えられている。カウンセラーが自己一致・受容・共感的理解の姿勢を示すことは、カウンセリングを成功に導くことにつながると考えられている。

論理療法
Rational therapy

エリス（Ellis, A. 1913-2007）によって構築された論理的な思考を重視する心理療法。何らかの不適応状態（結果；consequence）は、その原因となる出来事（activating event）にその原因があると考えがちであるが、その2つの間にはその人がもっているものの考え方（信念・固定観念；belief）が介在する（ABC理論）。論理療法は、それらの考え方に潜む非論理的な信念（irrational belief）を明らかにし論駁して、論理的な信念（rational belief）を身につけ、より論理的で自分を大切にできる考え方を育成することをめざす心理療法である。

21. 進路指導・キャリア教育

意思決定能力
Decision-making skills

自己の人生や進路を考える際、数多くの選択や決定を通してものごとを進める場面に遭遇する。そのような場面で重要な役割を果たすのが「意思決定能力」を中心とした能力である。特に、職業的（進路）発達にかかわる能力として、2002（平成14）年11月に、国立教育政策研究所生徒指導研究センター「児童生徒の職業観・勤労観を育む教育の推進に関する調査研究報告書」が提示され、そこで示された枠組みの中で、「自らの意志と責任でよりよい選択・決定を行うとともに、その過程での課題や葛藤に積極的に取り組み克服する」ことと説明されている。本報告書では、「意思決定能力」を、不可欠とする4つの能力領域の1つに挙げ、さらに、「選択能力」と「課題解決能力」の2つの能力に分類できるとしている。

インターンシップ
Internship

1997（平成9）年9月に、文部科学省、厚生労働省、経済産業省は連名で、「インターンシップの推進に当たっての基本的な考え方」を提示し、インターンシップとは、「「学生が在学中に自らの専攻、将来のキャリアに関連した就業体験を行うこと」とし

て幅広くとらえられている」と説明している。その後、2022（令和4）年6月に一部改正を行い、「インターンシップを始めとする学生のキャリア形成支援に係る取組の推進に当たっての基本的考え方」を提示し、「採用と大学教育の未来に関する産学協議会」において、「学生のキャリア形成支援に係る産学協働の取組み」を4つの類型に整理し、そのうちタイプ3「汎用型能力・専門活用型インターンシップ」、タイプ4「高度専門型インターンシップ（試行）」の2つをインターンシップとする新たな方向性を示した。ちなみに、タイプ1は「オープン・カンパニー」、タイプ2は「キャリア教育」である。

基礎的・汎用的能力
Fundamental and generic skills

基礎的・汎用的能力とは、2011（平成23）年1月に文部科学省の中央教育審議会の答申「今後の学校におけるキャリア教育・職業教育の在り方について」において、社会的・職業的自立や社会・職業への円滑な移行に必要な力を明確にするため、「基礎的・基本的な知識・技能」、「論理的思考力・創造力」、「意欲・態度及び価値観」、「専門的な知識・技能」とともに提示された力の要素のことである。具体的には、「人間関係形成・社会形成能力」、「自己理解・自己管理能力」、「課題対応能力」、「キャリアプランニング能力」の4つの能力によって構成されている。これらの能力は、包括的な能力概念であり、それぞれが独立したものではなく、総合に関連・依存した関係にあるとしている。このため、特に順序があ

るものではなく、これらの能力をすべての者が同じ程度あるいは均一に身につけることを求めるものではないとしている。

キャリア・ガイダンス
Career guidance

各大学の実情に応じて、社会的・職業的自立を図るために必要な能力を培うために、教育課程の内外を通じて行われる指導又は支援のことである（中央教育審議会大学分科会質保証システム部会「大学における社会的・職業的自立に関する指導等（キャリアガイダンス）の実施について（審議経過概要）」（2009（平成21）年9月））。これまで、学生の人間形成を図るために行われる正課外の諸活動における様々な指導、援助である「厚生補導」の領域の1つとして行われてきた「職業指導」と同義で使用されてきたが、一定の又は特定の職業に従事するために必要な知識、技能、態度をはぐくむ教育と区別するため、キャリアガイダンスを社会的・職業的自立に関する指導等として整理して示されるようになった。

キャリア・カウンセリング
Career counseling

2004（平成16）年1月に文部科学省により提示された「キャリア教育の推進に関する総合的調査研究協力者会議報告書—児童生徒一人一人の勤労観、職業観を育てるために—」では、学校におけるキャリア・カウンセリングは、子どもたち一人ひとりの生き方や進路、教科・科目等の選択に関する悩みや迷いなどを受け止め、自己の可能性や適性についての自覚を深めさせたり、適切な情報を提供したりしながら、子どもたちが自らの意志と責任で進路を選択することができるようにするための、個別またはグループ別に行う指導援助であると説明している。また、キャリア発達を支援するためには、個別の指導・援助を適切に行うことが大切であり、特に、中学校、高等学校の段階では、一人ひとりに対するきめ細かな指導・援助を行うキャリア・カウンセリングの充実は極めて重要であるとしている。

キャリア教育
Career education

2011（平成23）年1月の中央教育審議会答申「今後の学校におけるキャリア教育・職業教育の在り方について」では、「一人一人の社会的・職業的自立に向け、必要な基盤となる能力や態度を育てることを通して、キャリア発達を促す教育」と定義している。日本で初めてキャリア教育が提唱されたのは、1999（平成11）年12月の中央教育審議会「初等中等教育と高等教育との接続の改善について（答申）」であった。一方、キャリア教育の先進国とされる米国では、1971年に当時の連邦教育局長であるマーランド（Marland, S, P, Jr. 1914-1992）が全国中等学校長会において、キャリア教育が連邦教育局の最優先課題であると宣言したことが最初とされている。ただし、はじめてキャリア教育が公的に規定されることになったのは、1974年、初等中等教育法改正法（公法93-380）Section406においてであった。

キャリア形成
Career formation

「キャリア形成」を考える前提として、「キャリア」とは何かを考える必要がある。2004（平成16）年1月に文部科学省により提示された「キャリア教育の推進に関する総合的調査研究協力者会議報告書—児童生徒一人一人の勤労観、職業観を育てるために—」では、「個々人が生涯にわたって遂行する様々な立場や役割の連鎖及びその過程における自己と働くこととの関係付けや価値付けの累積」ととらえている。また、2011（平成23）年11月『高等学校キャリア教育の手引き』では、「人が、生涯の中で様々な役割を果たす過程で、自らの役割の価値や自分と役割との関係を見いだしていく連なりや積み重ね」ととらえている。これらの「キャリア」の概念については本質的に同じと考えることができる。したがって、ここに挙げた「キャリア」を形作っていくことが「キャリア形成」と捉えることができる。

キャリア・パスポート
Career passport

文部科学省「「キャリア・パスポート」例示資料等について」（2019（平成31）年3月）では、「「キャリア・パスポート」とは、児童生徒が、小学校から高等学校までのキャリア教育に関わる諸活動について、特別活動の学級活動及びホームルーム活動を中心として、各教科等と往還し、自らの学習状況やキャリア形成を見通したり振り返ったりしながら、自身の変容や成長を自己評価できるよう工夫されたポートフォリオの

ことである。なお、その記述や自己評価の指導にあたっては、教師が対話的に関わり、児童生徒一人一人の目標修正などの改善を支援し、個性を伸ばす指導へとつなげながら、学校、家庭及び地域における学びを自己のキャリア形成に生かそうとする態度を養うよう努めなければならない。」と定義している。また、文部科学省では、「キャリア・パスポート」は、都道府県教育委員会等、各地域、各学校で柔軟にカスタマイズすることを求めている。

キャリア発達
Career development

「キャリア発達」とは、社会の中で自分の役割を果たしながら、自分らしい生き方を実現していく過程（中央教育審議会答申「今後の学校におけるキャリア教育・職業教育の在り方について」（2011（平成23）年1月）である。また、2006（平成18）年11月の文部科学省「小学校・中学校・高等学校 キャリア教育推進の手引」では、各学校段階には、キャリア発達における段階があるとして、小学校は「進路の探索・選択にかかる基盤形成の時期」、中学校は「現実的探索と暫定的選択の時期」、高等学校では、「現実的探索・試行と社会的移行準備の時期」として捉えている。

キャリア発達にかかわる諸能力
（4領域8能力の開発過程）
Competencies for career development
(development process of four domains and eight competencies)

従来の日本の進路指導では、キャリア発

達的視点で生徒の能力を育てるという視点が乏しかったことより、国立教育政策研究所による調査研究報告書「児童生徒の職業観・勤労観を育む教育の推進について」（2002（平成14）年11月）では、「職業観・勤労観を育むための学習プログラムの枠組み（例）」を提示した上で、開発過程については、「職業観・勤労観に支えられて発達する能力・態度にはどのようなものがあるかという視点に立って、各学校段階（中略）で育成することが期待される能力・態度を改めて検討して作成した。」「その際、新たに小・中・高等学校の各段階における職業的（進路）発達課題を検討・整理した。」「能力領域については、『人間関係形成能力』、『情報活用能力』、『将来設計能力』、『意思決定能力』の4つの能力領域に大別し、それぞれを構成する能力を再編成して、各2つずつ計8つの能力に整理している。」と示している。

キャリアプランニング能力
Career planning skills

「キャリアプランニング能力」とは、「基礎的・汎用的能力」の4つの能力のうちの1つである。中央教育審議会答申「今後の学校におけるキャリア教育・職業教育の在り方について」（2011（平成23）年1月）では、「「働くこと」の意義を理解し、自らが果たすべき様々な立場や役割との関連を踏まえて「働くこと」を位置づけ、多様な生き方に関する様々な情報を適切に取捨選択・活用しながら、自ら主体的に判断してキャリアを形成していく力である。」とした上で、「この能力は、社会人・職業人と

して生活していくために生涯にわたって必要となる能力である。具体的な要素としては、例えば、学ぶこと・働くことの意義や役割の理解、多様性の理解、将来設計、選択、行動と改善などが挙げられる。」と説明している。

構造理論
Structural theory

「構造理論」とは、職業指導などを行う際の背景となる理論の1つである。その基本となる考え方は、人間と環境との間に生じる相互作用を重視している点にある。このような相互作用の連続性の中で、個人は興味、関心、価値観などが形成されていくことになる。また、「構造理論」は、人間と環境の相互作用において、その重視する点を「人間」とするのか、「環境」とするのかによって、心理学的構造理論と状況的・社会学的構造理論に分かれる。前者においてはフロイト（Freud, S.）、ホランド（Holland, J. L.）など、後者においてはバンデューラ（Bandura, A.）、ブロンフェンブレンナー（Bronfenbrenner, U.）など、がそれぞれの理論の代表的な人物である。

社会人基礎力
Fundamental competencies for professionals

「社会人基礎力」とは、職場や地域社会で多様な人々と仕事をしていくために必要とされる基礎的な力のことであり、2006年に経済産業省によって提唱された。経済産業省「社会人基礎力に関する研究会—中間とりまとめ—」（2006（平成18）年1月）の中で、「社会人基礎力」は、「前に踏み出

す力（アクション）」、「考え抜く力（シンキング）」、「チームで働く力（チームワーク）」の３つの能力（12の能力要素）で構成されているとしている。なお、12の能力要素とは、（主体性、働きかけ力、実行力）、（課題発見力、計画力、創造力）、（発信力、傾聴力、柔軟性、状況把握力、規律性、ストレスコントロール力）のことである。また、近年、「人生100年時代」と言われるように、これまで以上に長くなる個人と企業・社会との関わりの中で活躍し続けるためにも「社会人基礎力」の必要性がいっそう増しているといえる。

就職基礎能力
Fundamental skills for employment

　厚生労働省「若年者の就職能力に関する実態調査」結果（2004（平成16）年1月）で示された「就職基礎能力」とは、事務系・営業系職種において、半数以上の企業が採用に当たって重視し、基礎的なものとして比較的短期間の訓練により向上可能な能力のことである。具体的には、コミュニケーション能力（意思疎通、協調性、自己表現力）、職業人意識（責任感、向上心・探求心、職業意識・勤労観）、基礎学力（読み書き、計算・数学的思考、社会人常識）、ビジネスマナー（基本的なマナー）、資格取得（情報技術関係の資格、経理財務関係の資格、語学関係の資格）である。また、本実態調査の結果、これらを修得した場合、採用可能性は60％を超えると結論づけている。

将来設計能力
Future planning skills

　社会との関わりの中で自己の人生に焦点化しながら、どのようにして生きていこうとするかについて計画を立てる際に必要となる能力のこと。特に、職業的（進路）発達にかかわる能力として、2002（平成14）年11月に、国立教育政策研究所生徒指導研究センター「児童生徒の職業観・勤労観を育む教育の推進に関する調査研究報告書」が提示され、そこで示された枠組みの中で、「夢や希望を持って将来の生き方や生活を考え、社会の現実を踏まえながら、前向きに自己の将来を設計する」ことと説明されている。本報告書では、「将来設計能力」を、不可欠とする4つの能力領域の1つに挙げ、さらに、「役割把握・認識能力」と「計画実行能力」の2つの能力に分類できるとしている。

職業観
View of occupation

　「職業観」とは、個人が職業生活に対して抱く包括的な態度や考え方のことであり、人が自己の人生を歩む上での職業の果たす役割や意義についての認識のことである。職業観を形成するためには、世の中にはどのような職業があり、それぞれの職業での仕事内容を知ることが大切になる。その上で、どのような専門的な資質・能力が必要なのかなどについて知り、理解することを通して、自分はどの職業にどんな働きがいや誇りを見いだそうとするのか、あるいは、生きていく上で職業をどのように意味づけするのかということを思索することが重要

になる。したがって、「職業観」はそれぞれの個人にとって固定的で静的なものではなく、外界とのかかわりを通して自己が変革する能動性を持ち備えていることになる。なお、学校教育においては、「職業観・勤労観」のように「職業観」と「勤労観」をセットにして使用される場合が多い。

職業指導
Vocational guidance

　「職業指導」とは、個人が職業を選択する際の支援・指導や、職務を遂行するための準備やその能力開発のために行われる支援・指導のことである。20世紀初頭、職業指導運動の創始者とされるアメリカのパーソンズ（Parsons,F.）がボストン市に職業局を開設したことが起源とされている。ここで行われていたことは主に就職相談であった。一方、日本では、パーソンズが『職業の選択（Choosing a Vocation）』（1909年）で著した職業指導の考え方を、入澤宗寿が『現今の教育』（1915年）の中で、「Vocatinal Guidance」を「職業指導」と翻訳して紹介したことなどから広まりを見せた。なお、日本で最初に開設された公立の職業指導専門機関は、1920（大正9）年設立の大阪市立少年職業相談所であった。

職業的発達理論
Vocational development theory

　「職業的発達理論」とは、職業指導などを行う際の背景となる理論の1つである。その基本となる考え方は、発達という観点を重要視する点に集約される。20世紀初頭の職業指導の黎明期における職業選択の時期に関しては、ある一時点での1回限りの短期的なとらえ方がされていた。しかし、人は幼少期から成長過程を経て職業的なものの見方が生まれ、青年期において現実と向き合いながら自己の考えの見直しを行うなど、職業にかかわる試行錯誤を重ねていく。また、就職後においても、職業とその後の自己の人生を連動させて考えていく。このようにして、職業選択は長期にわたる発達を通して行われるという考えが生まれてきた。一生涯を通じた生き方の問題としてとらえた場合、なおさら発達的な観点が重要になる。なお、「職業的発達理論」を提唱した代表的な人物として、ギンズバーグ（Ginzberg,E.）、スーパー（Super,D,E.）などが挙げられる。

進路指導
Career guidance and counseling

　1983（昭和58）年の文部省『中学校高等学校進路指導の手引き―高等学校ホームルーム担任編』（日本進路指導協会）では、「進路指導は、生徒の一人ひとりが、自分の将来の生き方への関心を深め、自分の能力・適性等の発見と開発に努め、進路の世界への知見を広くかつ深いものとし、やがて自分の将来への展望を持ち、進路の選択・計画をし、卒業後の生活によりよく適応し、社会的・職業的自己実現を達成していくことに必要な、生徒の自己指導能力の伸長を目指す、教師の計画的、組織的、継続的な指導・援助の過程である。」と定義している。また、進路指導の活動としては、「生徒理解への援助」、「進路情報の提供」、「啓発的経験の促進」、「進路相談の促

進」、「就職・進学の援助」、「追指導の実施」の6つの活動内容が挙げられている。なお、「進路指導」という言葉は、中学校と高等学校の活動においてのみ使用される教育用語である。

進路指導と生徒指導の関係
Relationship between career guidance and student guidance

改訂版の文部科学省『生徒指導提要』（2022（令和4）年12月）では、「生徒指導とは、児童生徒が、社会の中で自分らしく生きることができる存在へと、自発的・主体的に成長や発達する過程を支える教育活動のことである。なお、生徒指導上の課題に対応するために、必要に応じて指導や援助を行う。」と定義している。この定義は、「生きること」を介在して進路指導の理念と通底する。生徒指導の機能を重層的支援構造として捉えた改訂版『生徒指導提要』の中で、進路指導と特に関係が深い箇所は、すべての児童生徒の発達を支えることを対象にした「発達支持的生徒指導」である。また、個々の生徒指導上の課題の対応においても、その時点での、自己あるいは対象となる物事について考えさせるだけではなく、将来に向けて自己の人生を展望することを含む時間的展望の視点をもつことが重要になることから考えても、進路指導と生徒指導は深い関係にあるといえる。

進路情報
Career information

進路情報は、進路選択の時点で、自己の進路を決定する際に必要になるだけでなく、自己の進む方向や生き方に関心をもたせたり、その可能性を広げたりする際に重要になる。さらに、自己概念の現実吟味をさせたり、進路実現のために必要な準備や心構えを理解させたりする時などに重要な機能を果たす。進路情報は、教師等からの提供だけではなく、個人で自ら積極的に求めていくことが望まれる。学校現場における進路に関する主な情報資料としては、産業・経済の動向、具体的な進学・就職情報、受験情報、インターンシップ情報などがある。また、情報メディアとして、図書、雑誌、パンフレット、動画ビデオ、パソコンなどがある。なお、職業情報ツールの主なものとしては、VRTカード、労働政策研究・研修機構のOHBYカード、そして、日本版O-NETとして位置づけられた厚生労働省の職業情報提供サイト「job tag」などがある。

進路適性
Career aptitude

「進路適性」とは、自己の興味や関心、または資質・能力等が歩む進路に適しているかどうかの度合いのことである。現実的には、自己の進学、就職を考える契機に各人が検討する場合が多い。様々な進路に関する情報や適性を知るための検査等（アセスメントツール）、教師等との面談（キャリア・カウンセリング）などを通して自己についての気づきを得て、同時に自己の特性を理解した上で遂行される進路選択・決定が望まれる。ただし、ここで重要なポイントは、種々の情報を鵜呑みにするのではなく、情報を得た上で、自身で熟慮するこ

とである。また、自己の能力を開発すると
いう観点も忘れてはならない。なお、就職
におけるアセスメントツールの代表的な
ものに、厚生労働省編一般職業適性検査
（GATB）、職業レディネス・テスト第3版
（VRT）、クレペリン検査、コンピュータ・
キャリア支援システム（キャリア・インサ
イト（統合版））などがある。

スーパー・プロフェッショナル・ハイスクール（SPH）
Super Professional High school (SPH)

「スーパー・プロフェッショナル・ハイ
スクール」とは、専門高校（専攻科を含む）
において、大学・研究機関・企業等との連
携を強化することにより、社会の変化等に
対応した高度な知識・技能を身につけ、社
会の第一線で活躍できる専門的職業人を育
成することを目的にした、2014（平成26）
年度より文部科学省で実施している事業を
指す。事業創設の背景には、近年の科学技
術の進展等に伴い、産業界で必要な専門知
識や技術が高度化し、従来の産業分類を超
えた複合的な産業が発展していることより、
これらに対応するためと考えられている。
専攻科を含めた5年一貫のカリキュラムの
研究や大学・研究機関等との連携など先進
的で卓越した取組を行う専門高校（専攻科
を含む）を指定し、実践研究を行っている。
指定期間は原則として3年（専攻科を含む
場合は最長5年）とし、対象学校は専門高
校（農業・工業・商業・水産・家庭・看護・
情報・福祉の8学科）である。

特性・因子理論（適材適所論）
Trait-factor theory (person-job fit theory)

「特性・因子理論（適材適所論）」とは、
職業指導などを行う際の背景となる理論
の1つである。その基本となる考え方は、
個人の特性と仕事（因子）の適合によっ
て職業選択を説明しようとするものであ
る。この理論は、アメリカのパーソンズ
（Parsons,F.）が提唱し、その中で、「丸い
クギは丸い穴に」という言葉を残している。
また、賢明な職業選択には、3つの必要な
要素があるとして、①自分自身の適性、興味、
資質・能力、欲求などを明確に理解するこ
と（自己分析・自己理解）、②仕事におい
て求められる資質、メリット・デメリット、
成功の条件、報酬、見通しなどを理解する
こと（職業分析・職業理解）、③すでに挙
げた2つの要素の関連性を正しく推論する
こと（合理的な推論）、を示した。それら
に基づいて、自分にあった職業選択ができ
るようにするためには職業カウンセラーの
支援が必要であることも提唱している。

トライやる・ウィーク
Workplace experience week

働くことの意義、楽しさを実感し、社会
の一員としての自覚を高めるなど、生徒一
人ひとりが生きる力を育み、また、心の教
育の充実を図るという趣旨で兵庫県におい
て実施されている職場体験を中心とした、
福祉体験、勤労生産活動など、地域での様々
な体験活動のこと。阪神淡路大震災（1995
年）、神戸連続児童殺傷事件（1997年）を
機に、1998（平成10）年度から県内の中
学2年生を対象にして連続した5日間の期

間で実施している。「地域に学ぶ「トライやる・ウィーク」」の取組を通じて学校・家庭・地域社会の連携を深め、社会全体で子どもたちの人間形成や社会的自立、職業観・勤労観の育成のための支援を行っている。また、その成果については、評価検証委員会の評価検証等に基づき、「トライやる・ウィーク」の成果を一過性のものとせず、生徒と地域の関係を深めるため、「トライやる・アクション」の導入など、新たな取り組みも行われてきた。

人間関係形成能力
Interpersonal relationship building skills

　自己を理解したり、他者を理解したりすることを通して、協働してものごとに取り組むことやお互いを理解し合える社会を目指す上で必要となる能力の1つ。特に、職業的（進路）発達にかかわる能力として、2002（平成14）年11月に、国立教育政策研究所生徒指導研究センター「児童生徒の職業観・勤労観を育む教育の推進に関する調査研究報告書」が提示され、そこで示された枠組みの中で、「他者の個性を尊重し、自己の個性を発揮しながら、様々な人々とコミュニケーションを図り、協力・共同してものごとに取り組む」ことと説明されている。本報告書では、「人間関係形成能力」を、不可欠とする4つの能力領域の1つに挙げ、さらに、「自他の理解能力」と「コミュニケーション能力」の2つの能力に分類できるとしている。

フリーター現象
Part time jobber phenomenon

　「フリーター」とは、1980年代後半に増えつつあった、学校を卒業しても定職に就かずアルバイトで生計を立てる若者たちを指す。もともとは、アルバイト情報誌による造語で、当初は「フリーアルバイター」と言われていた。1990年代に入り、自己の目標実現のためや組織に縛られない生き方を望んで、正社員ではなく、あえてアルバイトを選択する若者が急増した。このような働き方をする若者が増加したのは、不況に加え、企業経営における基本的な考え方の変化に伴い正社員以外の雇用形態を拡大するという企業の採用行動の変化が大きな要因であるといえる。その後、労働市場の大幅な改善により、全体的には減少傾向にある。これら一連の状況を指して、「フリーター現象」と呼ばれている。なお、内閣府（国民生活白書）、厚生労働省（労働経済白書）などでは「フリーター」の定義が示されているが、それぞれ異なり、対象となる人数に大きな違いが生じている。

ふるさと教育
Education for hometown development

　「ふるさと教育」は、人間としてのよりよい生き方を求めて、文部科学省が1986（昭和61）年度から取り組んできた「心の教育」の充実・発展を目指したもので、1993（平成5）年度より学校教育共通実践課題として推進している取組のことである。幼児児童生徒が郷土の自然や人間、社会、文化、産業等と触れ合う機会を充実させ、そこで得た感動体験を重視することに

よって、①ふるさとのよさの発見、②ふるさとへの愛着心の醸成、③ふるさとに生きる意欲の喚起、をめざすものである。小・中学校における「ふるさと教育」は、各教科、特別の教科道徳、総合的な学習の時間、特別活動、キャリア教育など様々な学習場面・活動に位置づけられ展開されてきた。高等学校では、それらに加えて、地域によっては、これまでの「ふるさと教育」の取組を一歩進めて、ふるさとを担う人材の育成という側面でも実施され、若者のふるさとへの定着につなげている。

ライフキャリア
Life career

「ライフキャリア」とは、職業生活におけるキャリア（ワークキャリア）だけではなく、家庭生活（介護を含む）、個人の活動（趣味や自己啓発など）、地域社会でのかかわり（市民としての活動、ボランティア活動など）すべてを包括した多様なかかわりの中で、生涯にわたって果たす役割や経験の積み重ねを表す言葉である。年功序列や終身雇用などの従来の日本型雇用が破綻しつつある現在、企業としての役割は、雇用の継続から社会で活躍できる人材の支援に変化している。そのため、働き方も変化し、各人の人生の過ごし方も多様になってきた。人生100年時代ともいわれる中、定年後の長い人生の過ごし方や高齢になっても働き続ける人の増加などを背景にして、自己の「ライフキャリア」を描くことがより重要になっている。なお、「ライフキャリア」を考える上での有名な概念に、スーパーが提唱した「ライフキャリア・レインボー」がある。

22. 学校安全・危機管理

AED
Automated External Defibrillator

　「心室細動」という不整脈の状態に対して、救命のためには迅速な心肺蘇生（胸骨圧迫）と電気ショックが必要となる。この心室細動を取り除くための電気ショックを与える機械がAEDで自動体外式除細動器とも呼ばれる。心臓突然死のリスクを低減させるためには、心肺蘇生とAEDによる救命処置が有効である。そのため、日本のほとんど全ての学校にAEDが設置されるようになってきているが、一人でも多くの人を救命するためには、いざという時に、迅速で適切な対応ができるように、AEDの設置場所の検討、AEDの点検を含めた管理、AED活用のための教職員の研修と訓練、児童生徒への指導が必要である。

PTSD
Post Traumatic Stress Disorder

　自分で対応できない程の圧倒的な出来事が突然起こり、非常に衝撃的で恐怖を伴う形で体験した際の心の傷つきのこと。危うく死にかけるような事故、大けがをした、性的暴力を受けた、虐待されたなどの出来事を直接体験したり、目撃したり、近親者や友人が巻き込まれたのを知ったり、救援者としてくり返しショックな出来事に接すると、様々なトラウマ反応が生じる。トラウマ反応には、侵入症状（再体験症状）、回避症状、認知や気分のマイナスの変化、各制度と反応性の著しい変化みられるが、たいていは時間経過とともに回復するが、ケースに寄ってはショックやストレスが軽快せず、強い恐怖が持続することがある。この状態が日常生活に支障をきたすほどになることをPTSD（心的外傷後ストレス障害）と呼ぶ。上記の4つの症状が認められ1か月以上持続すると、DSM-Vという診断基準に照らして、PTSDと診断される。

アナフィラキシー・ショック
Anaphylactic shock

　アナフィラキシーとは、アレルギーの原因物質に触れる、食べる、飲む、吸い込むことで引き起こされ、発症後、極めて短い時間のうちに、じんましん、かゆみなどの皮膚に、くしゃみ、せき、息苦しさなどの呼吸器に、目のかゆみやむくみなどの粘膜に、腹痛や嘔吐などの消化器に、そして血圧低下などの循環器に見られるアレルギー症状のことである。このアナフィラキシーによって、血圧の低下や意識障害などが引き起こされ、場合によっては生命を脅かす危険な状態になることがあり、この生命に危険な状態をアナフィラキシー・ショックと呼ぶ。全ての教職員は、アナフィラキシーについての正しい知識を習得するための研修を受ける必要がある。そして、迅速に的確に対応できるよう、日頃から、教職員間で役割分担を決め、アナフィラキシー緊急対応票を作成し、緊急時に備えたシミュ

レーション訓練を実施しておくことが重要
である。

安全教育
School safety education and training

　学校安全は、安全教育と安全管理、組織
活動で構成される。そのなかで安全教育は、
「日常生活全般における安全確保のために
必要な事項を実践的に理解し、自他の生命
尊重を基盤として、生涯を通じて安全な生
活を送る基礎を培うとともに、進んで安全
で安心な社会づくりに参加し貢献できるよ
う、資質・能力を育成すること」とし、発
達段階に応じて、「学校の特色を生かした
目標や指導の重点を計画し、教育課程を編
成・実施していくことが重要」（文部科学
省『『生きる力』をはぐくむ学校の安全教
育』、2019（平成31）年3月改訂）とされる。
具体的な教育内容として、生活安全（防犯
も含む）、交通安全、災害安全（防災）に
対応し、安全教育の実践の工夫として、限
られた時間の中で系統的な指導を行うため
には、各教科の内容を安全に関連づけ、特
別活動、総合的な学習の時間などに安全の
内容を位置づけるなどして学校の教育活動
全体を通して実施する必要がある。

応急手当
First-aid procedure

　突然のけがや病気に対応して、家庭や学
校でできる手当を応急手当と呼ぶ。医療機
関につながるまでに応急手当を行うことで、
生存率を上げ、けがや病気の悪化を予防し
円滑な回復が期待できる。　比較的日常的
なけがによる出血、ねんざ、骨折、やけど、
虫刺されなどへの手当から、熱中症への対
応、食物などがのどに詰まった際の腹部突
き上げや背部叩打法の実施が応急手当にあ
たる。とりわけ緊急時には、傷病者の意識
の確認、心肺機能の確認、周囲への協力要請、
119番通報、AEDの利用を含めた心肺蘇
生法の実施など一連の対応が応急手当とし
て期待される。すべての教職員は、定期的
に応急手当の研修を受け、応急手当の知識
と技術を生かし、けがや病気の回復に良い
結果をもたらすように努める必要がある。

学校開放
School facility rental for local people

　学校施設（運動場、体育館、教室等）を、
学校教育に支障のない範囲において、地域
の住民の文化活動やスポーツ活動のために
貸し出すこと。住民が人との出会いやふれ
あいを通じ、新たなコミュニティづくりに
つなげる社会教育的活動である。学校の管
理面からは、学校施設の開放時は、開放部
分と非開放部分とを明確に区分することや
進入禁止場所の明示や施錠等により不審者
等の侵入防止策が必要である。

学校の安全確保
School safety

　学校は児童生徒の安全確保に関して、教
職員の共通理解と危機管理マニュアル等を
もとにした校内体制の整備を行う必要があ
る。平常時においては、来訪者の確認、校
区内の不審者情報に関わる関係機関との連
携、始業前、授業中、昼休み、休息時間、
放課後における児童生徒の安全確保の体制、
登下校時の防犯および安全確保の体制、校

外学習や学校行事における安全確保、熱中症事故の防止、学校開放にあたっての安全への配慮、学校施設面（校舎の窓や屋上、防犯監視システム、立木などが障害物になっていないか等）の安全確認が必要である。自転車通学の生徒に対しては、法改正により、車道の左側通行等自転車の通行方法の指導、歩道通行時における歩行者の優先、二人乗り及び並進の禁止、傘差し、スマートフォン使用、イヤホン使用等の危険性の周知徹底を図り、安全確保に努める必要がある。また、不審者の侵入時に備え、校内体制を整え、関係機関との連携において役割分担が予め決められ、安全確保に向けた教職員の訓練と児童生徒の避難訓練が定期的に実施されなければならない。

学校保健委員会
School health committee

学校における健康に関する課題を研究協議し、健康づくりを推進するための組織のこと。校長、養護教諭・栄養教諭・学校栄養職員などの教職員、学校医、学校歯科医、学校薬剤師、保護者代表、児童生徒、地域の保健関係機関の代表などを主な委員とし、保健主事が中心となって、運営することとされている。実際には約9割の学校で設置されているが、設置されても開催されていない学校が1割弱や年1回のみの開催が約6割と多く、学校内の保健活動として機能し、家庭や地域関係機関等を連携しながらの効果的な学校保健活動の展開につながっていないため、今後、活性化を図る必要がある。

危機対応マニュアル
Manuals for emergency response system

学校の危機対応マニュアルは、学校保健安全法第29条では、危険等発生時対処要領として作成が義務づけられ、危機管理マニュアルとも呼ばれる。このマニュアルには、危険等が発生した際に教職員が円滑かつ的確な対応を図るための具体的内容と手順が示されている。そして、第29条2項では、「校長は、危険等発生時対処要領の職員に対する周知、訓練の実施その他の危険等発生時において職員が適切に対処するために必要な措置を講ずること」と定められ、マニュアルの周知徹底と訓練等の実施が規定されている。さらに、文部科学省は2018（平成30）年2月に、「学校事故対応に関する指針」（2016（平成28）年3月）、「第2次学校安全の推進に関する計画」（2017（平成29）年3月閣議決定）等を踏まえ、基本的な対応方法や留意点等を大幅に追記して改訂を行った「学校の危機管理マニュアル作成の手引」を作成した。学校が立地する自治体の地域防災計画や国民保護計画等についても考慮し、各学校の状況に適応したマニュアルの見直しを進める必要がある。

危険ドラッグ
Dangerous drugs

「ハーブ」、「お香」、「バスソルト」などと用途を偽装し、「合法ドラッグ」、「合法ハーブ」などと称して販売されている薬物のこと。大麻や覚醒剤などの規制薬物の化学構造式に似せて作られており、基となった薬物より強い毒性が現れることがある。そのような薬物を吸引して、本人の意思に

関わらない重大な事件・事故が起きている。そのため、文部科学省では、薬物乱用防止教室を「学校保健計画に位置付け、すべての中学校及び高等学校において年1回は開催し、地域の実情に応じて小学校においても開催に努める」こととしている。

心のケア
Psychological care

　学校における事件・事故、自然災害等で恐怖を直接体験したり、悲惨な状況を目撃したといったトラウマ体験は、児童生徒の心と身体、行動面に様々な影響を及ぼす。これは急性期のストレス反応であり、教職員は、危機発生直後に子どもに現れやすいストレス反応について、校内研修会等で理解した上で、児童生徒の心身の状態、行動面を観察し、子どもが示す心身のサインを見過ごさないようにする必要がある。学校で行う心のケアは、スクールカウンセラーや外部の専門家がストレス症状のある児童生徒に治療的な関わりをもつのに対し、教職員は、学校という集団の場で児童生徒が日常性と安全感を取り戻し、緊張を緩和し、できるだけ安定した学校生活が送れるよう支援し、健康回復の促進を図ることを目的とする。

子ども110番の家

　1997（平成9）年からはじまった地域活動として子どもを守るボランティア活動の1つである。「こども110番の家」の旗を掲示し、トラブルにあったり、巻き込まれそうになって助けを求めてきた子どもを家の中に入れて保護し、警察への通報などを行う。自治体、警察、学校などから協力を要請されて、個人の家庭だけでなく、企業や公共施設、スーパー、コンビニエンスストア、ガソリンスタンド、タクシーなども協力する取組みとなっている。

就学時健康診断
Preschool health examination

　学校保健安全法に基づき、市町村教育委員会が翌年度のはじめから義務教育諸学校への初めての就学にあたって、就学所定者の心身の状況を把握し、保健上必要な助言を行うため、毎年10月から11月に健康診断が実施される。検査項目は、栄養状態、脊柱、胸郭、視力、聴力、眼の疾病、耳鼻咽喉疾患、皮膚疾患、歯及び口腔の疾病、その他の疾病および異常の有無である。既往症、予防接種の状況も確認する。

　また、知的発達、言語、行動や態度、情緒面に関する内容について、面接が実施される。健康診断後、市町村教育委員会は、健康診断票を作成し、保護者に通知する。疾病または異常の疑いのある場合は治療の勧告、予防接種を受けていない場合には受けるように勧め、発育や栄養状態についても必要な場合は助言を行う。さらに、就学前には入学予定の学校の校長にも通知する。

食物アレルギー対策
Prevention for food allergy

　食物アレルギー対策は、学校給食を含む学校生活全体を全ての児童生徒が安全・安心で楽しく過ごせるようにすることを目的とする。児童生徒の安全性を最優先し、栄養教諭や養護教諭、食物アレルギーを有す

る児童生徒を受けもつ学級担任、管理職を含めた全ての教職員、調理場及び教育委員会関係者、医療関係者、消防関係者等が連携し、安全な給食環境実現のために組織的に対応することが必要である。各学校においては、食物アレルギーを有する児童生徒の正確な情報の把握と共有のために、学校生活管理指導表にもとづき、個々の対応について決定し、保護者の理解を得る。すべての教職員の対応役割を明確にした学校の組織体制及び対応マニュアルを整備し、教職員研修会で周知徹底する。保護者からアドレナリン自己注射薬の管理を依頼された場合には個別の事例毎に具体的なシミュレーション訓練を実施し、緊急時対応に備える。

新型コロナウイルス感染症と学校安全
COVID-19 infection and school safety

　新型コロナウイルス感染症について、学校における感染拡大の可能性のため、政府は、令和2年3月2日、全国の学校に対して一斉臨時休業の要請を行ない、多くの学校で5月末まで臨時休業となった。その後、学校は、教育活動を再開し、継続するため、感染リスクを考慮した感染症対策を進めてきた。また、新型コロナウイルス感染症の流行の波に対応して地域の感染状況も考慮した感染症対応を進める必要がある。学校における対応は、安全・安心な学校生活のため、感染症と感染対策の正しい理解につながるように児童生徒等への指導、学習活動における配慮、ICT端末の活用、学校行事、部活動、給食等の食事場面、登下校などで感染症対策と指導助言が進められている。また、児童生徒、教職員の感染に対

して、差別・偏見・いじめ・誹謗中傷などの対象にならないよう、文部科学省は、新型コロナウイルス "差別・偏見をなくそう" プロジェクトにより、学校での指導で活用できる啓発動画や関連資料を作成している。さらに、感染症罹患後の後遺症、ワクチン接種後の副反応などへの配慮が求められている。

スクールガード・リーダー
School guard leader

　2005（平成17）年度より文部科学省「地域ぐるみの学校安全体制整備推進事業」に伴う「地域学校安全」指導員のこと。警察OB、警備会社OB及び教職員OBに委嘱し、学校防犯に関わる保護者、地域の方々（スクールガード：学校安全ボランティア）及び学校に対して、よりよい防犯活動を行うための指導、援助、評価を専門家の立場で行い、子どもたちが一層安全で安心して生活することができる楽しい学校づくりを目指し、学校や地域の安全性を高めることを目的としている。現在は、文部科学省の「学校・家庭・地域の連携による教育支援活動促進事業」として実施される。

スクール・コンプライアンス
School compliance

　教職員の法令遵守のことであり、「地方公務員法」、「教育公務員特例法」などの法律や規則などの法令に従うとともに、保護者や地域社会から教職員に求められる使命感、社会的な規範や倫理観を認識することも含まれる。都道府県等の教育委員会は、教員の不祥事発生の防止を目指し、服務規

律を徹底する旨の通知、コンプライアンスに関するチェックシート、マニュアル、事例集、ハンドブックの配布やWeb公開、研修会の実施、さらには、全教職員を対象にしたeラーニング研修などを実施している。

スクール・ロイヤー（学校弁護士）
School lawyer

不登校やいじめなどの児童生徒の問題行動、保護者や近隣住民との対応、学校組織の課題など、学校が直面する様々な課題への対応について、子どもの最善の利益につながるよう、法を踏まえた適切な対応等について助言指導を行う弁護士のことである。チーム学校のもとで、スクールカウンセラーとスクールソーシャルワーカーとともに、専門的な立場からの学校支援を行う。スクール・ロイヤーは、これまで、大阪府、東京都港区、三重県、岐阜県、仙台市、千葉県野田市、富山市などの自治体レベルで取組まれてきた。文部科学省は、平成30年度からスクール・ロイヤー活用に向けた調査研究事業を経て、令和2年度からはスクール・ロイヤーを各都道府県の教育事務所や政令市など、全国に約300人配置して活用する方針を決めている。

セキュリティ機器
Security devices

外部からの不審者の侵入によって、児童殺傷事件が発生した教訓から、大阪教育大学附属池田小学校では校門を1か所にして、警備員を配置し、監視カメラを設置した。夜間は通用門が電子錠になり、赤外線センサーとカメラつきインターフォンで出入り

を監視している。外部から学校への侵入を抑止するためには、高い塀の設置や乗り越えにくいフェンス、侵入を感知した際のフラッシュライトや警報ベルやサイレンによる威嚇も有効となる。また、緊急時や非常時の迅速な救援活動のためには、非常用押しボタンが子どもたちの手の届くところに一定数設置されて、発報先が防犯カメラの映像とともに集中管理できることも有効である。連絡用のトランシーバーの活用や、敷地内のどこでも接続できる無線LANの活用もセキュリティにつながる。緊急時の点呼の名簿と児童生徒の出席状況も、Web上で確認できる。このようなセキュリティ機器やシステムが導入されたとしても、学校危機を想定した訓練や研修、児童生徒への危機予知・回避能力、安全スキルの指導を通じ、教職員の安全意識や危機対応力を高めていくことが大切である。

バイタルサインのチェック
Check for vital signs

学校における傷病者の対応は、保健室における医学的要因の把握として、バイタルサインや問診、観察、触診などの結果から対応を決定し処置することが求められる。バイタルサインは、呼吸、脈拍、体温、血圧の測定、意識レベルを確認することであり、傷病者の状況の変化をとらえるため、5〜10分間隔で再評価し、記録しておくことが必要である。

避難誘導
Evacuation guidance

教職員は、児童生徒の生命を守り、安全

を確保し、避難誘導等、迅速かつ組織的に対応しなければならない。避難誘導を安全に実施するためには、事前に避難場所や避難経路について検討し、危機対応マニュアルに記入し、教職員間で共有する。避難経路は原則として複数設定する。定期的に避難訓練を実施し、児童生徒に避難経路と避難場所についての周知をはかり確認する。避難手順、避難経路への教職員の配置、訓練に参加する児童生徒の特性や発達段階を踏まえた安全な誘導になっているか、様々な避難状況を想定しながら避難経路と避難場所の安全点検を実施する。特に、避難経路では、障害物や可燃物の確認、防火戸や非常階段の状況、避難器具（避難はしご・救助袋）についても点検する。改善が必要な場合は、早急に危機対応マニュアルの改訂を行う。学校園内外の避難場所については、事前に保護者等に周知しておく必要がある。

不審者対応
Response to suspicious individuals

不審者対応は、校内の児童生徒在校時だけでなく登下校時、校外学習時にも想定し、教職員は、児童の生命を守り、安全を確保し、避難誘導等、迅速かつ組織的に対応しなければならない。まず、不審者が学校の敷地や校内に入れないように出入口を限定して出入管理や防犯カメラによる監視体制をとる。万一、不審者の侵入があった場合には、教職員間で情報伝達、児童生徒等への注意喚起と避難誘導等に速やかに対応し、警察、消防署等の関係機関や教育委員会へ通報する。これらの対応手順は危機対応マニュアルに含め、緊急時に備えた教職員に

よる安全確保の訓練や児童生徒等の避難訓練を実施しておく。あわせて、不審者対応に向けた安全教育では、登下校の際の安全指導（決められた通学路を守り、ついていかない、車に乗らない、大人や子ども 110 番の家に助けを求める等）や安全マップの作成により危険予知能力を高める指導が求められる。不審者情報のある場合の登下校方法について、警察、保護者、学校支援の安全ボランティア等との連携等、対応方針も策定しておかねばならない。

防災教育
Disaster preparedness education

「『生きる力』を育む防災教育の展開」（文科省、2013（平成 25）年）では、防災教育のねらいとして、(1) 自然災害等の現状、原因及び減災等について理解を深め、現在及び将来に直面する災害に対して、的確な思考・判断に基づく適切な意志決定や行動選択ができるようにする。(2) 地震、台風の発生等に伴う危険を理解・予測し、自らの安全を確保するための行動ができるようにするとともに、日常的な備えができるようにする。(3) 自他の生命を尊重し、安全で安心な社会づくりの重要性を認識して、学校、家庭及び地域社会の安全活動に進んで参加・協力し、貢献できるようにする、の 3 点を指摘している。児童生徒の発達の段階を考慮しながら、自治体が発行したハザードマップなどで校区の危険な箇所や生じる可能性がある自然災害の特色を分析し、学校の立地状況や通学路など地域性を反映した学校独自のマニュアルや避難訓練の実施と評価、改善が必要である。

放射線対策

Radiological countermeasure

　東日本大震災の被災地の学校では、文部科学省が定めた学校において児童生徒が受ける線量を原則年間1ミリシーベルト以下という放射線防護の考え方に沿って、空間放射線量の測定、屋外プール水のサンプル検査、学校給食の放射性物質検査などを行い、安全性を確認しながら学校が運営されている。あわせて、福島県では、放射線に関する知識を習得し活用して、子どもたちが自ら考え、判断し、行動する力、「生き抜く力」を身につけることを重要視し、放射線教育を含めた防災教育が実践されている。一方、原子力災害対策重点区域にあたる道府県や市町村においては、原子力災害への備えと対応として、自治体の地域防災計画等と対応した原子力災害対応の手引き等が作成され、原子力災害に備えた事前対策や発生時の対応について点検・見直しや訓練を通じたマニュアルの検証などが行われ、児童生徒の安全確保及び命と健康を守る体制の整備を進められている。

リスク・マネジメント

Risk management

　学校危機につながらないように未然防止の観点からリスクを組織的に管理し、被害や損失などを回避または低減をはかる過程のことで、リスクアセスメントとリスク対応から構成される。リスクアセスメントは、リスク特定、リスク分析、リスク評価を行い、リスク対応として、リスクの回避、低減、共有、保有などを行う。学校におけるリスク・マネジメントの実践では、管理職がリーダーシップを発揮し、過去に発生した自校や他校の事例を教訓とし、すべての教職員に対して、リスクへの気づきと報告を促し、リスクの分析、評価、具体的なリスクへの対応を確実に実践する体制を着実に行っていくことが求められている。

23. 人権教育・同和教育

あらゆる形態の人種差別の撤廃に関する国際条約（人種差別撤廃条約）
International convention the elimination of all forms of racial discrimination

　人権及び基本的自由の平等を確保するため、あらゆる形態の人種差別を撤廃する政策等、すべての適当な方法により遅滞なくとることなどを主な内容とするものである。1965（昭和40）年の第20回国連総会において採択され、1969（昭和44）年に発効した。日本は1995（平成7）年に加入した。

いのちの教育
Education regarding life

　いのちの教育への社会的要望は、1997（平成9）年の神戸連続児童殺傷事件の頃に叫ばれ、学習指導要領の概念である「生きる力」にも反映されている。いじめ問題や自殺事件に向き合う時、いのちの教育の重要性から目をそらすことはできない。いのちの教育の実践例は豊富で、デス・エデュケーションや性教育や出産に関するもの、食育、動植物の飼育など多岐にわたり、実施教科・領域においても、道徳教育や総合的な学習の時間、生活科、理科、社会、国語などの場面で体験的な学習として実践されることが多い。

海外子女教育
Education of children living overseas

　海外子女教育は、わが国の主権が及ばない外国という国内と異なる環境に置かれた子どもに対し、日本国民にふさわしい教育を行うことを目的としている。このため、現地の日本人会等が設置主体となって、日本人学校、補習授業校、私立在外教育施設が設置されている。日本人学校は、国内の小学校、中学校と同等の教育を行うことを目的とする全日制の教育施設で、補習授業校は現地校や国際学校に通学している子どもに対し、土曜日等に国語・算数（数学）等の一部の教科について授業を行う教育施設である。私立在外教育施設は、国内の学校法人等が設置した全日制の教育施設である。文部科学省は、在外教育施設のうち国内の学校と同等の教育課程を有するものについて、文部科学大臣の認定を行っている。認定を受けた在外教育施設の卒業生については、国内の上級学校への入学資格が付与される。

外国人日本語教育
Teaching japanese as a foreign language

　日本語教育とは、日本語を母語としない人（主に外国人）に対し、日本国内外で外国語（あるいは第二言語）としての日本語の習得を、学習のニーズに応じたレベルで行う教育をいう。日本国内での日本語教育は、大学等の高等教育機関や日本語教育機関（主に日本語学校）の他、地域の日本語教室などで行われている。日本語学校や大学などで学ぶ留学生を除いて、外国人生活者や子どもに対しては各自治体や学校、

NPO等の努力によって日本語の学習機会が提供・維持されてきているが、その多くがボランティアに頼っているのが現状である。日本語社会の中で日本語が理解できず、主体的に話せず、読み書きできないことは、生活において様々な困難を生むこととなる。

高齢者に対する虐待の防止、高齢者の養護者に対する支援等に関する法律（高齢者虐待防止法）

この法律は、「高齢者に対する虐待が深刻な状況にあり、高齢者の尊厳の保持を目的として、①高齢者虐待の防止等に関する国等の責務、②高齢者虐待を受けた高齢者に対する保護のための措置、③養護者の負担の軽減を図ること等の養護者に対する支援のための措置」等を定めたものである（第1条）。2005（平成17）年11月公布され、2006（平成18）年4月施行された。

国際人権規約
International covenants on human rights

世界人権宣言の理念を実現させるために、国連加盟各国が法的拘束力をもつよう、2つの国際人権規約が1966（昭和41）年12月の第21回国連総会で採択された。この2つの国際人権規約は、「経済的、社会的及び文化的権利に関する国際規約（A規約、社会権規約と略される）」と「市民的及び政治的権利に関する国際規約（B規約、自由権規約と略される）」である。この2つの国際人権規約は、最も基本的かつ包括的な条約として人権保障のための国際的規準となっている。特に、社会権規約では、労働基本権や社会保障、教育および文化活動に関する権利などを規定しており、自由権規約では、生命に対する権利、身体の自由、表現の自由、裁判を受ける権利、参政権、平等権、少数民族の権利などを規定している。

子どもの貧困
Child poverty

日本における「子どもの貧困」とは、所得が十分でない相対的貧困世帯の18歳未満の子どもの存在及び生活状況のことを指す。こういった子どもたちは、経済的困窮を背景に教育や体験の機会が乏しく、地域や社会から孤立し、様々な面で不利な状況に置かれてしまう傾向がある。国では、子どもの将来が生まれ育った環境によって左右されることのないよう、貧困の状況にある子どもが健やかに育成される環境を整備し、教育の機会均等を図るため、子ども貧困対策を総合的に推進することを目的とした、「子どもの貧困対策の推進に関する法律」（2015）が定められた。

ジェンダー教育
Gender and Education

2001（平成13）年ニューヨークの国連総会において採択された「ミレニアム開発目標（MDGs）」では、女子教育に関する一連の目標が採用され、基礎教育の完全普及を目指す「万人のための教育（Education for All：EFA）」実現に向け、よりジェンダー平等に着目した政策・方針の検討・実施を具体的に促すものとなっている。ジェンダー教育とは、男女格差を中心とする「教育におけるジェンダー平等の推進」のみな

らず、あらゆる人にとって公平な社会を構築するための「教育を通じたジェンダー平等の確立」という 2 つの側面が存在する。また、EFA の実現に向けて、学校教育だけでなく、社会全体の状況に応じた形で両側面についての取り組みが行われるべきである。

識字教育
Literacy education

　字の読めない人を対象に読み書き能力を身につけることを目標とする教育のことをいう。識字問題は、発展途上国ばかりでなく欧米や日本などいわゆる先進国にもある。1990 年代に各国で調査が行われ、例えばフランスでは「五人に一人が読み書きが苦手」という調査結果も出ている。日本にも識字問題はある。全国各地の被差別部落で、子どもの頃に学校で十分に読み書きを学べなかったことで識字運動が展開されている。国連は、2003（平成 15）～ 2012（平成 24）年を「国連識字の 10 年」と定め、読み書きだけでなく、社会的に生きていくうえで必要な力を幅広く含むとしている。国連の提起を受けて、政府や自治体には、識字問題に本格的に取組むことが求められている。

児童虐待の防止
Prevention of child abuse

　全ての子どもは、「児童の権利に関する条約」の精神にのっとり、適切な養護を受け、健やかな成長・発達や自立が図られることなどを保障される権利がある。子どもの健やかな成長に影響を及ぼす児童虐待の防止

は社会全体で取り組む必要がある。そこで、2000（平成 12）年 11 月に「児童虐待の防止等に関する法律」が施行され、児童虐待の禁止と予防・早期発見、防止に関する国・地方公共団体の責務、被害児童の保護と自立支援などを定めた。保護者が児童に対し、外傷につながる身体への暴行を加えること、猥褻行為をすることまたはさせること、保護者としての監護を著しく怠ること、心的外傷を与える言動を行なうことを児童虐待と定義し、禁止した。また学校、児童福祉施設、病院等の教員、職員、医師等に対し、虐待を発見した際に福祉事務所または児童相談所に通告することを義務づけた。その後、児童相談所への相談件数が年々増加していることや児童虐待のさらなる増加が憂慮され、幾度か改正が重ねられている。

市民性教育
Citizenship education

　イギリスでは、2002（平成 14）年から中等教育段階（第 7 ～ 11 学年）においてシティズンシップ教育（市民性教育）を全国共通のカリキュラムで導入している。①知識を持った市民になるために必要な知識と理解の習得、②探究とコミュニケーションに必要な能力の育成、③社会参加と責任のある行動のための能力の育成―を目的とした指導が行われている。シティズンシップ教育の提言の目的は、他者と協働し、能動的にかかわりをもつために必要な意識と、公的、共同的な分野、政治分野、経済分野などでの活動に必要な知識と社会に参加するためのスキルを獲得することで、シティズンシップを発揮することに重点が置かれる。

社会同和教育
Social Dowa education

1965（昭和40）年の「同和対策審議会答申」を受けて、文部省は、同和教育の推進についての社会教育における同和教育を進めるに当たって次のように示している。社会教育は、国民の自発的な学習活動を基盤としていることに留意するとともに、特に次の点に十分配慮し、適切に行うことが必要である。
(1) 同和問題に関する学習意欲の喚起及び理解を深めるための学習の機会の提供に努める。
(2) 対象地域の人々の家庭生活、社会生活の充実に資するため各種の社会教育活動の振興に努める。
(3) 実施に当たっては、学習者の実態、地域の実情、学習形態の特質等各種の条件に応じた効果的な方法で行うとともに、学校における同和教育、関係行政機関、社会教育関係団体の活動等と密接な連携のもとに行うよう努める。

障害者虐待の防止、障害者の養護者に対する支援等に関する法律（障害者虐待防止法）

2011（平成23）年6月公布、2012（平成24）年10月施行された、障害者の権利利益の擁護に資することを目的とする法律である。移動障害のある人に対する虐待の禁止、国等の責務だけでなく、障害がある人が虐待を受けた場合は保護するとともに、自立の支援のための措置や養護者に対する支援のための措置等を定めている。また、虐待を受けたと思われる障害がある人を発見した場合は速やかな通報を義務付けている。

障害を理由とする差別の解消の推進に関する法律（障害者差別解消法）
Act for eliminating discrimination against persons with disabilities

この法律は、障害のある人もない人も、お互いにその人らしさを認め合いながら、共に生きる社会をつくることをめざして2013（平成25）年に制定された。障害を理由として、サービス等の各種機会の提供を拒否したり、提供する場合に場所や時間帯の制限を行ったりなど、障害のある人に権利利益の侵害するような「不当な差別的扱い」を禁止している。また、障害のある人から社会の中にあるバリアについて何らかの対応を必要としていると意思を伝えられた時に、ルールや設備、施設等の変更や調整を可能な限り対応していく「合理的配慮の提供」を求めている。2021（令和3）年に改正されたことにより、合理的配慮の義務付けは国と地方公共団体のみであったが、民間事業者も合理的配慮の提供が義務となった。しかし、改正案の施行は公布から起算して3年以内となっている。

女子差別撤廃条約
Convention on the elimination of all forms of discrimination against women

正式には「女子に対するあらゆる形態の差別の撤廃に関する条約」と呼ばれている。1979年12月18日第34回国連総会で採択され、1981年8月1日に発行した。この条約では、主に次の内容を定めている。①

性別に基づく区別や排除または制限で、女性の人権や基本的自由を侵害したり、無効にしたりするものは、女性に対する差別に当たること、②女性は、政治的、経済的、社会的、文化的、市民的その他のいかなる分野においても、何にもとらわれずに基本的人権と自由を保障されること、③女性には、政治・社会に参画することに関する権利、教育を受ける権利、労働に関する権利などについても男性と平等の条件が保証されること、④個人、団体あるいは企業による女性差別も撤廃すること、⑤現在、不平等や差別が存在している場合は、それを是正する目的で暫定的に特別措置をとること、⑥条約の内容を確実に履行するため、条約に加わった国の政府は定期的に報告書を作成し、女性差別撤廃委員会に提出してチェックを受けること。

女性の職業生活における活躍の推進に係る法律（女性活躍推進法）

2015（平成 27）年 8 月に成立したこの法律は、10 年間の時限立法である。その趣旨は、従業員数が 301 人以上在籍する企業は、「仕事を続けていきたいと思っている女性の個性と能力が発揮され、活躍できる職場環境を整える義務がある」というものである。また、「自社の状況を認識し、改善点については、目標としてクリアすべき具体的な数値を設定し、公表する義務」が課せられた。対象となる企業は、どのように職場を改善するか目標を立て、具体的な数値を盛り込んだ「行動計画」を作成し、それを社員や公に周知するところまでが義務となっている。その後、2019（平成 30）

年 5 月、2020（令和元）年 4 月の二度の改正が行われた。2022（令和 3）年 4 月からは、これまで常時雇用する労働者が 301 人以上の事業主が対象だった適用が、常時雇用する労働者が 101 人以上の中小企業も対象になった。さらに男女賃金差異（男性労働者平均賃金に対する女性労働者平均賃金の割合）の算出及び公表が必須となっている。

人権教育
Human rights education

人権は、「人々が生存と自由を確保し、それぞれの幸福を追求する権利」と定義される（人権擁護推進審議会答申 1999（平成 11）年）。人権の具体的な内容には、人が生存するために不可欠な生命や身体の自由の保障、法の下の平等、衣食住の充足などに関わる権利がある。そして同時に、人が幸せに生きる上で必要不可欠な思想や言論の自由、集会・結社の自由、教育を受ける権利など含まれている。人権教育については、「人権尊重の精神の涵養を目的とする教育活動」（人権教育及び人権啓発の推進に関する法律第 2 条）を意味し、「国民が、その発達段階に応じ、人権尊重の理念に対する理解を深め、これを体得することができるようにすること（同法第 3 条）」と記載されている。

人種差別撤廃条約
International convention on the elimination of all forms of racial discrimination

正式には「あらゆる形態の人種差別の撤廃に関する国際条約」という。1965（昭和 40）年国連総会が採択した条約。この条約は、

締約国に対して人種差別撤廃の政策を義務づけ、条約履行のために、第8条で「人種差別撤廃委員会」を設けている。「人種差別」とは何かということについては、第1条に「政治、経済、社会、文化的またはその他のすべての公の生活分野において（中略）人種、皮膚の色、門地または民族的出身に基づくあらゆる区別、除外、制約または優先をいう」と定義されている。また、この条約では、差別を撤廃していく基本的な視点として、①差別撤廃は人権確立の基礎である、②差別は科学的に合理化されない、③差別は世界の平和と安定を脅かす、④差別は差別する人々の人間性を損なうこと等が指摘されている。

水平社宣言
The Suiheisha declaration

　1922（大正11）年3月3日、京都府京都市の岡崎公会堂で開かれた部落解放運動の全国組織「全国水平社」の創立大会の場で、西光万吉を起草者として、駒井喜作によって読み上げられた宣言文。正式名称は「全国水平社創立宣言」。被差別部落出身者が自主的な運動で部落差別からの解放を目指すことを宣言した。「人の世に熱あれ、人間に光あれ」という結びの言葉で知られ、日本初の人権宣言ともいわれている。

世界人権宣言
Universal declaration of human rights

　1948（昭和23）年12月10日の第3回国連総会（パリ）において、国連憲章を受けてすべての人と国が守るべき基準としての「世界人権宣言」を採択した。世界人権宣言は、基本的人権尊重の原則を定め、初めて国際的に世界に人権保障の目標や規準を宣言した画期的なものである。世界人権宣言は前文と30の条文からなり、だれもが自由であることにより保障される自由権（第1～20条）、参政権（第21条）、国家や地方公共団体の関与によって保障される社会権（第22～27条）にわけて規定している。

多文化共生
Multiculturalism

　日本政府は、多文化共生を「国籍や民族などの異なる人々が互いの文化的な違いを認め、対等な関係を築こうとしながらともに生きていくこと」と定義している。在住外国人を日本社会の一員として、多様な国籍や民族などの背景をもつ人々が、それぞれの文化的アイデンティティーを発揮できる豊かな社会を目指すことを目的として掲げられている。昨今、海外から日本への移民が増え、日本で生まれ育つ第二世代以降の子どもが増加した。家庭では両親が出身地の母語を話していることから、日本で生まれた第二世代の子どもたちが日本という場所で育つ過程において家庭内外で使用する言語が異なるなどの障壁がある。日本では義務教育の間は国籍や在留資格問わず、全ての児童が学校に通うことができる。しかしながら、言語の壁や日本の教育制度に慣れない父母達と学校側との溝は深く、このような背景から未就学児童が増加している現実がある。就学支援制度等に関する情報の提供、日本語学習に関する学習支援、不就学の子どもへの対応等の取組を進める

必要がある。

男女共同参画社会
Gender-equal society

　男女共同参画社会とは、「男女が、社会の対等な構成員として、自らの意思によって社会のあらゆる分野における活動に参画する機会が確保され、もって男女が均等に政治的、経済的、社会的及び文化的利益を享受することができ、かつ、共に責任を担うべき社会」（男女共同参画社会基本法第2条）である。女性と男性のイコール・パートナーシップで築きあげるバランスのとれた社会像を示したものといえる。1999（平成11）年6月15日に「男女共同参画社会基本法」が成立している。2000（平成12）年には、同法第13条の規定に基づいて「男女共同参画基本計画」が策定され、男女共同参画社会の実現を目指した具体的な諸施策が展開されている。第5次男女共同参画基本計画が2020（令和2年）年12月に閣議決定された。計画では、①男女が自らの意思に基づき、個性と能力を十分に発揮できる、公正で多様性に富んだ、活力ある持続可能な社会　②男女の人権が尊重され、尊厳を持って個人が生きることのできる社会等をめざすとしている。性別にとらわれることなく自らの選択　によって長い人生を設計することができる環境の整備が重要である。

地域改善対策特別措置法
Special measures law on regional improvement

　この法律は、1982（昭和57）年4月1日から施行された。その目的は、すべての国民に基本的人権の享有を保障する日本国憲法の理念にのっとり、歴史的社会的理由により生活環境等の安定向上が阻害されている地域（以下「対象地域」という）について生活環境の改善、産業の振興、職業の安定、教育の充実、人権擁護活動の強化、社会福祉の増進等に関する政令で定める事業（以下「地域改善対策事業」という）の円滑な実施を図るために必要な特別の措置を講ずることにより、対象地域における経済力の培養、住民の生活の安定及び福祉の向上等に寄与することとなっている。そして、目的を達成させるために、国及び地方公共団体は、協力して、地域改善対策事業を迅速かつ総合的に推進するように努めなければならないとされている。1987（昭和62）年3月31日までの時限立法であったが、3年の延長の後失効した。

同和教育
Education to eliminate discrimination

　教育全般において、部落差別を解消するために行われる教育を指す行政用語である。被差別部落問題の解決をはかるために行われる教育活動であり、部落解放教育または解放教育とも呼ばれる。その範囲は、小・中・高等学校、さらには大学の学校教育で行われる被差別部落問題、人権問題に関する教育、学習をいう。また、一般市民を対象とした社会教育の中での啓発活動、さらには、被差別部落の人々や子どもたち自身による教育、学習活動まで大きな広がりをもっている。根強い差別意識の克服、差別の解消にその目的がある。

同和対策事業特別措置法
Law for special measures regarding Dowa projects

「同和対策審議会答申」の 4 年後の 1969（昭和 44）年に「同和対策事業特別措置法」（同対法）が制定された。「同対法」は、極めて具体的な内容を伴ったもので、実施された事業は、「同和対策審議会答申」で必要とされた内容に各同和地域のニーズを踏まえそれらを加味した内容となっている。同和対策事業の重要な目標は、「社会的、経済的、文化的に同和地区の生活水準の向上を図り、一般地区との格差をなくすこと」にあった。この事業の対象地域となるには行政上の同和地区指定を受けることが必要で、指定されなかった被差別部落が全国に 1,000 地区以上あったといわれている。その後、「同対法」は終了し、1982（昭和 57）年に「地域改善対策特別措置法」が制定された。

同和対策審議会答申
Council report regarding Dowa measures

同和問題解決に直接つながる取り組みという点で大きな意味を持つのが、1965（昭和 40）年に出された「同和対策審議会答申」である。

「前文」「第一部 同和問題の認識」「第二部 同和対策の経過」「第三部 同和対策の具体案」「結語 同和行政の方向」により構成されている。「前文」では、同和問題は人類普遍の原理である人間の自由と平等に関する問題であり、日本国憲法によって保障された基本的人権に関わる課題であることが記され、さらに、その早急な解決こそ国の責務であり、同時に国民的課題である

と明記されている。そして、同和対策の具体案として環境改善、社会福祉、産業、教育問題などの対策等をあげている。

部落差別解消法
Act on the promotion of the elimination of Buraku discrimination

1965（昭和 40）年の同和対策審議会答申以降、教育及び行政の取り組みによって、部落問題は解決の方向へは進んではいるが、なお部落差別は存在している。部落出身の若者とそうでない若者が、結婚することに反対する結婚差別は、今もあとをたたない。結婚差別以外にも部落差別は様々な表れ方をしている。就職や地域生活の中での問題、態度や意識など、またインターネットでの差別落書きなど多様な差別問題が起こっており、部落差別は解消したと言い難いものがある。こういった中で、2016（平成 28）年 12 月に「部落差別の解消推進に関する法律」が公布・施行された。この法律は、予算の裏づけのある事業法ではないが、恒久法として位置づき、14 年 9 か月の法的空白を解消した法律といえる。「部落差別」の存在と状況変化を認知し、「部落差別」に焦点化し、その「解消」に取り組むことが明文化され、部落差別のない社会の実現を基本理念としている。また、国及び地方公共団体の「責務」を明記し、部落差別解消の施策推進の責任所在を明確にしている。

ヘッドスタート計画
Head start plan

1965（昭和 40）年にはじまったアメリカ連邦政府による黒人の子どもの就学支援

施策の1つ。 この計画の目的は、貧困撲滅政策の一環として、貧困家庭の幼児に適切な教育を与えること、子どもたちに貧困という壁を越えて育つ機会を与えることである。1960年代アメリカで3、4歳の子どもを対象として、就学援助のためのプログラムとして導入された。ヘッドスタートは、経済的貧困や差別の中にある黒人の子どもに早期に幼児教育の機会を提供し、小学校入学時に白人や中流階層の子どもと学習活動で遅れをとらないようにすることで、落第や中退の防止、将来の犯罪増加の防止を期待したプログラムである。

本邦外出身者に対する不当な差別的言動の解消に向けた取組の推進に関する法律（ヘイトスピーチ解消法）

　在日韓国・朝鮮人らに向けたヘイトスピーチを念頭に、適法に日本に住む日本以外の出身者や子孫に対する不当な差別的言動は許されないとした。差別的言動については、「差別意識を助長する目的で、公然と危害を加える旨を告知したり、著しく侮蔑したりして地域社会から排除することを扇動するもの」と定義している。国が相談体制の整備や教育、啓発活動の充実に取り組むことを責務と定め、地方自治体にも同様の対策に努めるよう求めている。2016（平成28）年5月24日に可決成立した。表現の自由等の関係で禁止規定や罰則規定は設けておらず、理念法に留まっている。

24. 社会教育・生涯学習

PTA
Parents and Teachers Association

　児童生徒の保護者と教職員により学校単位で組織される団体であり、社会教育関係団体に区分される。戦前においても類似する組織はあったが学校後援会的な組織であり、第2次大戦後にアメリカ教育使節団の勧告や連合国軍総司令部（GHQ）の指導をうけ、文部省（当時）の主導により全国の小中高等学校で組織された。学校の教育環境の改善や児童生徒の健全育成などを目標とし、保護者と教師が自主的に組織・運営する任意団体である。学校、家庭、地域住民の連携協力の推進や地域の教育力の再生に向けて、ＰＴＡが注目されており、コミュニティ・スクールや地域学校協働本部との連携や役割分担などが課題とされている。

アンドラゴジー
Andragogy

　ギリシア語の成人（andros）と指導（agogoes）とを組み合わせた言葉であり、成人学習論すなわち成人の発達、学習、教育を解明しようとする教育学を意味する。第一次大戦後、大人には子どもに物事を教え込むペタゴジーではなく、適切な援助を通じて自学を促すアンドラゴジーが必要だとする学習理論が構想された。その後、アメリカの教育学者ノールズ（Knowles,M.S.1913-1997）は、子どもが指導者から物事を教わることで習得するのに対し、大人は教わるのではなく大人自身が物事を学びとり、研究と探求によって学習課題を克服することができるとしている。

インフォーマル・ラーニング
Informal learning

　学習者自身が意図的に行った学習活動ではなく、日常生活や自主的活動から生まれる非意図的な学習活動である。具体的には、レジャー活動や家族や友人との交流活動、職場における業務などの場面において、何らかの学習成果が得られたと自己評価のできる活動をいう。このように、何らかの活動の結果として学習成果が得られるという非公式の学習である。近年はSNSやTwitterを介した意見交換や交流が進んでおり、これらの場面でのインフォーマル・ラーニングが進められていることが想定される。

学社連携・学社融合
Cooperation between school education and social education

　学社連携とは、学校と社会教育が施設・設備や指導者などそれぞれが有している教育資源を有効に活用して教育活動を進めようとする考え方である。学社融合とは共通の教育目標の達成に向けて学校教育と社会教育がそれぞれの役割分担を踏まえたうえで、一体的に教育活動を行おうとするものであり、学社連携をより進めた形態といえ

る。両者の区分は必ずしも明確ではないが、両者が一体となり共同事業として実施しようとするものを学社融合事業として区分することができる。

学習社会論
Theory of learning society

「学習社会」という言葉は、ハッチンス（Hutchins, R. M. 1899-1979 頃）による『ザ・ラーニング・ソサエティ』（1968）を契機として広く用いられるようになった。そこでは、今後増大が予想される自由時間をいかにして自己実現のための学習活動の時間に振り向けるのかが問われるところとされた。そして、生涯学習のための制度整備と併せて学校教育偏重となっている人々の意識変革が求められている。

学校開放事業
School extension

学校が有する教育機能や施設設備などを広く一般市民に開放し、学習機会の提供や文化、スポーツ活動の振興に寄与する活動をいう。わが国では、社会教育法（第6章学校施設の利用）の規定に基づき、学校の教育活動に支障のない範囲で、社会教育の講座の開設と学校施設の開放が奨励されている。施設開放については、主として公立小中学校における運動場、体育館、プール等の体育施設が地域住民の利用に供されている。近年では児童生徒の減少に伴い生じた余裕教室を活用して、放課後対策事業の実施や高齢者の交流拠点とするなどの取組が進んでいる。

学校・家庭・地域の連携協力の推進
Partnership and cooperation among schools, families, and local residents

高度経済成長期以降、地域の教育力や家庭の教育力の低下が危惧されるところとなった。一方で学校教育は、地域社会や家庭から過度の教育要求が寄せられ、学校教員の負担軽減（学校のスリム化）が課題とされた。また、学校には地域に開かれた学校づくりを、地域においては学校運営への参画や地域教育への寄与が求められた。2002（平成14）年の学校週五日制の導入に伴い、学校外教育としての社会教育と学校教育の連携により、地域全体で子どもたちの「生きる力」を育むことが企図された。学校教職員を含む地域住民による地域教育の推進が強く期待されるところとなり、学校運営協議会を核とするコミュニティ・スクールや学校支援地域本部事業や放課後子ども教室などの地域と学校による協働活動が進められている。

学校司書
School librarian

初等教育、中等教育学校に設置されている学校図書館において司書にあたる業務を行う職員をいう。業務内容としては、学校図書館の運営の改善・向上及び児童生徒・教員による学校図書館の利用促進（学校図書館法第6条）とされている。学校司書は図書館法に基づく司書とは異なり、通常の図書館業務に加えて、授業支援や学習内容に興味を持たせるための資料の紹介などが求められる。新学習指導要領において言語活動の充実、探究的な学習の推進などで、

学校図書館の役割が増しており、専門性の高い学校司書の配置が求められている。

学校図書館司書教諭
Librarian teacher

司書教諭は教員免許を有する者で学校図書館司書教諭講習を受講した者のことであり，学校司書とは同義ではない。また図書館司書とも同様である。多くの学校では事務職員や実習助手が学校司書の業務を行うという状態が続いており、必ずしも司書教諭が学校司書を務めていないという状況が続いている。

家庭教育
Education in the family

家庭において親や保護者等がその子どもに対して行う教育を総称した用語。家庭は社会の最小単位であり、子どもにとって家庭生活そのものが社会化を進めるための学習の場となる。特に乳幼児期に行われる家庭教育は、社会生活の基本的な行動様式を教え、生活習慣や道徳的習慣を身に付けさせるとともに生涯にわたる学習のための基礎を形づくるために行われるものである。就学後においても学校教育や社会教育（学校外教育）との関係性の中で、親やきょうだいとのかかわりを通して自立心の育成や人格形成が進むこととなる。改正教育基本法では家庭教育（第10条）で、親や保護者等が子どもの教育に対して一義的責任を負うことが明記された。

家庭教育の支援
Family education support

家庭教育を行う親や保護者等への支援をいう。社会教育分野が行う家庭教育支援は、親や保護者等が自信と愛情をもって家庭教育を行い、子どもとともに成長するための学習支援である。具体的には、よりよい親となるための学習（親学習）や子どもとその親を対象とする体験学習の機会の提供などがあげられる。なお、児童福祉・厚生分野が行う「子育て支援」は、主に乳幼児をもつ保護者を対象としたものであり、財政・教育・福祉分野における総合的な行政サービスをいう。

公開講座
Extension lecture

学校による一般市民向けの公開講座について、戦後初期には国立大学において各種の成人教育講座の開設が奨励された。その後、市民の学習意欲の高まりや開かれた学校づくりの推進などを背景として、国公私立や学校種を問わず、多くの学校で公開講座が実施され、生涯学習の振興に寄与している。

公民館
Community learning center

地域において実際生活に即した教育・学術・文化に関する事業を行う社会教育施設である。戦前にも公民館と称する施設は見られたが、1946（昭和21）年文部次官通牒により設置勧奨がなされ、1949（昭和24）年の社会教育法により社会教育施設として制度化された。設置主体は市町村（特

別区を含む）及び法人とされたが、主として市町村が中学校区単位に設置を進め、全国的に普及が進んだ。また、公民館長の諮問に応じ公民館事業の企画実施の調査審議を行うため、住民代表等からなる公民館運営審議会を組織することとされた。今後は、急激な地域社会の変化に対応しつつ多様な学習機会の提供を行い、多世代の地域住民の交流を促進することで地域づくりの拠点となることが期待される。

高齢者の生涯学習
Education for older people

　高齢者が行う教養、趣味、健康などの学習活動であり、主として生きがいづくりや社会活動への参加を進めるため行われるものをいう。近年、長寿化と元気な高齢者の増加が進み、人生 100 年時代の到来を見越して新たな知識や技術を習得し、学習成果を活かす形で現役世代とともに社会の一員として活躍をすることである。地域団体やボランティア組織による学習活動や社会活動への参加などにより地域参画や社会貢献の役割を担うことが期待されている。

ジェロゴジー
Gerogogy

　高齢期の学習者に対する教育や支援の在り方を解明しようとする教育学であり、高齢者研究のジェロントロジー（gerontology）のひとつであり、アンドラゴジー（成人学習理論、andragogy）とは区分される。加齢による体力の低下や社会的責任の軽減という外的要因を前提とし、一方で生涯発達の観点から高齢者に対する固有の教育や学

習の在り方を追究しようとする。超高齢社会が到来し、長寿社会づくりや人生 100 年時代が謳われる中、従来とは異なる高齢者教育や高齢期の学習支援が構想され、実践されることが求められる。

社会教育行政
Social education administration

　教育基本法第 12 条の規定を根本として、社会教育法や図書館法、博物館法など社会教育関係諸法令に基づき、国や地方公共団体（文部科学省及び都道府県・市町村教育委員会）によって行われる社会教育の推進のための行政をいう。公的社会教育として、広く民間で行われている一般社会教育とは区分される。各教育委員会には社会教育に関する専門的職員として社会教育主事を置くこととされている。なお、社会教育行政が対象とする社会教育とは、学校の教育活動を除いた、主として青少年や成人を対象とする組織的な教育活動をいう（社会教育法）。そのため、従来は青少年や成人を主対象とする学習活動や文化レクリエーション活動の実施のほか社会教育施設の運営、社会教育関係団体の育成などを担ってきた。なお、文部科学省では 2018（平成30）年の組織改編により社会教育課は廃止され、新たに地域教育推進課が創設されている。

社会教育士
Social education director

　社会教育法の規定に基づく社会教育主事とは別に「社会教育主事講習等規程の一部改正（2018（平成 30）年）」により新設さ

れた文部科学省が認定する「称号」である。2020（令和2）年4月1日以降の新養成課程により社会教育主事の任用に必要な単位を得た者は、教育委員会の発令を受けることなく、社会教育士を名乗ることができる。有資格者には、地域活動のコーディネーターとして、地域課題の解決や地域コミュニティの活性化に向けて、地域教育の推進や地域住民と行政、学校、地域団体、企業などの交流や協働の場づくりを進めることが期待されている。

社会教育法
Social education act

憲法及び教育基本法（旧法）の精神に則り制定された社会教育に関する総合的な法律であり、学校教育法及び教育委員会法の制定に続く形で1949（昭和24）年に公布された。社会教育とは「学校教育法で定める学校の教育課程として行われる教育活動を除いた組織的な教育活動」として定義を行い、国や地方公共団体の役割、社会教育主事の配置と資格、社会教育委員の設置及び職務、公民館の設置及び運営、社会教育関係団体の定義と支援、社会通信教育や青年学級の普及などが規定された。また、同法第9条で図書館と博物館を社会教育のための機関として位置づけ、図書館法及び博物館法が制定されている。2008（平成20）年には教育基本法の改正を受けて、法改正が行われ、国及び地方公共団体の任務として「生涯学習振興に寄与すること」及び「学校、家庭、地域住民等の連携、協力を促進」することなどが新たに規定された。

社会貢献・社会奉仕活動
Community service activities

個人もしくは団体が非営利目的で行う公共性・公益性の高い活動をいう。主として個人や非営利団体などが自発的に他人や社会に貢献しようとする活動を指し、ボランティア活動と同義といえる。なお、「奉仕」は第三者による要請の度合いが強く、個人の自主性・自発性が弱いと認識される場合がある。また企業においては事業そのものが社会貢献活動であるとして、非営利活動のみを社会奉仕活動として区分する場合もある。

生涯学習施設のインテリジェント化
High functionality of lifelong learning facilities

生涯学習の推進に向けた条件整備として、公民館、図書館、スポーツセンターなどの施設の機能を統合し、新たに情報通信機能や学習・交流空間を備えた「生涯学習センター」などに整備しようとするものである。社会教育施設を所管する教育委員会においては、地域全体の教育・文化・スポーツ活動の振興を図る観点から、一般行政部門や民間事業者等とも連携し、総合的な展開を図ることが必要とされている。

生涯学習振興法
Life-long learning promotion act

正式名称は「生涯学習の振興のための施策の推進体制等の整備に関する法律」であり、1990（平成2）年に制定された生涯学習に関する初めての法律である。生涯学習の振興に向けて、（1）都道府県が実施するべき施策や事業、（2）特定の地区において

民間事業者の活用による学習機会の提供促進、（3）生涯学習にかかわる審議会（国及び都道府県生涯学習審議会）の設置などが定められている。国及び都道府県主導による生涯学習行政のあり方が規定され、民間事業者との連携も踏まえて生涯学習社会の実現に向けた基盤整備を行い、学習機会の整備・充実を図ろうとするものである。

生涯教育と生涯学習
Life-long integrated education / life-long learning

生涯教育が教育者を基点とした考え方であるのに対して、生涯学習は個々の学習者を基点にした考え方である。生涯教育は、ユネスコでラングラン（Lengrand, P. 1910-2003）が提唱して以来、広くその概念が普及した。そして、教育を一生涯にわたる学習の過程にあるものとしてとらえ、従来の学校教育と成人教育の関係を見直し、教育制度の改革や学習環境の整備を進めようとする概念である。また、生涯学習は、学習者の自立性・自発性を前提とし、生涯にわたる自己実現を目指すための学習活動を表す概念である。なお、その後の議論の中で、生涯教育という言葉は管理的な意味合いがするため、生涯学習の推進、振興、支援などと表すことが多くみられている。

障害者スポーツの推進
Promotion of sports for the disabled

スポーツ基本法では、障害者の自主的かつ積極的なスポーツを推進することを基本理念とし、スポーツ基本計画においても、年齢や性別、障害の有無にかかわらずすべての人がスポーツに参画できる環境づくり

が政策課題とされている。2018（平成26）年からは障害者スポーツに関する事業が文部科学省に移管され、特にスポーツ庁において障害者スポーツの振興に関する政策や事業の推進が行われている。

スポーツ基本計画
Sports master plan

スポーツ基本法の規定に基づき、文部科学大臣が定めるスポーツに関する施策の総合的・計画的な推進を図るための行動指針である。2012（平成24）年からの10年を見越した計画が第1期とされ、2020年東京オリンピックの開催を見越して、2018（平成31）年に第2期スポーツ振興計画が策定された。今後5年間に総合的かつ計画的に取り組む施策として、スポーツ参画人口の拡大、スポーツを通じた共生社会等の実現 国際競技力の向上などが示されている。

スポーツ基本法
Basic act on sports

スポーツ振興法（1961（昭和36）年）を全部改正し、2011（平成23）年に制定された法律。スポーツに関する基本理念や国及び地方公共団体の責務、スポーツ団体の努力義務、スポーツに関する施策の基本となる事項が定められている。スポーツ振興法では、スポーツを通じて幸福で豊かな生活を営むことは、障害者を含む全ての人々の権利であることを宣言し、スポーツの価値や意義、果たすべき役割を明示し、国、地方公共団体、スポーツ団体、国民の果たすべき役割やスポーツ振興のための取り組みなどが示されている。なお、同法の制定

を受けて文部科学省の外局として、スポーツ庁が2015（平成27）年に新たに設置された。

スポーツ推進委員
Sports promotion committee

　スポーツ振興法において「体育指導員」とされていたものが、スポーツ基本法の制定に伴い新たに「スポーツ推進委員」とされた。非常勤公務員としての身分を有し、地域におけるスポーツ振興のための事業の実施や実技の指導等を行うこととされている。各種スポーツ大会やレクリエーションイベントの実施、各競技団体の運営指導など、主として地域における社会体育分野の活動を担っている。また、新たに「連絡調整等の職務」が加わり、スポーツ推進のためのコーディネーターとしての役割が期待されている。

青少年教育団体
Youth education organization

　社会教育関係団体の中で、特に青少年の健全育成を目的とする団体であり、子ども会、青年団、ボーイスカウト、ガールスカウト、青少年赤十字、YMCA、YWCA、各種スポーツ・文化団体などがあげられる。活動内容としては、ボランティア活動、レクリエーション活動、スポーツ・文化活動、自然体験活動、国際交流活動などであり、国や地方公共団体により指導者の養成や研修とあわせて、活動助成や施設使用料の減免等の活動支援が行われている。また、青少年教育施設として、少年自然の家、青年の家、児童文化センター、野外教育施設などがある。

総合型地域スポーツクラブ
Comprehensive community sports club

　国や地方公共団体が主導する形で1995（平成7）年から、身近な地域でスポーツに親しむことのできるスポーツクラブとして整備が進められ、2018（平成29）年現在で創設準備中を含め3,580クラブが育成されている。子どもから高齢者まで（多世代）、様々なスポーツを愛好する人々が（多種目）、初心者からトップレベルまで、それぞれの志向・レベルに合わせて参加できる（多志向）、ことを基本理念としている。それぞれの地域において、スポーツ振興や地域住民の健康増進などに加えて、スポーツを通じた地域づくりや障害者スポーツの推進、コミュニティ・スクールへの発展などが期待されている。

地域学校協働本部
Community and school collaboration headquarters

　文部科学省による学校支援地域本部事業（2008（平成20）年）の後継事業として、2018（平成30）年から実施されている地域学校協働活動推進事業において、小中学校区ごとに設置が求められている組織体制をいう。従来、学校支援地域本部は放課後や土曜日等の教育・学習支援活動、登下校の見守り、学校周辺環境整備等、地域住民による学校支援を行ってきた。地域学校協働本部では、従来の地域による学校を支援するという一方向的な活動ではなく、地域と学校が目標を共有して行う双方向型の活動の充実に向けた組織体制となることが企

図されている。

通俗教育
Popular education

　一般国民に対してわかりやすい方法で行われる教育を意味し、明治、大正期の文部省で用いられた官製用語である。明治期には、国民国家形成に向けて子どもの就学奨励や近代の思想や知識などを教える啓蒙活動が中心であったが、大逆事件（1910（明治43）年）を契機として国民の思想善導が主眼とされるようになった。図書館の設置や映画・書籍の普及のほか、青年団などの団体育成が行われた。1921年（大正10）以降は「社会教育」という用語が広く用いられるようになった。

図書館
Library

　図書、雑誌などの文献資料、視聴覚資料、録音資料等の情報資料などを収集、整理、保管し、それらを人々の利用に供するための施設である。図書館は設置の目的により、公共図書館、大学図書館、学校図書館（大学を除く）、専門図書館に区分できる。公共図書館は一般図書館とも呼ばれ、社会教育法に準拠する社会教育施設であり、一般の人の利用に供することを目的とした図書館である。専門図書館は収集する資料や利用者などが限定されており、国立国会図書館や点字図書館のほか官庁、研究所、企業が運営する図書館などが含まれる。

図書館司書
Librarians

　司書資格を有し、公共図書館に勤務し、「司書」としての職位を与えられた専門職員であり、図書館資料の選択及び受け入れ、分類、目録作成、貸出業務などの専門的業務にあたる。一方、図書資料を扱う職員を有資格・無資格を問わず広く「司書」と呼ぶこともある。司書資格取得方法は図書館法に規定され、司書補は高等学校卒業者等が大学等で実施される司書補講習を受けることで付与される。

図書館法
Library act

　1950（昭和25）年に制定され、社会教育法の規定に基づき、地方公共団体または公益法人等が設置する公共図書館の設置及び運営に関する事項を定めている。また、公共図書館の行う図書館奉仕（サービス）の内容を示すとともに、公共図書館に置かれる専門的職員である司書、司書補の資格要件を規定している。なお、地方公共団体の設置する図書館を「公立図書館」、民間組織が設置する図書館を「私立図書館」ということとし、第17条で「公立図書館は、入館料その他図書館資料の利用に対するいかなる対価をも徴収してはならない」としている。

ドロール・レポート
Delors report

　ドロール（Delors, J. L. J. 1925-）を委員長として発足した「21世紀教育国際委員会」が約3カ年にわたる調査研究及び討議を踏

まえ、ユネスコへ提出した報告書（1996年）である。レポートの表題は「学習：秘められた宝」（Learning: The Treasure within）と示された。21世紀の教育政策はすべての人が等しく持っている未知なる可能性（宝物）を発見するために、生涯にわたる学習機会の提供を推進すべきであると論じている。

ノンフォーマル・エデュケーション
Nonformal education

フォーマル・エデュケーションとインフォーマル・エデュケーションの中間に位置する教育活動をいう。正規の学校教育や非意図的な学習活動とは異なり、一定の教育目標に到達するために指導者や学習時間、学習場所などが設定されて行われる組織的な教育活動である。具体的には、識字教室、職業訓練、衛生・環境学習など学校教育を補完するものや、学校外の青少年教育、文化・スポーツ活動などがあげられる。義務教育の段階における普通教育に相当する教育の機会の確保等に関する法律（2016（平成28）年）が制定され、特に不登校児童生徒に対する学習機会として、ノンフォーマル・エデュケーションの整備が課題とされている。

博物館
Museum

生物を含む価値のあるものを収集、整理、保管し、それらを学芸員などの専門職員が研究するとともに人々に公開するための施設である。博物館は総合博物館と専門博物館に大別することができ、専門博物館はさらに歴史、芸術、産業、自然科学系博物館など分野別に区分される。戦後は、社会教育法に準拠する社会教育施設と定められ、資料の収集、保管、一般の人の利用に供することに加えて、教養、調査研究、レクリエーション等に資するための事業を実施することとされた。博物館には調査研究機能や生涯学習のための教育機能を高めていくことが求められている。

博物館学芸員
Museum curator

博物館法に基づく「学芸員となる資格」を有し、登録博物館に勤務し、「学芸員」としての職位を与えられた専門職員であり、博物館資料の収集、保管、展示および調査研究その他の関連事業についての専門的事項を司る。なお、博物館類似施設などの施設では有資格・無資格を問わず専門的業務にあたる学芸職員が同様の業務を担うことが多い。

博物館法
Museum act

1951（昭和26）年に制定され、社会教育法の規定に基づき、博物館の設置及び運営に関する事項や学芸員となる資格要件などを定めている。同法では、博物館を「登録博物館」「博物館相当施設」「博物館類似施設」に区分し、それぞれについて設置主体、職員体制、年間開催日数、施設設備などに関する条件を示している。特に、登録博物館は地方公共団体、一般社団法人若しくは一般財団法人、宗教法人などが設置するもので、博物館が所在する都道府県の教

育委員会の登録を受けたものと規定している。また、登録博物館に相当する施設として教育委員会の指定を受けた博物館を「博物館相当施設」に区分する。なお、「登録博物館」「博物館相当施設」に該当しないものは「博物館類似施設」に区分され、博物館法の適用を受けない。

ハッチンズ, R. M. (1899-1979頃)
Hutchins, Robert Maynard

アメリカの教育学者。1929 年に 30 歳でシカゴ大学総長となり、同時代のプラグマティズムや新教育運動に対して批判的な立場をとり、古典主義の立場から真の自由人となるための教養教育を提唱した。その『The Learning Society』で、学習社会とは人々が労働から解放された余暇社会において、学ぶことを通してより健康的で楽しく生きることのできる社会として定義し、リベラルアーツ教育による生涯教育、生涯学習の必要性を提唱した。

ピオネール
Pioneers

（旧）ソビエト連邦においてクルーブスカヤ（Krupskaya, N. K. 1869-1939）の指導により創設され、10 歳から 15 歳の学童を対象とした児童組織である。イギリスのボーイスカウト運動からはじまったものであり、共産主義的な集団教育を通して奉仕活動、クラブ活動などが行われた。ソビエト連邦に伝わった際に共産主義国家樹立という目標達成のための組織として育成された。わが国では、部落解放運動を担った全国水平社が結成した子ども組織を「ピオネ

ール」と称し、無産少年団、労農少年団などとも呼ばれた。

フォーマル・エデュケーション
Formal education

教育機関や訓練機関により提供される組織的な学習活動であり、明確な教育目標に基づくカリキュラムが設定され、そのための指導者や学習環境が準備されている。主として学校教育がこれにあたり、ノンフォーマル・エデュケーションとインフォーマル・エデュケーションとを区分する上での基準となる。義務教育の段階における普通教育に相当する教育の機会の確保等に関する法律（2016（平成 28）年）が制定され、義務教育を受けられなかった人への教育機会の提供として、夜間中学校の整備が課題とされている。

フォール・レポート
Faure report

フォール（Faure, E. 1908-1988）を委員長とする「教育国際開発委員会」が 1972 年にユネスコに提出した報告書であり、レポートの表題は「未来の学習」（Learning To Be）とされた。レポートでは、急速に変化するこれからの社会において「完全な人間」の育成を図るためには、学校教育だけでは不完全であり、社会全体が学習資源を提供し、学習社会を構築していくことの必要性を論じた。そして各国における教育政策の基本に生涯教育の理念を据えて教育制度を構築することを提唱した。

部活動の地域移行
Regional shift of club activities

少子化による部活動人口の減少や教員の働き方改革を背景として、主として公立中学校の部活動を外部の組織に委任しようとする取り組みである。スポーツ庁の示したガイドライン（2022（令和4）年12月）によると、2023（令和5）年度からの3年間を「改革推進期間」として、地域における受け入れ体制の整備を進めるとしている。受入れ組織としては、地域のスポーツクラブやスポーツ少年団、NPOや民間企業が想定され、教員に代わり生徒の指導や引率が可能となる「部活動指導員」を配置することとしている。文科系クラブへの拡大、合同部活動の在り方検討、中山間地域や離島などでの受け入れ組織の確保、私立学校及び高校等への拡大などが課題とされている。

文化芸術基本法・音楽文化振興法
Culture and arts basic law / music culture promotion law

2017（平成29）年に文化芸術に関する基本法として、それまでの「文化芸術振興基本法」（2001（平成13）年）を改正して定められた。これにより国は、文化芸術に関する施策を推進するために「文化芸術推進基本計画」を定めることとされ、地方公共団体においても、地域の特性に応じた文化芸術振興施策の推進を図ることとされた。音楽文化振興法（正式名「音楽文化の振興のための学習環境の整備等に関する法律」）は1994（平成6）年に定められ、国及び地方公共団体は生涯学習の一環として音楽学習に係る環境整備の推進を図ることとされた。

文化財保護法
Act for the protection of cultural properties

1950（昭和25）年に、文化財を保存・活用し、国民の文化的向上に資するとともに、世界文化の進捗に貢献することを目的とする法律として制定され、それに伴い従前の「史蹟名勝天然紀念物保存法」（1919（大正8）年）、「国宝保存法」（1929（昭和4）年）、「重要美術品等の保存に関する法律」（1950（昭和25）年）は廃止された。この法律にいう文化財は、有形文化財、無形文化財、民俗文化財、記念物および伝統的建造物群に区分して示されている。2018（平成29）年の改正では、地域ぐるみの文化財保護や地域振興にもつながる文化財の利活用促進が企図されている。

ペダゴジー
Pedagogy

ペダゴジーとは、ギリシャ語で子どもを意味する（paid）と指導を意味する（agogoes）とを組み合わせた言葉であり、子どもを対象とする教育学を意味する。学習者とされる子どもに対して、大人の指導者が適切に教え導くための教授法や教材などを明らかにしようとする。近代以降はアンドラゴジー（成人学習理論）やジェロゴジー（高齢者教育理論）との比較、分類による理論の再構築が進められている。また、2017（平成29）年改訂学習指導要領に示される「主体的対話的で深い学び」は、ペダゴジーではなく、アンドラゴジーと通底するところ

があり、成人学習理論の学校教育への援用が実践的な研究課題といえる。

放課後子ども教室
After school child classes

文部科学省による地域子ども教室推進事業（2004（平成16）年）の後継事業として、2007（平成16）年から開始された「放課後子ども教室推進事業」において、全小学校での開設を目指して整備が進められている。事業の趣旨としては、学校週五日制の導入に伴い、新たに必要とされた地域における子どもの居場所づくりを整備しようとするものである。主として学校内もしくは学校近隣の児童館や文化・体育施設等を利用して、地域のボランティアの協力による体験活動や学習活動が行われている。

放課後子ども総合プラン
After school children comprehensive plan

文部科学省による放課後子供教室と厚生労働省による放課後児童健全育成事業（学童保育）を一体的に進めようとする計画。地域のボランティアが担い放課後等の居場所づくりと保育を必要とする留守家庭児童の家庭に代わる居場所の整備・拡充をしようとするものである。ところが全児童対策である放課後教室と保育を必要とする児童を対象とする学童保育とでは事業の趣旨が異なり、財源も別なため一元的に実施することは困難であり、可能な範囲での合同プログラムの実施や、活動場所の共用など、実施段階で一体的に進めようとしているのが現実である。

マルチサポート事業
Multi-support business

2008（平成20）年に開始された文部科学省による事業。オリンピック競技・パラリンピック競技を対象として、トップアスリートが確実にメダルを獲得することができるよう、メダル獲得が期待される競技を対象として、情報戦略、スポーツ科学、医学、心理学などの分野でのアスリート支援と、競技用具やトレーニング方法などに関する研究開発プロジェクトが実施されている。スポーツ庁の開設（2015（平成28年））に伴い、同庁競技スポーツ課の所管事業となり、ハイパフォーマンス・サポート事業と名称変更が行われ、2020年東京オリンピック・パラリンピック競技大会に向けて支援対象となる競技種目（ターゲットスポーツ）が決定され、支援事業が行われている。

ラーニング・コモンズ
Learning commons

1990年代以降、インターネットの出現により、従来とは異なる図書館サービスが求められるなか、主として北米の大学図書館を中心に構想、設置された新しい施設である。その後、わが国の大学図書館などにも導入され、情報通信環境が整い、学生が自主学習やグループ学習を行うための学習スペースとして整備された。従来の講義室とは異なり、コミュニケーションスペースやプレゼンテーションスペースなどが設けられ、椅子や机なども固定式ではなく、学習形態に合わせてレイアウト変更ができるという特長を持つ。ICT機器の有効活用や学生どうしや教職員との交流を促し、ア

クティブラーニングを行う場とすることが
志向されている。

ライフ・ステージ
Life stage

　人生のライフサイクルで、いくつかに区
分されるある時期におけるその人の生活環
境や職場環境をさす。ライフサイクル論が
出生から成長、成熟、老衰という生物学的
な循環過程における段階(乳幼児期、学童期、
青年期、成人・壮年期、高齢期など)を示
すのに対して、学校への入学・卒業、就職・
転職・退職、結婚・出産・育児などにより
区分される生活環境上の段階をいう。次の
ステージへの準備やその後への展望を持つ
ための指標を得る手掛かりとすることがで
きる。特に近年は平均寿命の延伸に伴い、
セカンドライフの構想も見据えて、それぞ
れのライフ・ステージの在り方の見直しが
提起されている。

ラングラン, P. (1910-2003)
Lengrand, Paul

　フランスの教育思想家。1949 年にユネ
スコ職員となり、1951 年から成人教育部
長となり 1972 年まで在籍した。1965 年の
ユネスコ成人教育推進会議において「生涯
教育」を提唱し、以来ユネスコ加盟諸国
はもとより世界各国で生涯教育に関心が
寄せられた。『An Introduction to Lifelong
Education』(生涯学習入門)において、教
育は人生の一時期(児童期・青年期)に限
定されるのではなく全生涯にわたるもので
あり、教育が生活と深く結びつき、教育が
人間の生活原理になる必要があると論じた。

こうした思想はその後の、フォール・レポー
ト (1972 年)、ドロール・レポート (1996
年) へと受け継がれ、今日へと至る生涯学
習理論に基づく教育改革の基本的な理念と
されている。

リカレント教育
Recurrent education

　1970 年代に OECD (経済開発協力機構)
が提唱した教育形態であり、リカレント
(recurrent) は、循環や回帰という意味が
あることから、回帰教育、循環教育とも呼
ばれる。後期中等教育を卒業し、一定就業
期間を経た労働者を対象として、高等教育
を受けさせたうえで復職をさせるという循
環を作ろうとするものである。ユネスコの
生涯教育理論が人間性の向上を志向するの
に対して職業人の高度化を進めようとする
ものである。わが国においても社会人入学
制度や大学における科目履修生制度が整備
されてきたが、特に今後、急速な少子化高
齢化による労働力人口の減少という課題に
対してリカレント教育の推進が政策課題と
なっている。

ユネスコ 学習権宣言
Declaration of the right to learn of UNESCO

　1985 年にパリで開かれたユネスコ国際
成人教育会議で採択された宣言。東西問題
や南北問題など当時の世界的な危機意識の
高まりを背景として、こうした課題解決に
向けてすべての人に「学習権」の保障と行
使が不可欠であると論じている。学習権と
は人間の生存にとって不可欠な手段であり、
学習権を持たなければ、健康な生活、戦争

の回避、人間的発達、農業や工業の躍進、生活水準の向上などは実現しないとする。こうした考えは、わが国を含むその後の生涯学習論の展開や新興国における教育政策に影響を及ぼすところとなった。

ユネスコ活動に関する法律
Act on UNESCO-related activities

1957（昭和32）年に制定された法律で、国又は地方公共団体がユネスコ活動を行うとともに、民間のユネスコ活動に対して助言や援助を行うことを規定している。同法の制定と併せて、文部科学省の特別の機関として「日本ユネスコ国内委員会」がユネスコ憲章に定められた「国内協力団体」として設置された。同委員会は、国内のユネスコ活動の振興のために関係機関等に対する助言、企画、連絡及び調査を行うとともに、必要に応じて関係大臣（文部科学大臣・外務大臣等）の諮問に応じて建議等を行うこととされている。

若者組・若衆宿
Youth group

若者組は特に近世において発達した地域における青年集団であり、今日に至る青年団の源流といえる。一定の年齢（およそ10代半ば）に達した者はその集団に所属することとなり、年長者のリーダーらによる指導を受け、地域のきまりごとや生活規範などを学ぶ。また祭礼や治安・火消などを担うほか、同じ年頃の女性が集まる娘宿などとの交流を通して恋愛や結婚を取り持つなど地域において需要な役割を果たした。なお、若衆宿とは若者組そのものをさす場合もあるが、若者が会合や寝泊りをする集会所をさし、寺社や地域の有力者が提供したとされる。

〈執筆者〉
五十音順　2023 年 6 月末現在

五百住　満　　梅花女子大学教授　23 章
胡田　裕教　　滋賀県立大学特任教授　21 章
蒲生　諒太　　立命館大学衣笠総合研究機構プロジェクト研究員　15 章
工藤　真由美　四條畷学園短期大学教授　6 章
柵　富雄　　　慶應義塾大学 SFC 研究所 上席所員　17 章
佐藤　修司　　秋田大学教授　8 章
瀧野　揚三　　大阪教育大学教授　22 章
田中　博之　　早稲田大学教職大学院教授　1 章
塚田　良子　　神戸親和大学非常勤講師　23 章
道城　裕貴　　神戸学院大学教授　9 章
西森　章子　　広島修道大学教授　13 章
野﨑　洋司　　大和大学教授　24 章
姫野　完治　　北海道教育大学大学院教授　5 章、10 章、11 章
藤本　裕人　　帝京平成大学教授　18 章
藤原　健剛　　甲南大学特任教授　16 章
古川　治　　　桃山学院教育大学講師　まえがき、2 章、3 章、12 章
松本　剛　　　兵庫教育大学大学院教授　20 章
三木　澄代　　関西福祉大学教授　19 章
森岡　伸枝　　畿央大学准教授　7 章
湯峯　裕　　　桃山学院教育大学教授　4 章
渡邉　満　　　広島文化学園大学教授　14 章

〈監修〉

田中博之（たなか ひろゆき）

早稲田大学教職大学院教授

大阪大学大学院人間科学研究科博士後期課程中途退学。大阪大学助手、大阪教育大学講師、助教授、教授を経て、2009年より現職。

著書に、『子どもの自己成長力を育てる』（金子書房）、『教科別でわかる！タブレット活用授業』（学陽書房）などがある。

〈編著〉

古川　治（ふるかわ おさむ）

桃山学院教育大学講師

大阪大学大学院人間科学研究科修士課程修了。大阪府小・中学校教諭・校長、大阪府箕面市教育センター所長、東大阪大学教授、甲南大学教職教育センター特任教授、桃山学院教育大学客員教授を経て、2022年より現職。

著書に、『ブルームと梶田理論に学ぶ』（ミネルヴァ書房）、『21世紀のカリキュラムと教師教育の研究』（ERP）などがある。

姫野完治（ひめの かんじ）

北海道教育大学大学院教授

大阪大学大学院人間科学研究科博士後期課程修了。博士（人間科学）。秋田大学講師、准教授、北海道大学准教授、北海道教育大学大学院准教授を経て、2021年より現職。

著書に、『学び続ける教師の養成』（大阪大学出版会）、『教師のわざを科学する』（一莖書房）などがある。

西森章子（にしもり あきこ）

広島修道大学教授

大阪大学大学院人間科学研究科博士後期課程修了。博士（人間科学）。大阪大学助手、大阪府立大学講師、広島修道大学准教授を経て、2021年より現職。

著書に、『教育学のグラデーション』（ナカニシヤ出版、分担執筆）、『未来を拓く教師のわざ』（一莖書房、分担執筆）などがある。

教育用語ハンドブック

2023年8月10日　初版第一刷発行

監修者　田　中　博　之
編著者　古　川　　　治
　　　　姫　野　完　治
　　　　西　森　章　子
発行者　斎　藤　草　子
発行所　一　莖　書　房

〒 173-0001　東京都板橋区本町 37-1
電話 03-3962-1354
FAX 03-3962-4310

印刷・製本／日本ハイコム　ISBN978-4-87074-251-2　C3037